MATERIAL

E. Most

1. Kurzer geschichtlicher Überblick

Der Ägyptologe Georg Ebers (1837–1898), der sich 1865 in Jena habilitierte und 1870 Professor in Leipzig wurde, bekam 1873 in Luxor von einem Araber eine umfangreiche Papyrusrolle zum Kauf angeboten. Diese Papyrusrolle, so behauptete der Araber, habe er bei Ausgrabungen im Jahre 1862 in Theben zwischen den Beinen einer Mumie gefunden. Die Rolle war 20,23 Meter lang, die einleitenden Worte lauteten: „Hier beginnt das Buch über die Herstellung von Medizin für alle Teile des menschlichen Körpers ...". Diese Worte veranlaßten Ebers, die Rolle zu erwerben, die seit der Übersetzung durch ihn unter der Bezeichnung „Papyrus Ebers" in der Fachliteratur bekannt ist. Der Papyrus Ebers soll etwa um 1555 v. Chr. entstanden sein, man nimmt an, daß er eine Abschrift eines noch viel älteren „medizinischen Fachbuches" darstellt. Der Papyrus Ebers aber erwähnt bereits den Verbandstoff. – Auch Zeichnungen auf Keramikschalen aus der Zeit v. Chr. lassen die Technik des Verbindens erkennen.

Man verwendete hauptsächlich die *Scharpie*, die aus mehrfach gewaschener Leinwand hergestellt wurde, und zwar zupfte man die Fäden heraus, deshalb wurde dieser Verbandstoff dann auch mit „Zupflinnen" bezeichnet. Aber auch geschabte Scharpie war üblich, die jedoch nur als Füllmaterial und Tampons verwendet wurde. Zur Wundabdeckung wurden die gezupften Fäden ungeordnet auf die Wunde gelegt. Erst in den großen Verbandlehren von Heinrich Bass(ius) (1722) und I.G. Bernstein (1798) wurde beschrieben, daß die Fäden möglichst gekämmt, zusammengelegt und nach der Größe der Wunde geformt werden müssen. Auch hatte man die Fäden gebündelt und zur Docke zusammengewickelt verwendet. In der Verbandlehre von Bass wird ausdrücklich darauf hingewiesen, daß nur saubere, gewaschene Leinwand für die Herstellung von Scharpie verwendet werden darf, sie durfte dabei weder neu noch zu alt sein.

Im Orient wurde die Webkunst entwickelt, hierdurch ergab sich die Möglichkeit, Leinwandbinden, die wahrscheinlich ebenso häufig bei der Einbalsamierung der Toten wie bei der Versorgung von Verletzungen verwendet wurden, herzustellen. Nicht nur die Mumienfunde, sondern auch die Zeichnungen auf keramischen Gefäßen und Schalen beweisen die Verwendung der Leinwandbinden in der Vor- und Frühzeit. Erst in der Mitte des 19. Jahrhunderts wurde die Baumwolle langsam mit zur Herstellung der Verbandstoffe herangezogen.

Im Gegensatz zu den Leinwandbinden, die verhältnismäßig fest und daher weniger anschmiegsam waren, ergab die Verwendung der gesponnenen Baumwolle ein wesentlich lockereres Gewebe, so daß sich zwar keine neue, aber eine immerhin elegantere und geschmeidigere Technik entwickelte. Mit der Erfindung der Verbandwatte, die aus entfetteter Baumwolle hergestellt wurde und an der der deutsche Professor Dr. Viktor von Bruns maßgeblich beteiligt war, begann eigentlich das Zeitalter der „neuen Verbandstoffe".

Die erste Verbandwattefabrik*) der Welt wurde 1871 in Schaffhausen am Rhein gegründet, sie stellte Verbandwatte her und brachte sie unter dem Namen „Dr. v. Bruns' Charpie-Baumwolle" in den Handel. Schon 1872 nahm in Deutschland die Paul-Hartmann-AG, Heidenheim, die Watteherstellung auf. Doch das Fabrikationsprogramm wurde bald auch auf andere, neu entwickelte Verbandstoffe ausgedehnt. Es entstanden bald weitere Verbandstoffabriken, die heute ein riesiges, aber noch übersehbares Sortiment anbieten.

Dank des technischen Fortschritts ist die Industrie heute nicht nur auf die verhältnismäßig teure Baumwolle als Rohprodukt angewiesen, sondern in der Lage, durch Verwendung von Zellwolle und synthetischen Fasern preiswerte Verbandstoffe in ausgezeichneter Qualität herzustellen.

Die früher noch als billige Ersatzstoffe angebotenen Polstermaterialien, wie z. B. Holzwolle, Werg, Hanf, Jute oder Moos, gehören der Vergangenheit an. Die zur Wundbehandlung verwendeten Pflanzenblätter, Baumbaste, Spinnweben usw. sind heute ebenfalls für eine moderne aseptische Wundbehandlung nicht mehr denkbar.

Die Geschichte der Verbandstoffe ist interessant und vielschichtig, im Rahmen dieses Buches ist es aber nicht möglich, alle Daten zu bringen, im Abschnitt Material werden an gegebenen Stellen kurze Hinweise eingefügt.

---

*) jetzt: „Internationale Verbandstoff-Fabrik Schaffhausen", Neuhausen am Rheinfall.

2. Rohstoffe – Grundstoffe

2.1. Einleitung

Die Verbandstoffe und -materialien können entweder aus Naturprodukten oder synthetischen Erzeugnissen hergestellt werden.

2.2. Naturprodukte

2.2.1. Lein

Das älteste Verbandstoff-Rohmaterial dürfte Lein (Flachs) gewesen sein, denn schon in der Zeit v. Chr. verstand man zu verbinden. Flachs wird im Feldanbau erzeugt, bis zur Erntezeit erreicht der einzelne Halm eine Höhe von ca. 60 cm; Flachs wird nicht geschnitten, sondern gezogen. Durch die derbe Struktur des Rohmaterials waren Leinwandbinden verhältnismäßig feste Binden, das neue Gewebe saug- und hautunfreundlich. Erst mehrfach gewaschene Leinwandbinden waren in der Heilkunde gut verwendbar. – Die Herstellung der Leinwandbinden war kostspielig.

2.2.2. Baumwolle

Seitdem es Mitte des 19. Jahrhunderts möglich wurde, die Baumwolle zu verspinnen und zu verweben, bietet sich ein preiswerteres Rohmaterial für das Verbandmaterial an. Als Baumwolle bezeichnet man den Schopf von Wollhaaren, der aus der reifen Kapsel der Baumwollpflanze quillt. Die Baumwollpflanze gehört in die Gruppe der Malvengewächse, die Hauptanbaugebiete sind Ägypten, Brasilien, China, Indien, Mittel- und Südamerika, USA und UdSSR. Die kraut- und strauchartigen Pflanzen benötigen zum guten Gedeihen feucht-warmes Klima. Die Aussaat erfolgt im Frühjahr, nach ca. 4–5 Monaten wird die Ernte eingeholt, die Kapseln werden entweder von Hand gepflückt oder mit Maschinen gesammelt. Die Ausbeute an Fasern beträgt nur ein Viertel bis ein Drittel der Kapselernte. Die einzelne Baumwollfaser kann 10–50 mm lang und 10–40 µm breit sein. Die Qualität der Baumwolle wird nach der Länge der Faser (Stapellänge), der Reinheit, dem Reifegrad, der Farbe und Feinheit beurteilt; eine besonders gute Baumwolle ist die ägyptische Mako. Zu Ballen gepreßt wird die Baumwolle per Schiff exportiert und erst in den Abnehmerländern verarbeitet.

Abb. 2.1 zeigt den Verarbeitungsweg der Baumwolle, die oft noch mit Zellwolle vermischt wird. Nachdem die Ballen geöffnet worden sind, wird die Rohbaumwolle zunächst mechanisch von Staub, Kapselresten und sonstigen Verunreinigungen befreit, die Ballenware wird im mehrstufigen Arbeitsgang zerzupft, dabei erfolgt auch die Sortierung der verschieden langen Fasern. Je nach Verwendungszweck durchläuft die

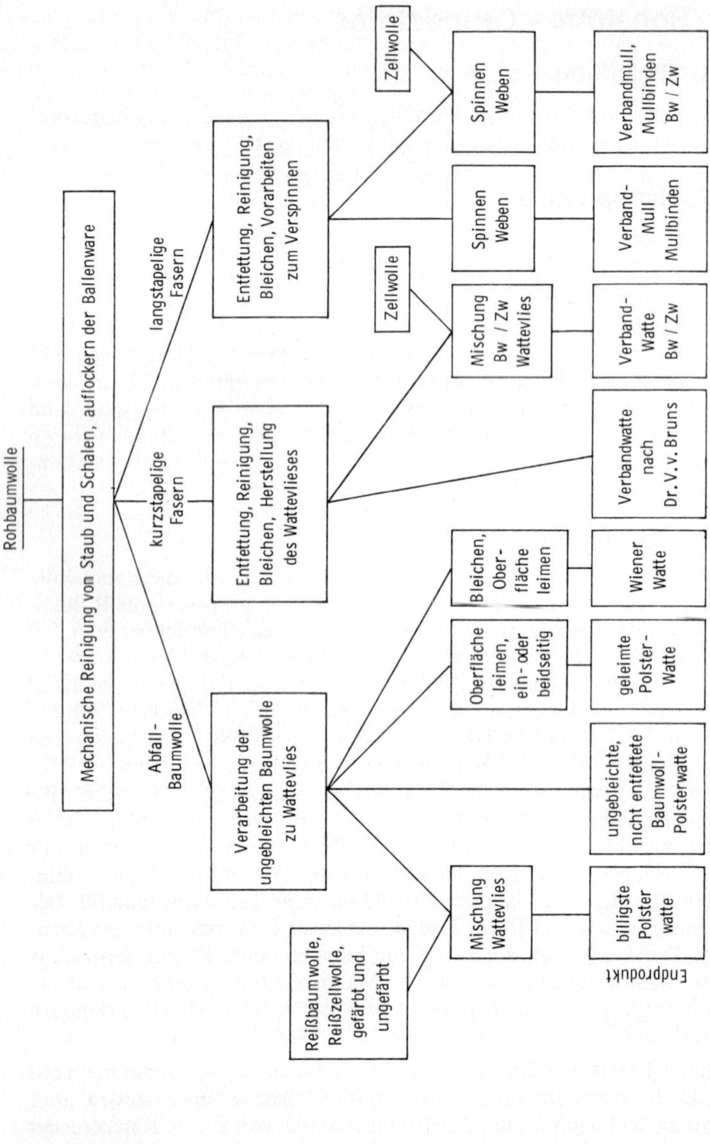

Abb. 2.1 Von der Baumwolle bis zum Fertigprodukt

Faser einen längeren oder kürzeren Verarbeitungsprozeß, bis sie endlich auf einer Walzenkrempel zu einem gleichmäßig dünnen Watteflor verarbeitet wird. Im Watteflor liegen die einzelnen Fasern ungefähr nebeneinander, es wird aber keine feste Verbindung der Fasern untereinander hergestellt. Die Walzenkrempel produziert nicht nur den dünnen Watteflor, sondern legt auch gleich mehrere Lagen übereinander, so daß ein Wattevlies entsteht, das dann noch für die Endverpakkung geschnitten und gerollt wird oder die Zickzackform für kleinere Packungen erhält. Nur die Verbandwatte aus reiner Baumwolle darf die Zusatzbezeichnung „nach Dr. v. Bruns“ (dem Erfinder der Watte) tragen.

Wird die Baumwolle (Kurzbezeichnung Bw) mit der Chemiefaser Zellwolle (ZW) vermischt, so ergibt diese Kombination eine sehr gute medizinische Watte, da die Zellwolle sehr schnell Wasser aufsaugt, während die Baumwolle das bessere Wasserhaltevermögen und die bessere Polsterwirkung besitzt. Die Zellwolle wird bereits rein und saugfähig aus den Zellwollfabriken geliefert, so daß sie nicht mehr den aufwendigen Verarbeitungsweg der Baumwolle gehen muß, sondern vor der Herstellung des Wattevlieses mit dieser vermischt werden kann.

2.2.3. Zellstoff

Ein weiterer Rohstoff für die Herstellung von Verbandstoffen ist der Zellstoff. Verwendet wird die Zellulose von Fichten-, Kiefern-, Buchen-, Birken- und Pappelholz. Die technische Verarbeitung richtet sich nach dem Rohmaterial; es gibt verschiedene Verfahren, die hier nicht beschrieben werden können. Die Zellstoffasern, die am Ende des komplizierten Verarbeitungsverfahrens zur Verfügung stehen, haben im Gegensatz zur Baumwolle eine Faserlänge von 2,6–4,4 mm und eine Breite zwischen 25 und 75 µm bei Nadelhölzern und bei Laubhölzern eine Länge von 0,7–1,7 mm und eine Breite von 14–40 µm.

Zellstoff saugt sehr schnell auf und hat ein großes Wasserhaltevermögen, er zerfließt und zerreißt sehr leicht und ist nicht alterungsbeständig. Die Saugfähigkeit des Zellstoffes wird durch Dampfsterilisation stark herabgesetzt.

2.2.4. Zellwolle (Viskosezellwolle, Acetatseide)

Sie wird zwar aus der Zellulose des Fichten-, Kiefern-, Buchen- und Pappelholzes hergestellt, ist aber keine Naturfaser mehr, da die Fasern so kurz sind, daß sie sich nicht verspinnen lassen. Deshalb müssen die kurzen Zellulosefasern chemisch behandelt werden, so daß man hier von einer Chemiefaser sprechen muß. In komplizierten chemischen Verfahren produziert man zunächst Endlosfäden, die zusammengefaßt werden. Ein so entstandenes Fadenkabel wird entsprechend dem Verwendungszweck zerschnitten, für Verbandstoffe bevorzugt man z. B. Stapellängen von 30–40 mm. Es gibt mehrere Methoden, die Zellulose in Zellwollfasern umzuwandeln, je nach chemischem Verfahren bezeichnet man das Endprodukt dann als Viskose, Cupro, Acetat oder Triacetat. Viskose besitzt ähnliche Eigenschaften wie die Baumwolle und wird als Garn allein oder zusammen mit Baumwolle zur Herstellung von Verbandstoffen verwendet. Nur aus Viskose können Vliese und Watten bestehen, vereinzelt auch Mullgewebe.

Ein Viskoseabkömmling ist Rayon (Reyon), das durch spezielle Nachbehandlung Seidencharakter bekommen hat. Die allgemeine Bezeichnung für diese Viskose lautet „Kunstseide". Aus Rayon stellt man z. B. Verbandstoffvliese her.

Auch die Zellwollfaser Acetat ist eine Kunstseide, die Zellulose wird jedoch durch ein anderes chemisches Verfahren in Kunstseide verwandelt, hier dient Aceton als Lösungsmittel, es entsteht die Faser Acetat. Acetatseide kann z. B. Trägermaterial für Heftpflaster sein.

2.3. Vliesstoffe

Bereits vor dem 2. Weltkrieg konnte man in den USA und Deutschland Vliesstoffe herstellen. Es handelt sich hier um einen Stoff, der sich von den üblichen Geweben und Gestricken deutlich unterscheidet, denn das verwendete Material wird weder gesponnen noch gewebt oder gestrickt. Am ehesten ist er mit dem Filz, der aus tierischer Wolle hergestellt wird, zu vergleichen. Für die Wundbehandlung konnte Filz allerdings nicht verwendet werden, da das Grundmaterial ungeeignet und mit feuchter Hizte nicht sterilisierbar ist.

Vliesstoffe gehören zur Gruppe der Faserverbundstoffe, das sind Stoffe, in denen die Baumwoll- und Zellwollfasern durch Klebstoffe, chemische Anlösung, thermisch oder mechanisch miteinander verbunden werden, so daß ein verhältnismäßig stabiler Stoff entsteht. Nach dem 2. Weltkrieg gelang es der Firma Lohmann (Neuwied), einen klebemittelfreien Vliesstoff (Viscotex) zu schaffen, der für die Herstellung von Verbandstoffen verwendet werden konnte.

Aufgrund der intensiven Bearbeitung des Materials bekommt der Vliesstoff eine ausgesprochen gute Saugfähigkeit mit, so daß er als Verbandstoff Sekrete sehr gut aufnimmt, daneben aber auch ein gutes Haltevermögen für Flüssigkeiten besitzt, wobei nicht die Gefahr des Zerreißens, wie z. B. beim Zellstoff, besteht. Er ist sehr weich, in der Eigenschaft ähnelt er sehr der Watte, im Gegensatz zu dieser ist er aber flusenlos. Die Weiterentwicklung der Herstellungsverfahren hat zu einer breiten Produktpalette geführt, durch diese Vielfalt können die Vliesstoffe sehr unterschiedlich eingesetzt werden:

Viskosevliese in grobem Baumwollgewebecharakter für Tupfer und Kompressen, z. B. Topper 8;

Viskosevliese in feinerer Gewebestruktur für Tupfer und Kompressen, z. B. Vliwasoft;

Polyamidvliese für Pflasterträgerstoffe, z. B. Curafix, Hansapor;

Polyestervliese ebenfalls für Pflasterträgerstoffe, z. B. Cutiplast, Mepore;

Polypropylenvliese für Wundabdeckungen, die nicht mit der Wunde verkleben und für Sekrete und Blut durchlässig sind. Sie sind Kompressenumhüllungen bei z. B. Oprasorb, Vliwin;

Polypropylenfasern und Viskose in Materialmischung ergeben oberflächenglatte Vliesstoffe, die auch für die Umhüllung von Kompressen verwendet werden, z. B. Zevelko, PAD-Kompressen;

Baumwoll-Viskose-Mischungen werden zu glatten Vliesen für Deckschichten auf Viskosesauglagen verarbeitet, z. B. V-Kompressen;

Vliesstoffe aus *66% Viskose und 34% Polyesterfasern* (oder etwa ähnlichen Mischungen) können in Mullstruktur oder mit feinporiger glatter Oberfläche hergestellt werden, sie können wie reine Viskosevliese zu Tupfern und Kompressen verarbeitet werden, z. B. Dispomed, Medicomp.

Vliestoffkompressen und -tupfer können im Autoklaven sterilisiert werden.

2.4. Synthetische Fäden und Fasern

Kunststoffgarne werden aus Polyamid, Polyurethan und Polyester hergestellt. Polyamid ist eine relativ unelastische Faser, sie kann aber durch ein spezielles Verfahren so umgewandelt werden, daß gekräuselte (dauerelastische) Fäden entstehen. Polyurethanfäden sind dagegen von vornherein sehr elastisch, reißfest und unempfindlich gegen chemische und thermische Einflüsse, sie sind „kochfest" und können im Autoklaven sterilisiert werden. Elastomere (gummiähnliche Kunststoffe), die mindestens 85% Polyurethan enthalten, heißen im Textilkennzeichnungsgesetz (s. S. 9) „Elasthan". Polyurethan- und gekräuselte Polyamidfäden verwendet man bei der Herstellung von nichtgenormten Kompressions- und elastischen Binden.

Aus glatten Polyamidfäden kann man Gewebe herstellen, das sich als Wundabdeckung eignet, da es kaum mit der Wunde verklebt und für Sekrete durchlässig ist. Kunststoffäden können Flüssigkeiten nicht aufsaugen und speichern, sie sind hydrophob.

Polyesterfäden sind wenig dehnbar, aber sehr reißfest, Material aus 100% Polyester ist kochfest und kann im Autoklaven bis 140°C sterilisiert werden. Polyesterfäden werden für Verbandstoffe nur in geringem Umfang verwendet, dafür aber als gekräuselte Fasern in Vliespolstern, Synthetikwatte und Polsterfellen (z. B. Prosanafell in Handgelenkfesseln, Anti-Dekubitus-Auflagen).

2.5. Verschiedene Grundstoffe

Neben den bisher beschriebenen Roh- und Grundstoffen kennt man in der Verbandtechnik noch einige Naturprodukte mehr, die hier nur kurz erwähnt werden sollen, da sie nur für spezielle Verbände in Frage kommen, und zwar wird noch Gips, der ein kristallines Gestein ist und in der Natur als schwefelsaures Kalzium vorkommt, verwendet. Ferner gebraucht man u. a. das Oxid des Metalls Zink (Zn) zur Herstellung von Zinkleimbinden, und das Metall Aluminium (Al) für die Anfertigung von Schienen.

Für normale Pflasterklebemassen wird Natur- und synthetischer Kautschuk neben Harzen und einigen speziellen Weichmachern verwendet.

Das Naturprodukt Holz wird in seiner gewachsenen, aber zurechtgeschnittenen Form sehr selten noch für Stollen oder Rollen bei Gehgipsverbänden benutzt. Nicht mehr gebräuchlich sind Holzschienen, da diese wegen ihrer Starrheit der Körperform nicht angepaßt werden können.

3. Fertigware und ihre Handelsformen

3.1. Kennzeichnung und Zuordnung

Die wichtigsten und allgemein gebräuchlichsten Verbandstoffe sind genormt. Die Normung bedeutet für die Praxis, daß die Qualität und Quantität, d. h. also die Beschaffenheit und die Abmessungen eines bestimmten Verbandstoffes (oder einer Ware), innerhalb der festgelegten Richtlinien liegen müssen. Diese Richtlinien werden durch interessierte Kreise gemeinschaftlich erarbeitet und vom „DIN Deutsches Institut für Normung e. V." als Deutsche Normen (DIN-Normen) herausgegeben. Das Wort DIN ist das Verbandszeichen und darf auf der Verpackung der Ware, die nach den Richtlinien der DIN-Norm hergestellt wird, als Güteausweis angegeben werden. Ursprünglich war DIN die Abkürzung für „Deutsche Industrie Normen", später wurde das Zeichen auch mit „Das Ist Norm" gedeutet, da die herausgebende Institution in „Deutscher Normenausschuß e. V. (DNA)" umbenannt wurde. Seit September 1975 heißt der Herausgeber der DIN-Normen nun „DIN Deutsches Institut für Normung e. V.".

Produkte, die mit dem DIN-Zeichen auf den Markt kommen, müssen daneben auch die Firmenbezeichnung, ein eingetragenes Schutzzeichen oder eine andere Bezeichnung, aus der man die Herkunft der Ware erkennen kann, aufweisen. Ist das Erzeugnis anders als im Normblatt festgelegt wurde zusammengesetzt, so darf das DIN-Verbandszeichen nicht verwendet werden.

Im Arzneimittelgesetz vom 16. 5. 1964 ist bestimmt worden, daß Verbandstoffe, die keimfrei (und steril verpackt) erhältlich sind, zur Gruppe der Arzneimittel gehören. Auch Verbandstoffe, die Medikamente enthalten, sind Arzneimittel. Bei diesen Arzneimitteln ist dann zu bedenken, daß sie nur begrenzt haltbar sind. Sterilisierte Verbandstoffe bleiben nicht jahrelang einwandfrei, und Arzneimittel können sich auch in Verbandstoffen zersetzen oder unwirksam werden. Bei diesem Verbandmaterial ist auf das Verfalldatum zu achten.

Seit dem 1. 9. 1974 unterliegen auch Verbandstoffe, wenn sie aus mehr als 80% textilem Material bestehen, dem Textilkennzeichnungsgesetz (TKG). Für Verbandstoffe, die wiederholt verwendet werden können (z. B. dauerelastische Binden, Thrombosestrümpfe), ist diese Angabe praktisch; die Kennzeichnung ist in der Regel nur auf der Verpackung oder einem Beipackzettel ausgedruckt. Die TKG-Kurzzeichen sind in der Tab. 3.1 zusammengestellt.

In manchen Verbandstoff-Prospekten findet man den Hinweis: „Hergestellt nach GMP-Richtlinien"; das bedeutet kurz gefaßt: Grundregeln für die Herstellung und Sicherung der Qualität von Verbandmitteln, Medicalprodukten und Einwegmaterial für den medizinischen Bedarf. *GMP* steht für *G*ood *M*anufactoring *P*ractices, die Grundre-

Tabelle 3.1 Kurzzeichen gemäß Textilkennzeichnungsgesetz (TKG)

TKG-Kurzzeichen	TKG-Bezeichnung	deutsche Bezeichnung
CO	Baumwolle (Cotton)	Baumwolle
VI	Viskose	Zellwolle
AC	Acetat	Acetatseide
CU	Cupro	Kupferseide
EL	Elastodien	Gummi
PA	Polyamid	Polyamid
EA	Elasthan	Polyurethan (PU)
PE	Polyester	Polyester
PP	Polypropylen	Polypropylen

Tabelle 3.2 Durchschnittliche Mindestfadenzahlen je cm^2

Verbandmull Mullbinden Mullbinden zur Tamponade	Durchschnittliche Fadendichte in der Kette je cm	Fadendichte im Schuß je cm
17fädig	9,5	6,6
20fädig	11,5	7.5
24fädig	13,5	9,4

(aus: *Jancke, E., H. Stowasser:* Leitfaden der Verbandstoffkunde. Hundt, Hattingen 1962)

geln sind von der WHO aufgestellt und in nationales Recht überführt worden. Firmen, die nach GMP fertigen, unterziehen sich den Richtlinien der WHO, sie sind Grundvoraussetzungen für einwandfreie Produkte von gleichbleibend hoher Qualität. Die GMP-Richtlinien umfassen den ganzen Produktionsablauf medizinischer Bedarfsartikel und Verbandmittel und dienen dem Schutz von Patienten und Personal. GMP-gekennzeichnetes Material besitzt damit praktisch ein Gütesiegel. Die genauen GMP-Richtlinien können hier nicht kommentiert werden, sie sind zu lang. Nähere Einzelheiten kann man aus Informationsblättern der Industrie erfahren.

Die Qualität des Verbandmulls, der Mullbinden und der Mullbinden zur Tamponade wird in der Fadendichte angegeben, und zwar handelt es sich dabei um Mindestfadenzahlen je cm^2 (s. Tab. 3.2). Am häufigsten wird 17-, 20- und 24fädiger Mull verwendet, daneben wird Mull aber auch noch in kleinen Mengen mit einer Dichte von 13, 28 und 32 Fäden/cm^2 hergestellt (Abb. 3.1).

Einen kurzen Überblick über die DIN-Normen der Verbandstoffe gibt Tab. 3.3. Hinter dem Kurzzeichen für das Material erscheint bei den Binden und dem Mull jeweils noch eine Zahl für die Breite, so daß auch diese ablesbar ist. Der ganze DIN-Schlüssel hat dann z. B. bei einer 20fädigen, 12 cm breiten Zellwoll-Baumwoll-Binde folgende Angaben: MB 20–12 DIN 61 631 ZW/Bw. Die Zellwolle-Industrie und die Verbandstoff-Fabriken verwenden für Zellwolle das Kurzzeichen ZW. Vor ca. 20 Jahren ist aber schon in der DIN-Norm 60 001 für Zellwolle CV als Kurzzeichen aufgenommen worden. CV ist die Abkürzung für Cellulose – Viskose. Diese Kennzeichnung hat sich bei den Verbandstoffen nicht durchgesetzt.

Tabelle 3.3 DIN-Normen der Verbandstoffe

Verbandmaterial		Kurzzeichen	DIN-Normblatt	Kurzzeichen für verwendete Rohstoffe
		Breite		
Verbandgewebe				
Verbandmull	17fädig	VM 17/.......	61 630	Bw; ZW
Verbandmull	20fädig	VM 20/.......	61 630	Bw; ZW
Verbandmull	24fädig	VM 24/.......	61 630	Bw; ZW
Mullbinden mit Webkanten				
Mullbinden	20fädig	MB 20/.......	61 631	ZW/Bw; ZW/ZW
Mullbinden	24fädig	MB 24/.......	61 631	ZW/Bw; ZW/ZW
Mullbinden zur Tamponade	24fädig	MT	61 631	Bw/Bw
Elastische Binden		E	61 632	
Trikotschlauchbinden		TB	61 633	
Watten für medizinische Zwecke				
Augenwatte		A	61 640	(Bw, nicht auf der Packung angegeben)
Verbandwatte		V	61 640	Bw; Bw/ZW; ZW
Saugwatte		S	61 640	Bw; Bw/ZW; ZW
Verbandzellstoffwatten				
hochgebleicht			19 310 A	
gebleicht			19 310 B	
ungebleicht			19 310 C	

Abkürzungen: Bw = Baumwolle, ZW = Zellwolle

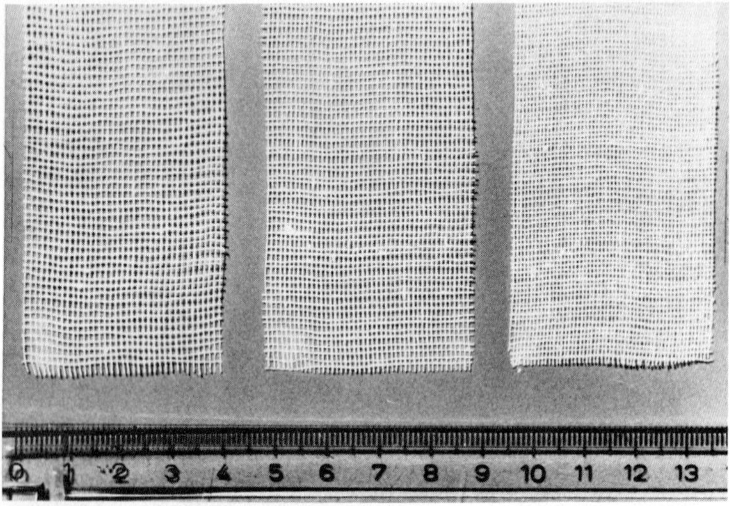

Abb. 3.1 17-, 20- und 24fädiger Mull (aus: *Jancke, E., H. Stowasser*: Leitfaden der Verbandstoffkunde. Hundt, Hattingen 1962)

3.2. Verbandmull (VM)

Der Verbandmull, in der Krankenhaussprache als „Mull“ bezeichnet, wird in Leinwandbindung hergestellt und kann 17-, 20- und 24fädig sein. Als Rohstoff verwendet man meistens Baumwolle und seltener Zellwolle, der Mull wird in den Breiten von 80, 100 und 120 cm hergestellt. Im Krankenhaus wird hauptsächlich der 20fädige und 80 cm breite Mull verwendet. In diesem Bereich wird der Verbandmull unter der Bezeichnung „Stückmull“ eingekauft, man versteht darunter von der Industrie abgepackte Meterware. Eine Einheit Stückmull ist 40 m lang, die Ware wird auf 1 m Länge gelegt, sie kann 80 oder 100 cm breit sein. Der Stückmull wird auch mit der Bezeichnung „gelegter Verbandmull“ gehandelt. Nach DIN 61 630 gibt es zwar den 120 cm breiten Verbandmull, er wird jedoch kaum als Stückmull angeboten.

Eine weitere Standardabpackung ist der 20fädige, 80 cm breite Mull, der achtfach gefaltet auf 10 cm Breite zusammengelegt wird, vornehmlich werden Wundauflagen daraus gefertigt. Die allgemeine Bezeichnung für diese Anbietungsart lautet „gerollter Mull“. Er ist in Längen von 1, 2, 5 und 10 m gerollt in Spenderboxen erhältlich und 20 m langen, gerollten Mull gibt es in Folienbeutel. Als „Verbandmull ZZ“ bekommt man diesen genauso gefalteten Mull, wenn er in Zickzacklagen in Faltschachteln verpackt ist, die größte Packung hat einen Inhalt

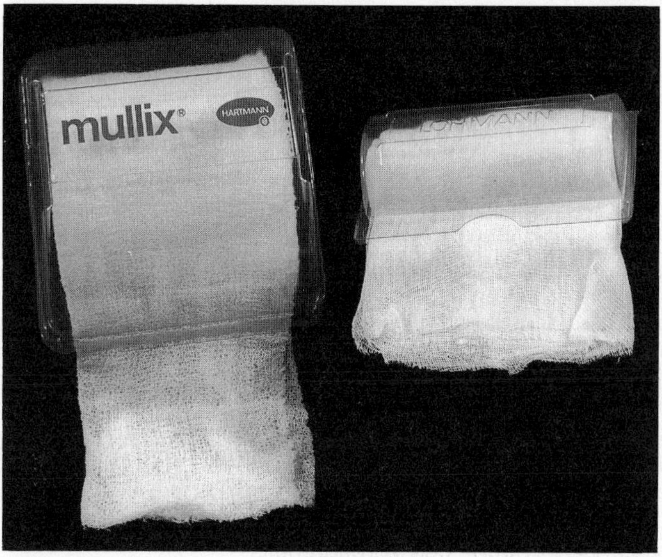

Abb. 3.2a Gerollter Verbandmull; li. elastischer Mull

von 40 m. – Besonders für die häusliche Krankenpflege ist der 20fädige, vierfach gelegte Mull gedacht, er kann 6, 8 und 10 cm breit sein, er ist gerollt und 5 m lang. Gerollten Mull kann man sparsamer zuschneiden, er hat keine Knicke.

Aus reiner Baumwolle gibt es außerdem noch einen elastischen Verbandmull, gelegt auf 10 cm Breite, gerollt und 1, 2, 5 und 10 m lang.

Alle Verbandstoffe, die von der Industrie bereits in Spenderkartons zum Versand kommen, sollten nicht unnötig aus- und umgepackt werden, sondern man entnimmt sie direkt dem Originalkarton.

Verbandmulle im Stück und gerollt werden von verschiedenen Firmen ohne besondere Warennamen angeboten, mit Warennamen gerollter Mull, achtfach gelegt auf 10 cm Breite:
Gazin (Lohmann)
Mullro (Hartmann)
Mullix (elastischer Mull) (Hartmann)

3.2.1. Verbandmull mit Röntgenkontrastfäden (RK)

Der Verbandmull nach der Norm VM DIN 61 630 Bw ist auch mit Röntgenkontrastfäden (RK) erhältlich. Bei diesem Mull werden bariumsulfathaltige Zellwoll- oder Kunststoffäden in regelmäßigen

Abständen zwischen die Baumwollkettfäden gespannt. Die Kontrastfäden werden im allgemeinen blau eingefärbt, sie können aber auch schwarz oder grün sein. Wichtig ist, daß der Kontrastfaden im Mull deutlich sichtbar ist, denn die Meterware muß für Tupfer, Kompressen, OP-Abstopf- und -Bauchtücher so zugeschnitten werden, daß jedes fertige Stück mindestens einen Kontrastfaden, der nicht zu dicht an der Schnittkante liegen darf, enthält. Das Bariumsulfat gibt im Röntgenbild einen charakteristischen Schatten, der sich deutlich vom Organschatten unterscheiden läßt.

Das Röntgenkontrastmittel Bariumsulfat wird der Viskosezellwolle schon vor dem Verspinnen beigegeben. Verbandmull mit Röntgenkontrastfäden ist kochfest und kann im Autoklaven mit der für Verbandstoffe üblichen Methode sterilisiert werden. Der Mull wird im Stück von 40 Metern, 20- und 24fädig, 80 und 100 cm breit, angeboten. Die allgemeine Bezeichnung lautet:

Verbandmull mit Röntgenkontrastfäden (Kalff, Lohmann, Rauscher);
mit Warennamen:
Telatrast (Hartmann).

3.2.2. Verwendung des Verbandmulls

Verbandmull wird auf den Krankenstationen, in der Ambulanz und anderen Funktionsabteilungen, im Operationssaal und in der ärztlichen Praxis zur Herstellung von Tupfern und Kompressen verwendet. Bevorzugt wird der 20fädige und 80 cm breite Mull. Für den Operationssaal stellt man außerdem die sogenannten „Bauch"- und „Abstopftücher" aus Mull her; dafür nimmt man 24fädigen Mull mit Röntgenkontrastfäden. Verbandmull mit Röntgenkontrastfäden ist um ca. 50% teurer als der auch nicht gerade billige Verbandmull. Als Alternative bietet sich die Verwendung von preiswerterem Vliesstoff an, insbesondere dann, wenn der Verbandstoff nach einmaligem Gebrauch vernichtet wird.

3.3. Gestricke

Handelt es sich bei den Verbandgeweben und -vliesen um Material, das entsprechend groß- oder kleinflächig zugeschnitten werden kann, so verwendet man die Gestricke in der Verbandtechnik fast nur als Schlauchmaterial. Das Gestrick wird auf Rundstrickmaschinen in Rechts-Links-Bindung hergestellt, die rechten (glatten) Maschen bilden die Außenseite. Für Trikotschlauchbinden (TB) nach DIN 61 633 wird nur rohweiße Baumwolle verwendet. – Das nichtgenormte Schlauchmaterial (z. B. Stülpa, tg, Tubiton) wird aus Baumwolle oder dünneren Mischgarnen gefertigt. Man verwendet hierfür in der Regel gebleichte Baumwolle und Zellwolle, die Mischungsverhältnisse sind unterschiedlich, entweder ca. 2/3 Anteile Baumwolle und ca. 1/3 Zellwolle oder umgekehrt. Dieses Schlauchgewirk ist nicht genormt und deshalb in Tab. 3.3 nicht aufgeführt.

Ein beidseitig glatt gestricktes Band aus Mischgarnen wird als dauerelastische Kompressionsbandage angeboten (Tensopress, s. S. 35).

3.4. Wundauflagen

Ein idealer Wundverband soll die Wunde vor Verunreinigungen schützen und den Heilverlauf fördern, deshalb muß eine Wundauflage so beschaffen sein, daß sie allen Anforderungen gerecht wird, sie müßte also 1. hautfreundlich und nicht wundverklebend, 2. saugfähig, 3. anschmiegsam, 4. sterilisierbar und 5. billig sein.

Eine offene, frische Wunde verklebt mit dem Verbandstoff, wenn dieser so beschaffen ist, daß er Feuchtigkeit aufsaugen kann. Verbandmull aus Baumwolle und Zellwolle saugt die Feuchtigkeit auf und bekommt so engen Kontakt zur Wunde. Bei einem Verbandwechsel wird die Wunde dann wieder aufgerissen, d. h. der Heilungsprozeß wird unterbrochen, weil der Schorf zerstört worden ist. Mull ist als Wundabdeckung und Saugmaterial geeignet, aber „wundunfreundlich".

Verbandwatte eignet sich nicht für die direkte Wundabdeckung, da die Fasern sofort mit der Wunde verkleben und dann nur sehr schwer zu entfernen sind. Sie ist aber saugfähig, anschmiegsam und sterilisierbar, so daß sie als Saugmaterial hinterlegt werden kann.

Auch der Zellstoff darf nur als Saugmaterial benutzt und nie direkt auf eine offene Wunde gelegt werden. Zellstoff gehört zu den billigsten Verbandstoffen.

Es gibt eine große Zahl von Spezialverbandstoffen, die unter dem Sammelbegriff „wundfreundliche Verbandstoffe" zusammengefaßt sind. Sie alle haben die Eigenschaft gemeinsam, den Verbandwechsel schonend zu gestalten. Sie sind so unterschiedlich in ihrer Zusammensetzung, daß erst bei der Beschreibung der einzelnen Fabrikate auf den Werkstoff eingegangen werden soll. Zu den Spezialverbandstoffen gehören auch die Wundabdeckungen mit besonderen Eigenschaften: Hydrokolloider Wundverband (Schaumstoffkompressen mit Gelbeschichtung), Karaya-Wundverband, Polyurethan-Weichschaumkompressen, Calcium-Alginat-Vliese und Aktivkohlevliese und -kompressen.

Die Wundauflagen sollen den Heilprozeß fördern, deshalb ist neben den wundfreundlichen Aspekten auch die Frage der Sterilisierbarkeit wichtig, denn ein unsteriler Verbandstoff bedeutet für eine aseptische Wunde eine große Gefahr. Aber auch septische Wunden dürfen nicht mit unsterilen Wundauflagen bedeckt werden.

Die Verbandstoffe sterilisiert man im Krankenhaus und in der Praxis im Dampfsterilisator (Autoklaven) bei Temperaturen zwischen 120° und 140°C. Hier muß man jetzt wissen, daß die sterilisierten Verbandstoffe (Mull, Watte, Zellstoff) eine etwas geringere Saugfähigkeit haben. Es ist strengstens verboten, Verbandstoffe im Heißluftsterilisator, gleichgültig bei welcher Temperatur, zu sterilisieren, sie werden durch dieses Verfahren zerstört.

Zu beachten ist bei den wundfreundlichen Verbandstoffen, daß sie nicht in jedem Fall im Autoklaven sterilisierbar sind. Es werden deshalb bei den einzelnen Fabrikaten diesbezügliche Hinweise gegeben.

3.4.1. Kompressen

Die Bezeichnung „Kompresse" für Wundauflagen ist allgemein üblich, ursprünglich bedeutet in der Heilkunde das Wort Kompresse: nasser Umschlag; kalt, warm oder als Dampfkompresse. Die wörtliche Entstehung ist aber auf „comprimere" = zusammendrücken zurückzuführen. Im allgemeinen komprimiert man mit einer Kompresse nicht, sondern schützt die Wunde vor Verunreinigungen von außen, bei einer stark blutenden Wunde kann man jedoch mehrere Kompressen übereinanderlegen und dann mit einer Binde oder einem Pflasterverband einen Druckverband anlegen.

3.4.1. 1. Mullkompressen

Die Mullkompressen stellt man selbst aus der Meterware her. Man verwendet den üblichen Verbandmull. Die Kompressen werden stets so gelegt, daß die Schnittkanten sicher eingeschlagen liegen und nicht auf die Wunde kommen können. Die an den Schnittkanten befindlichen kurzen Fäden müssen schon vor dem Legen abgenommen werden. Auf den fertigen Kompressen dürfen keine losen Fäden liegen bleiben, sie könnten in die Wunde geraten. Es ist bei der Herstellung von Verbandstoffen stets darauf zu achten, daß alle losen Fäden sofort entfernt werden.

Die nur aus Mull hergestellten Kompressen werden im allgemeinen 8fach gelegt, d. h. durch die richtige Faltung liegt der Mull bei der fertigen Kompresse 8lagig. Bei einer stark sezernierenden Wunde reicht die Saugfähigkeit einer Mullkompresse nicht aus, man muß den Verband dann mit weiteren Kompressen oder anderem Saugmaterial verstärken.

Industrieware. Aus 17fädigem Verbandmull bietet die Industrie gebrauchsfertige Kompressen an, sie können 8-, 12- oder 16fach, vereinzelt auch 32fach gelegt sein und haben meistens die Formate von 5 × 5 cm, 7,5 × 7,5 cm und 10 × 10 cm. Werden gelegentlich größere

Formate benötigt, so lassen sich die Kompressen ein- oder mehrfach aufklappen. Diese Kompressen gibt es auch mit Röntgenkontrastfäden. *Standard-Kompressen* sind aus 20fädigem Verbandmull hergestellte Kompressen in den Größen von 6 × 6 cm, 8 × 8 cm und 9 × 10 cm, sie sind 16fach gelegt. Die 10 × 13 cm große Standardkompresse ist dagegen nur 12fach gelegt. Die *Raucolin-V-Kompresse* (Rauscher) ist eine mit einer Vlieseinlage verstärkte Mullkompresse, der 12fädige Mull ist achtfach und der Vliesstoff vierfach gelegt, sie ist eine kostengünstigere Mehrzweckkompresse und in den Formaten der Mullkompressen erhältlich.

Die unsterile Ware wird in größeren Anstaltspackungen angeboten, im allgemeinen enthält ein sterilisierbarer Papierbeutel 100 Kompressen. Der Fachhandel kann über die genauen Anbietungsformen Auskunft geben.

Bei der angebotenen sterilisierten Ware befinden sich jeweils 2 gebrauchsfertige Kompressen in einem ringsum fest verschlossenen Sterilbeutel. Diese Beutel lassen sich aufziehen, ohne daß der Inhalt dabei berüht werden muß. Sterile Kompressen werden in Originalpakkungen mit 5 × 2 Kompressen oder in Anstaltspackungen mit 25 × 2, 50 × 2 oder mehr Kompressen geliefert. Es ist möglich, mit den Firmen die Packungsinhalte speziell zu vereinbaren, wenn andere als die Standardmengen gewünscht werden. Mullkompressen werden von vielen Verbandstoffherstellern angeboten.

3.4.1. 2. Vliesstoffkompressen

Kompressen aus weichem Vliesstoff sind sehr saugfähig, im Vergleich mit Mullkompressen entspricht eine vierfach gelegte Vliesstoffkompresse der Saugfähigkeit einer achtfach gelegten Mullkompresse. Die Oberflächen der Vliese sind fusselärmer als Mullgewebe und die Schnittkanten fransen nicht aus, es besteht also nicht die Gefahr, daß angeschnittene Fäden als Flusen auf dem Vlies verbleiben. Je nach Herstellungsverfahren können Vliese eine griffige, gröbere oder eine seidigere, feine Struktur aufweisen (Abb. 3.2b). Die Kompressen können im Autoklaven sterilisiert werden. Die nur mechanisch verfestigten Textilien sind weniger reißfest als Mullkompressen, so daß immer im Einzelfall entschieden werden muß, ob sie anstelle von Mullkompressen und Mulltupfern im Operationssaal eingesetzt werden können. Da Vliesstoffkompressen kostengünstiger als Mullkompressen sind, wären sie als Einmalmaterial eine gute Alternative.

Vliesstoffkompressen gibt es in den bei den Mullkompressen beschriebenen Größen und Abpackungen. Die Warennamen lauten:
Capama-Vlieskompressen (Kalff)
Dispomed-Kompressen (Lohmann)

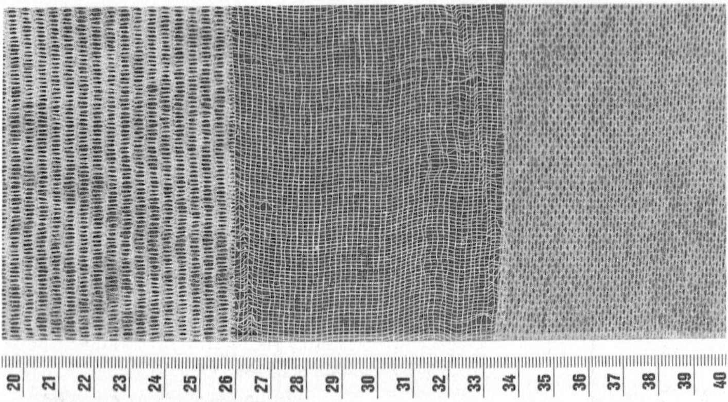

Abb. 3.2b Vliesstoff im Vergleich mit Verbandmull
links: Viskosevlies Topper (Johnson & Johnson)
Mitte: 20fädiger Mull
rechts: Rayonvlies Vliwasoft (Rauscher)

Medicomp (4fach) } (Hartmann)
Medicomp extra (6fach) } (Hartmann)
New Mesoft (Mölnlycke)
Topper 8 (4fach) } (Johnson & Johnson)
Topper 12 (6fach) } (Johnson & Johnson)
Vliwasoft (Rauscher)

3.4.1. 3. Kompressen für den Wundverband

Für die Abdeckung von Wunden werden unterschiedliche Kompressen angeboten, als erste Einteilung unterscheidet man zwischen zweischichtigen und mehrschichtigen Kompressen. Die Wundabdeckungen sollen möglichst nicht mit der Wunde verkleben, so daß die wundseitige Verbandauflage glatt, aber für Blut und Sekrete durchlässig sein soll.

Zweischichtige Kompressen haben eine glatte Vliesstoff-Wundabdekkung und eine Saugschicht, die entweder aus hochgebleichtem Verbandzellstoff oder einem Viskose-Wattevlies bestehen kann. Die Saugschicht ist immer sehr weich und gut anschmiegsam, sie schützt die Wunde gleichzeitig etwas vor Druck und Stoß von außen. Vliesstoff und Saugschicht sind fest miteinander verbunden durch mehrfache Steppnähte *(Fil-Zellin),* oder durch punktförmige Verprägung *(Zemuko),* oder die Wundabdeckung umhüllt die Saugschicht *(Zevelko).* Die Vorläufer dieser Verbandstoffart waren jahrzehntelang Zellstoffmullkompressen, eine Kombination aus einlagigem Verbandmull und hochgebleichtem Zellstoff als Saugschicht. Durch die neuen, kostengünstigeren Verbandvliesstoffe sind sie fast vom Markt verdrängt worden; noch erhältlich: *Kalcilino*-Zellstoffmullkompresse (Kalff).

Zweischichtige Verbandkompressen gibt es unsteril als gerollte Meterware in 10 m Länge und für die Rezeptur und häusliche Krankenpflege auch in ein und zwei Meter Länge, die Kompressen können 10, 15, 20, 25 und 28 bzw. 30 cm breit sein. Die exakten Ausbietungsformen erfährt man im Fachhandel.

Eine etwas andere zweischichtige Wundauflage besteht aus einem Baumwoll-Acrylfaser-Wattevlies, dem eine sehr dünne, fein perforierte Polyesterfolie aufgeschweißt ist, die nicht mit der Wunde verklebt, aber für Blut und Sekrete durchlässig ist. Das Wattevlies wird rückseitig von einem dünnen Vliesstoff abgedeckt. Unter dem Namen *Melolin* wird der Verbandstoff unsteril als 7 m lange Rollenware, die 50 cm breit ist, angeboten. Unsterile Kompressen sind 20 × 30 cm groß. Einzeln eingesiegelte sterile Kompressen gibt es in den gebräuchlichen Abmessungen.

Eine weitere Variante ist die *Solvaline*-Kompresse. Ein hauchfeiner Polyamidgewebeschleier ist fest mit dem Viskose-Baumwollvlies verbunden. Die sehr dicht gewebte Wundabdeckung ist glatt, nimmt keine Feuchtigkeit auf, verklebt nicht mit der Wunde und ist für Blut und Sekrete durchlässig. Kompressen in der Größe von 10 × 10 cm werden steril in Spezialbeuteln angeboten und die unsterile 10 cm breite Ware gibt es gerollt in 10 m Länge.

Die unsteril erhältlichen Kompressen können im Autoklaven sterilisiert werden. Die Warennamen lauten:
Fil-Zellin (Hartmann)
Melolin (BSN Braun-Smith & Nephew)
Solvaline-Kompressen }
Zemuko } Lohmann
Zevelko }

Fertige zweischichtige Verbandkompressen sind in den Größen von 10 × 10 cm, 10 × 20 cm, 15 × 24 cm und in den für Mullkompressen üblichen Maßen steril und unsteril erhältlich. Sie sind etwas anders aufgebaut als die Meterware:

ETE-Kompressen bestehen aus einem Acetatseidengewebe als Wundauflage und einem Rayonwattevlies, das Gewebe ist im Karomuster mit dem Vlies versteppt. Die 10 × 10 cm großen Kompressen werden steril, einzeln verpackt angeboten. Verwendbar sind sie als Spezialverband auf granulierenden Wunden.

PAD-Kompressen bestehen aus einer Verbandwatteschicht, die von einem glatten Polypropylen-Viskose-Vliesstoff umhüllt wird. Diese

Kompressen haben zwei offene Seiten, sie werden von langen Bahnen in Größen von 10 × 10 cm und 10 × 20 cm zugeschnitten.

Regal-Kompressen bestehen aus textilem Vliesstoff mit einer Watteeinlage, sie sind achtfach gelegt (ähnlich wie Mullkompressen) und umhüllen den Wattevlies allseitig.

V-Kompressen haben eine Baumwoll-Viskosevlies-Wundabdeckung, die feinporig mit der Saugschicht aus Viskose verprägt ist. Die Aufnahmekapazität für Flüssigkeiten ist mit der für 16fach gelegten Mull gleichzusetzen. Die Kompressen sind für stark sezernierende Wunden gedacht, in besonderen Fällen kann die V-Kompresse D mit doppelter Saugschicht verwendet werden.

Die als unsterile Ware angebotenen Kompressen können im Autoklaven sterilisiert werden. Die Warennamen lauten:

ETE (Mölnlycke)
Regal (Johnson & Johnson)

<table><tr><td>PAD-Kompresse
V-Kompresse
V-Kompresse D</td><td>} Lohmann</td></tr></table>

Im Gegensatz zu den zweischichtigen Kompressen besitzen die mehrschichtigen einen kompakteren Saugkörper, der von der Außenhülle fest umschlossen wird. In der Regel sind diese Kompressen wie folgt aufgebaut (Abb. 3.3a):

1) Die Wundabdeckung soll möglichst mit der Wunde nicht verkleben, für Blut und Sekrete aber gut durchlässig sein. Man verwendet für diese Schicht Vliesstoffe aus Viskose, Viskose-Polyamid-Mischung, Polypropylen, oder Gewebe aus 100% Polypropylen und Gewebe aus nicht entfetteter Baumwolle.
2) Als nächste Lage folgt eine „Verteilschicht“, die den Abtransport der Flüssigkeit beschleunigen und für eine Verteilung auf den ganzen Saugkörper sorgen soll. Je nach Produkt kann diese Schicht aus Zellstoff oder Verbandwatte bestehen.
3) Der Kern der Kompresse ist das mehr oder weniger dicke Saugpolster, es besteht entweder aus Verbandwatte, Zellstoff oder Pulp. Mit „Pulp“ bezeichnet man Zellstoffflocken, die sehr weich und sehr saugfähig sind. Pulpmaterial muß immer allseitig eingehüllt sein, diese Kompressen dürfen nicht zerschnitten werden. Im Kompressenkern werden die Sekrete gespeichert.
4) Die vierte Schicht ist wieder eine Verteilschicht aus Zellstoff oder Verbandwatte. Die Schicht (2) kann den Kern ganz einhüllen.
5) Es folgt eine dünne flüssigkeitsabweisende Schicht, sie soll das Durchsickern von Sekreten in die Kleidung oder die Verbandbefestigung verhindern. – Bei einigen Produkten bildet diese Schutzschicht gleichzeitig die Rückseite der Kompresse, man findet dann

auf dieser Seite die festgeprägten Längskanten der Wundabdeckung (1). In Querrichtung (8) werden Vorder- und Rückseite immer fest miteinander verbunden, so daß der Kompressenkörper eingehüllt ist. Um Verwechslungen auszuschließen ist die körperferne Seite der Kompresse eingefärbt, oder durch ein bis zwei Farbstriche markiert. Die wundseitige Abdeckung ist immer eine nichtunterbrochene Fläche und nie gefärbt.

6) Etwas anders sehen Kompressen aus, die vollständig in das Material der Wundabdeckung (1) eingehüllt sind. Die Abmessungen dieser Schicht sind so groß, daß der gesamte Kompressenkörper darin eingeschlagen und auf der Rückseite (7) fest zusammengefügt werden kann. Zur Sicherheit wird die Rückseite durch einen Farbstrich kenntlich gemacht.

Die Kompressen haben unterschiedliche Formate, wegen der Vielfalt lassen sie sich nur unvollständig darstellen, man bekommt bessere Auskünfte vom Fachhandel. – Alle Saugkompressen werden in Sterilpackungen angeboten und viele auch unsteril in größeren Klinikpackungen. Die Kompressen können im Autoklaven sterilisiert werden. – Die Warennamen lauten:

Cutisorb (Beiersdorf)
Mesorb } (Mölnlycke)
Ortisorb }
Oprasorb (Lohmann)
Surgipad (Johnson & Johnson)
Vliwazell } (Rauscher)
Vliwin }
Zetuvit (Hartmann)
Zevi Kompressen (Kalff)

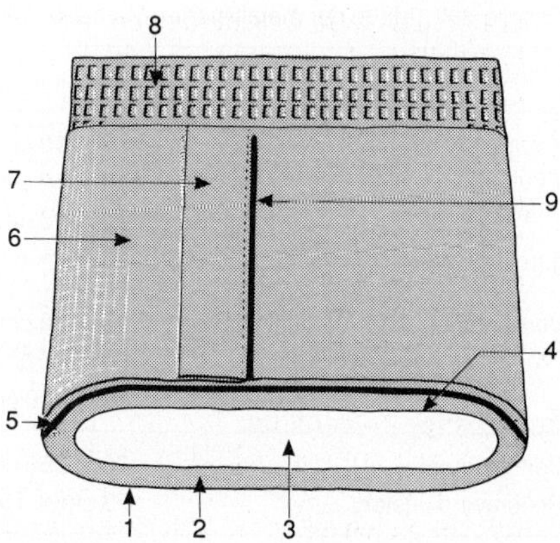

Abb. 3.3a Schematischer Querschnitt durch eine Saugkompresse
1 Wundseitiger Verbandvlies
2 Verteilschicht
3 Saugkern
4 Rückseitige Verteilschicht
5 Wäscheschutz
6 zur Rückseite geführter Verbandvlies
7 Zusammenfügung des Vlieses
8 fest verprägtes Ende
9 Farbstrichmarkierung auf der Rückseite

3.4.1. 4. Metallisierte Vliesstoffe und Kompressen

Sehr dünne Silber- und Aluminiumfolien kennt man schon recht lange für die Wundbehandlung. Da diese Folien keine Feuchtigkeit aufsaugen und durchlassen, so war und ist deren Anwendungsbereich begrenzt.

Seit 1958 gibt es metallisierte Verbandstoffe, die sehr porös sind. Hier wird im Spezialverfahren Vliesstoff mit Aluminium bedampft, und zwar derart, daß eine glatte Oberfläche als Wundabdeckung entsteht. Bei der Bedampfung werden die einzelnen Vliesstoffasern mit Aluminium umhüllt, die Oberfläche bleibt dadurch porös. Zur besseren Ableitung der Sekrete wird die Aluminiumoberfläche leicht perforiert, so daß die Vliesstoffkompresse die Feuchtigkeit noch besser aufnehmen kann.

Aluminiumbedampfte Verbandstoffe können im Autoklaven bei 121 °C sterilisiert werden, es gibt sie als Kompressen, Verbandtücher, Bettücher und als Rollenware. Die Maße der Verbandstoffe sind in Tabelle 3.4 aufgeführt.

Die Warennamen lauten:
Lohmann Metalline (-Kompressen, -Verbandtuch usw.) (Lohmann)
Alutex (Mölnlycke)

3.4.1. 5. Augenkompressen und Augenkissen (Abb. 3.3b)

Diese speziellen Augenverbandstoffe nehmen eine Sonderstellung ein, sie müssen stets weich und ganz glatt sein, denn sie dürfen nicht auf das Auge drücken. Die Augenkompressen haben eine ovale Form, die Augenkissen können auch eine etwas dreieckigere Form haben. Der

Tabelle 3.4 Maße der metallisierten Verbandstoffe

		Metalline	Alutex
Kompressen steril und unsteril		8 × 10 cm	
		10 × 12 cm	
		10 × 20 cm	
gerollt (unsteril)		10 cm × 5 m	
Verbandtuch steril	klein	40 × 60 cm	
	mittel	60 × 80 cm	60 × 80 cm
	groß	80 × 120 cm	73 × 120 cm
Bettuch steril		73 × 250 cm	73 × 250 cm
Rollenware unsteril		73 cm × 10 m	

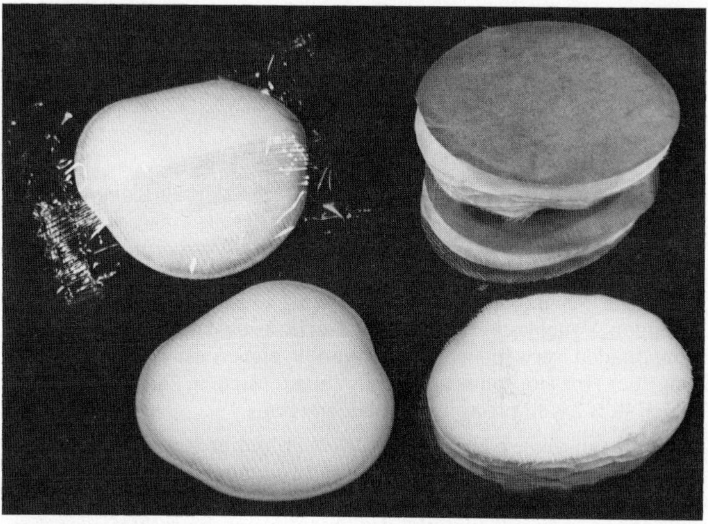

Abb. 3.3b Augenkissen (li.) und Augenkompressen (re.) (Foto 3.2a, 3.3b u. 3.12: Krussek)

Körper der Augenkompresse ist ein Wattekissen, das beidseitig mit 28fädigem Verbandmull abgedeckt ist. Dieser Mull hat Schnittkanten, er liegt nur lose auf der Vorder- und Rückseite des Wattekissens auf. Würde man das Wattekissen fest in Mull einschlagen, so müßte man Falten hineinlegen. – Die Kompressen erhalten eine Papierzwischenlage bevor sie in spezielle Entnahmekartons verpackt werden, man sollte sie nicht unnötig umpacken. Die Kompressen sind ca. 50 × 75 mm und 70 × 90 mm groß.

Die Umhüllung des Augenkissens besteht aus reinem Polypropylen-Vliesstoff und der Wattekörper aus einer Polypropylen-Baumwollmischung. Der glatte und anschmiegsame Vliesstoff liegt beidseitig faltenfrei auf dem Wattekörper und ist am Rand fest mit diesem verbunden. Das Kissen ist weiß und so ausgeformt, daß es sich wahlweise für das rechte und linke Auge verwenden läßt.

Die Augenverbandstoffe können unsteril in Klein- und Großpackungen bezogen werden. Die sterilisierten Kompressen und Kissen sind einzeln in Spezialbeutel verpackt und werden in praxisgerechten Entnahmekartons abgegeben. Sie werden entweder unter der allgemeinen Bezeichnung „Augenkompressen“ angeboten oder haben Warennamen:

Eycopad Kompresse (Hartmann)
Ocula Augenkompressen (Kalff)
Pro ophta Kissen (Lohmann)
Pro ophta Kompressen (Lohmann).

3.4.1. 6. Schlitzkompressen (Abb. 3.4a)

Unter diesem Namen werden wundfreundliche Verbandkompressen in verschiedenen Größen angeboten. Sie sind bereits eingeschnitten und weisen im Zentrum eine kleinere oder größere Aussparung mit zusätzlichen, sternförmigen Schlitzen auf, oder sie haben eine Y-Einkerbung. Die Schlitzkompressen können als erste Wundabdeckung bei liegenden Venenkathetern, Tracheal-, Infusionskanülen, Drains und Tamponaden verwendet werden. Ferner eignen sie sich zur Abdeckung der Inzisionspunkte bei Drahtextensionen, hier sollte man jedoch stets 2 Kompressen aufeinanderlegen.

Da die Kompressen bereits vor der Sterilisation eingeschnitten und ausgestanzt werden, erhält man eine größtmögliche Gewähr dafür, daß die Kompressen zum Zeitpunkt der Verwendung steril sind. Sie sind daher, vom Standpunkt der Aseptik aus betrachtet, den herkömmlichen, von Hand eingeschnittenen Schlitzkompressen überlegen.

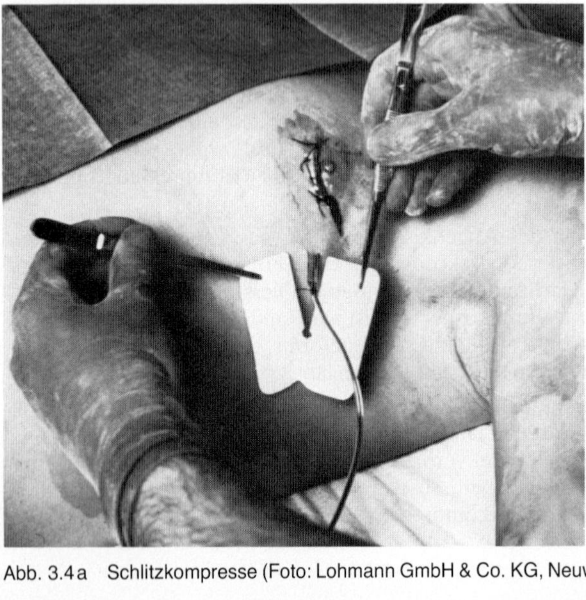

Abb. 3.4a Schlitzkompresse (Foto: Lohmann GmbH & Co. KG, Neuwied)

Die Schlitzkompressen werden meistens aus Vliesstoff gefertigt. Y-Schlitzkompressen werden zu zweit in Spezialbeuteln verpackt und sterilisiert angeboten, die Kompressen sind entweder 7,5 × 7,5 cm oder 10 × 10 cm groß, ein Originalkarton enthält in der Regel 50 Beutel á zwei Stück.

Metalline-Drain- und *-Tracheo-Kompressen* (Lohmann) sind immer einzeln eingesiegelt, ein Originalkarton enthält 50 Kompressen. *Metalline-Drain-Kompressen* sind 6 × 7 cm groß und haben einen Lochdurchmesser von 4,5–11 mm = Charrière 9–30; *Metalline-Tracheo-Kompressen* sind 8 × 9 cm groß und haben einen Lochdurchmesser von 12–19 mm = Charrière 31–50.

Warennamen für Schlitzkompressen mit Y-Einschnitt:
Kalfino Schlitzkompressen (aus Verbandmull) (Kalff)
Medicomp Drain-Kompressen (Hartmann)
Peha Schlitzkompressen (aus Verbandmull) (Hartmann)
Topper-Schlitzkompressen (Johnson & Johnson)
Vliwasoft-Schlitzkompressen (Rauscher)
Schlitzkompressen aus Verbandmull (Rauscher)

3.4.1. 7. Transparenter Wundverband (Folienverband)

Es ist allgemein üblich, eine Operationswunde mit einer sterilen Verbandkompresse oder einem sterilen Wundschnellverband zu bedecken. Dadurch ist die Wundnaht dann undurchsichtig zugedeckt. Die Erstversorgung einer Operationswunde mit steriler Klebefolie aus Polyurethan ist eine weitere Möglichkeit. Die Folie ist transparent, elastisch, wasserdampfdurchlässig, aber wasserdicht und für Bakterien undurchlässig, sie klebt nicht auf feuchten Wunden. Die Folie ähnelt der schon länger bekannten Operations-Inzisionsfolie. Ein regelmäßiger Verbandwechsel zur Beobachtung der Wunde ist nicht notwendig, der Heilverlauf kann durch die Folie hindurch beobachtet werden. Die sterilisierte Folie gibt es in verschiedenen Größen, einzeln verpackt in Peel-Packungen.

Warennamen:
Bioclusive (Johnson & Johnson)
Membra (Mölnlycke)
Opraflex Folien-Verband (Lohmann)
OpSite (BSN Braun-Smith & Nephew)
Tegaderm (3M-Medica)

3.4.1. 8. Wundabdeckungen mit besonderen Eigenschaften

Für die Behandlung exsudatreicher, schwer heilender Wunden sind einige Spezialwundauflagen entwickelt worden, die mit herkömmlichen, universell einsetzbaren Verbandkompressen nicht vergleichbar sind. Sie sind verhältnismäßig neue Verbandmaterialien und wahrscheinlich ist, daß sie weiter verbessert werden, es können sich damit auch Anwendungsgebiete ändern. Diese Verbandmaterialien werden nur steril, einzeln in Spezialbeuteln verpackt, angeboten. Auf dem Karton oder einem Beipackzettel werden Hinweise für die Indikation gegeben.

Hydrokolloider Wundverband
Ein interaktiver hydrokolloider Wundverband soll die Wundheilung unterstützen, er wird zeitweilig zur gründlichen Wundreinigung und -konditionierung eingesetzt, um den Wundgrund für weitere medizinische Maßnahmen vorzubereiten. Das Hydrokolloid ist ein vollsynthetisches Produkt, das große Mengen Flüssigkeit aufnehmen kann. Das Trägermaterial für die Hydrokolloidschicht ist entweder Polyurethanschaum oder Opsitefolie. Die Hydrokolloidschicht wird direkt auf die Wunde gelegt, das überschüssige Wundexsudat wandert in diese Schicht hinein und bringt die Kolloide zum Quellen, es entsteht ein weicher Gelfilm.

Die Warennamen lauten:
Cutinova plus (Beiersdorf)
3M Tegasorb (3M Medica)
Intra Site (BSN Braun-Smith & Nephew)
Metoderm (Mölnlycke)

Karaya-Wundverband
Ein hydrophiler Wundpolsterverband ist *Dermiflex* (Johnson & Johnson). Die sehr elastische Polsterschicht aus Schaumstoff ist mit Karaya-Haftmasse beschichtet. Karaya ist das Harz eines tropischen Baumes (Sterculia-urens), es ist extrem hygroskopisch und gut anschmiegsam. Die Karayamasse haftet auf der Wunde und bindet übermäßiges Sekret, die elastische Schaumstoffschicht polstert den Verband und wehrt Druck, Reibung und Infektionen von außen ab. *Dermiflex* verwendet man z. B. bei Druckgeschwüren (Dekubitus), Unterschenkelgeschwüren (Ulcus cruris), chronischen Wunden.

Polyurethan-Weichschaumkompressen
Unter der Bezeichnung „synthetische Hautersatzmaterialien“ sind einige Polyurethan-Weichschaumkompressen bekannt. Sie sind in der Regel zweischichtig aufgebaut und werden vorübergehend bei der Wundbehandlung eingesetzt. Die offenporige, wundseitige Auflage ist stark exsudatabsorbierend und nimmt Gewebetrümmer und Zerfallsmassen auf. Die zweite Schicht deckt die Wundauflage nach außen ab und soll vor Sekundärinfektionen schützen.

Die Beschaffenheit der wundseitigen Auflage ist in der Aufgabenstellung, Exsudat aufzunehmen, bei allen Produkten gleich, die Struktur der Schaumstoffe variiert aber, so daß man auf die Hinweise auf der Verpackung achten muß. Die Wundauflage *SYSpur-derm* ist zur Sicherheit auf der Verbandaußenseite mit einem Farbstrich kenntlich gemacht.

Warennamen:
Allevyn (BSN Braun-Smith & Nephew)
Epigard (Becton Dickinson)
Lyomousse (Medalsdorf)
SYSpur-derm (Hartmann)

Calcium-Alginat-Vliese
Die medizinische Wirkung von Braunalgen ist seit Jahrhunderten bekannt. Seeleute verwendeten Braunalgen als natürlichen Wundverband. Heute gewinnt man aus Braunalgen die Alginsäure, aus der dann Calcium-Alginat-Fasern hergestellt werden können. Aus den Fasern entsteht ein dreidimensionales Vlies, das gleichmäßig miteinander verfestigt wird. Legt man dieses Vlies auf eine stark sezernierende oder blutende Wunde, wird durch Ionenaustausch das unlösliche Calcium-Alginat in den Fasern in lösliches Natrium-Alginat umgewandelt, die Fasern quellen auf, es entsteht ein Gel, das die Wunde auskleidet, feucht hält und schützt. Calcium-Alginat-Vliese reagieren erst in Verbindung mit ausreichendem Wundexsudat, eventuell kann man mit physiologischer Kochsalzlösung die Gelbildung unterstützen.

Warennamen:
Algosteril (Johnson & Johnson)
Sorbalgon (Hartmann)
Tegagel Kompresse (3M Medica)

Aktivkohlevliese und -kompressen
Mit Aktivkohle beschichtete Wundauflagen können nicht nur Exsudat aufsaugen (*ab*sorbieren), sondern auch Wundkeime binden (*ad*sorbieren) und störende Gerüche von infizierten Wunden neutralisieren. Aufgebaut sind die Kompressen etwas unterschiedlich, die wundseitige Abdeckung besteht immer aus einer nicht mit der Wunde verklebenden, für Sekrete gut durchlässigen gewebten Membran oder einem ähnlichen Vliesstoff. Die Aktivkohleschicht kann mit Viskosefasern zusätzlich abgedeckt sein, das Eindringen der Sekrete in die Schicht wird dadurch erleichtert. Wird die Aktivkohle mit elementarem Silber kombiniert, bindet diese Schicht die Exsudate und vernichtet die eingewanderten Keime.

Aktivkohleverband mit Silber ist *Actisorb Plus* (Johnson & Johnson), die Kompresse soll nicht zerschnitten werden. *Carbonet* (BSN Braun-Smith & Nephew) darf dagegen eingeschnitten werden, der Verbandkörper ist so geprägt, daß dieses möglich ist. *Vliwaktiv* (Rauscher) ist eine kompaktere, ganz in Vlies eingehüllte Kompresse, hinter dem

Aktivkohlefilz liegen mehrere Lagen Zellstoff und ein flüssigkeitsabweisendes Vlies als Wäscheschutz. Die Kompressen sind z. Zt. ca. 10 × 10 cm und ca. 10 × 20 cm groß, sie sind einzeln in Peelpackungen verpackt und steril. Änderungen im Aufbau und den Abmessungen sind durchaus möglich.

3.4.2. Imprägnierte Verbandstoffe

Eine besondere Gruppe bilden die mit Medikamenten imprägnierten Verbandstoffe, die als Kompressen oder Tamponade verwendet werden. Nach dem Arzneimittelgesetz gelten sie als Arzneimittel und sind apothekenpflichtig, einige Spezialkompressen darüber hinaus auch verschreibungspflichtig. Diese Verbandstoffe sind nur eine begrenzte Zeit haltbar.

3.4.2. 1. Gefettete Kompressen (Abb. 3.4b)

Mit Fett imprägnierte Verbandauflagen sollen mit der Wunde nicht verkleben, für Sekrete durchlässig sein, Mazerationen verhindern und beim Verbandwechsel das Granulationsgewebe nicht zerstören. Das Trägermaterial kann ein sehr offenporiger Gittertüll aus Baumwolle, ein feinporiges Acetatgewebe oder Rayongewirk sein. Durch die Imprägnierung mit Fett wird das Gewebe bzw. Gewirk hydrophob, die Poren bleiben jedoch offen. Als neutrale, fettende Substanz verwendet man Vaseline, Paraffin oder eine Öl-in-Wasser-Emulsion. Die

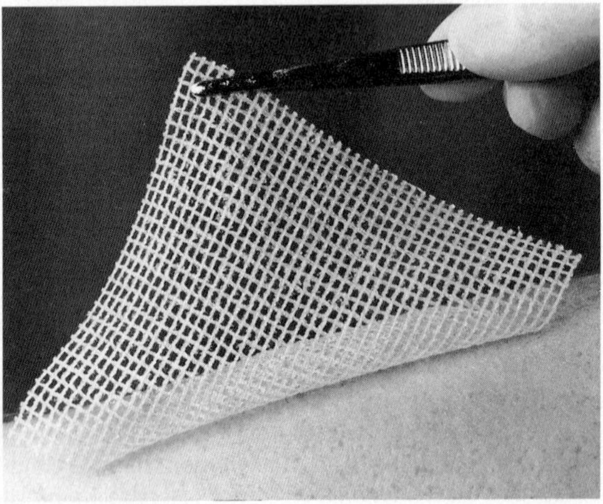

Abb. 3.4 b gefettete Kompresse Lomatuell (Foto: Fa. Lohmann)

Gittertülle aus Baumwolle sind relativ offenporig, das heißt, der Fadenabstand quer und hoch ist weit, bei der feinporigen Acetatseide beträgt der Zwischenraum 1 × 1 mm und im Gewirk ist der Abstand der Maschen ähnlich. Durch den kleinen Zwischenraum soll verhindert werden, daß Granulationsgewebe in die Fäden hineinwachsen kann. Es muß im Einzelfall entschieden werden, welchen gefetteten Verbandtyp man verwenden will. Alle gefetteten Wundauflagen werden mit einer sterilen Verbandkompresse als Saugschicht abgedeckt.

Die gefetteten Kompressen werden stets sterilisiert angeboten, sie sind einzeln in Schälpackungen (Peel-Packungen) verpackt, oder auch als Großpackung mit 10–20 Lagen (mit und ohne Papierzwischenlage) in Dosen erhältlich. Diese Verbandstoffe sind nicht genormt, sie werden in unterschiedlichen Formaten angeboten.

Die Warennamen lauten:
Adaptic (Rayongewirk) (Johnson & Johnson)
Cuticerin (Acetatseide) (Beiersdorf)
Grassolind (Baumwollgewebe) (Hartmann)
Jelonet (Baumwollgewebe) (BSN Braun-Smith & Nephew)
Kalfalan (Baumwollgewebe) (Kalff)
Lomatuell H (Baumwollgewebe) (Lohmann)

3.4.2. 2. Mit Arzneimitteln imprägnierte Verbandstoffe

Eine kleine Gruppe bilden die mit blutgerinnungsfördernden Medikamenten imprägnierten Verbandstoffe. Sie haben keine große Bedeutung mehr. Bekannt sind hier die *Clauden*-Verbandstoffe (Lohmann).

Clauden ist ein Organpräparat, es beschleunigt die Blutgerinnung. Angeboten werden die Clauden-Verbandstoffe als Gaze, Tamponadenstreifen, Schlauchgaze, Tupfer und Watte.

Zur Zeit der Naßrasur mit dem Rasiermesser war Eisenchloridwatte ein bewährtes Hausmittel, sie eignet sich nur für kleine, oberflächliche Wunden und wird heute kaum noch verwendet.

Mit Antiseptika imprägnierte Verbandstoffe haben ebenfalls nur noch einen geringen Marktanteil, erhältlich sind aber:
Jodoform-Gaze und -Tamponade,
Rivanol-Gaze und -Tamponade,
Carbolsäurewatte (Phenolwatte).
Jodoform- und Rivanol-Verbandstoffe sind lichtempfindlich und müssen geschützt verwahrt werden. Jodoform verträgt außerdem keine Feuchtigkeit, am besten läßt sich dieser Verbandstoff in einer fest verschließbaren Glasflasche aufheben.

3.5. Binden

Schon vor ein paar tausend Jahren kannte man die Kunst des Verbindens. Diese Kunst ist trotz der Fortschritte in der Medizin bis heute erhalten geblieben. Die Grundverbände sind nicht wesentlich verändert worden, lediglich das Bindenmaterial, das anfangs aus Leinen hergestellt wurde, wird dank des technischen Fortschritts ständig weiterentwickelt, so daß heute sehr verschiedenartige Binden zur Auswahl stehen. Ein Verbot gilt jedoch für alle Binden: Sie dürfen nicht direkt auf offene Wunden gewickelt werden.

3.5.1. Mullbinden (MB) nach DIN 61 631

Die Mullbinde (MB) ist das bekannteste Material zur Befestigung eines Verbandes, sie dient nicht als Wundauflage. Mullbinden werden aus Zellwolle (Kette und Schuß), oder Zellwolle (Kette) und Baumwolle (Schuß) hergestellt, sie sind 20- und 24fädig und haben Webkanten. Die Binden sind 4 m lang und 4, 6, 8, 10, 12, 15 und 20 cm breit. Nach der DIN-Norm können Mullbinden auch 20 cm breit sein, von der Industrie werden sie jedoch kaum angeboten. Die Breitenangabe ist in der Kurzbezeichnung nach der Angabe der Fadendichte eingerückt.

Mullbinden können im Autoklaven sterilisiert werden. Mullbinden, die über die Apotheke für die Arztpraxis bezogen werden, sind meistens in Zellglas eingehüllt. Auf der Hülle wird das Kurzzeichen mit dazugehörigen Zahlen angegeben, bei Großpackungen für Krankenhäuser findet man diese Angaben auf dem Karton.

3.5.1. 1. Elastische Mullbinden (Bw)

Die elastischen Mullbinden werden aus Baumwolle (Bw) hergestellt. Im Gegensatz zur genormten Mullbinde (MB) sind hier die Kettfäden gekräuselt, sie ermöglichen einen sanften Zug. Dadurch lassen sich die Verbände gut anlegen, Umschlagtouren sind fast nicht mehr erforderlich. Das Gewebe ist luftdurchlässig. Die Binden sind gedehnt ca. 4 m lang und in den Breiten von 6, 8, 10 und 12 cm erhältlich. Velband-Binden werden in den in Amerika üblichen Maßen angeboten, sie weichen geringfügig ab, die schmalste Binde ist 2,5 cm breit.

Warennamen:
Crimpelast (Rauscher)
Gazomull (Beiersdorf)
Pehalast (Hartmann)
Velband (Johnson & Johnson)

3.5.1. 2. Elastische Fixierbinden

Diese Binden werden aus Mischgarnen, die aus ca. 38% Baumwolle (Bw), 32% Zellwolle (ZW) und 30% Polyamid (PA) oder ähnlichen Mischungsverhältnissen bestehen, hergestellt. Sie sind weich und ähneln darin den Mullbinden. Durch spezielle Verarbeitung der Garne zu einem Kreppgewebe ist die Länge der Binde, je nach Produkt, bis zu 160% dehnfähig. Man kann für diesen Bindentyp auch die Bezeichnung „Kreppbinde" verwenden. Sie eignen sich für Verbände, die mit einfachen Mullbinden schwierig anzulegen sind, z. B. am Ellenbogen oder der Ferse. Die Binden werden in den für elastische Mullbinden üblichen Breiten angeboten, sie sind gedehnt 4 m lang.

Die Warennamen lauten:
Elastomull (Beiersdorf)
Gekalast (Rauscher)
Mevatex (Mölnlycke)
Mollelast (Lohmann)
Pehacrepp (Hartmann)
Protex-Krepp (Kalff)
Secutex (International Medical Products)
Tensofix Forte (BSN Braun-Smith & Nephew)

3.5.1. 3. Elastische Fixierbinden mit gekräuselten Polyamid-Kettfäden

Zwar gehört dieser Bindentyp auch noch zu den elastischen Fixierbinden, aber das Kettgarn besteht aus gekräuseltem Polyamid und der Schußfaden wird entweder aus Baum- oder Zellwolle hergestellt. Die Textilkennzeichnung lautet für diese Binden meistens: „60% Polyamid (Kette), 40% Baum- oder Zellwolle (Schuß)". Diese Mischung weicht bei den einzelnen Produkten nur geringfügig ab. Durch die gekräuselten Polyamidfäden wird die Binde dauerelastisch, im Vergleich zu den zuvor beschriebenen Binden ist sie zugfester.

Sie ist um ca. 90–100% dehnbar, hierin ähnelt sie der Idealbinde. Man verwendet sie zum Fixieren von Wundauflagen und für leichte Kompressionsverbände. Die Binde ist gedehnt 4 m lang und 6, 8, 10 und 12 cm breit.

Die Warennamen lauten:
Lastotel (Hartmann)
Protex Elastische Binde (Kalff)
Raucolast (Rauscher)
Transelast (Lohmann)

3.5.1. 4. Haftende (kohäsive) Fixierbinden

Verwandt mit der elastischen Fixierbinde ist die haftende Binde. Auch sie ist eine elastische Fixierbinde, aber im Gegensatz zu dieser mit einer Latexemulsion beschichtet, und zwar so, daß sie nur auf sich selbst, aber weder auf der Haut noch an den Haaren haften kann. Trotz der Beschichtung ist die Binde luftdurchlässig. Sie eignet sich besonders gut für schwierig anzulegende Verbände (z.B. am Kopf). Der Verband kann verhältnismäßig dünn angelegt werden, da ein Verrutschen der Bindentouren durch die Aufeinanderhaftung verhindert wird. Eine Endbefestigung ist nicht unbedingt erforderlich, doch sollte man dann einen kleinen Pflasterstreifen aufkleben, wenn der Verband im Bereich von ungeschützten Körperstellen liegt.

Diese elastischen Binden können aus Mischgarnen, wie unter 3.5.1.2. beschrieben, hergestellt und mit Latex beschichtet sein. Sie können für Schutzverbände verwendet werden. Besteht die mit Latex beschichtete Binde zu 60% aus Polyamidgarnen und zu 40% aus Baum- oder Zellwolle (oder ähnlich), so kann sie auch für leichte Stütz- und Kompressionsverbände verwendet werden. Die haftenden (kohäsiven) Binden können weiß oder hautfarben sein, sie sind 4, 6, 8, 10 und 12 cm breit und gedehnt 4 und 20 m lang. Die Warennamen lauten für Binden aus Mischgarnen:

Elastomull haft (Beiersdorf)
MevaHaft (Mölnlycke)
Peha-haft (Hartmann)
Tensoplus lite (BSN Braun-Smith & Nephew)

Binden aus Polyamidgarn + Bw oder ZW:
Gazofix (Beiersdorf)
Haftanfix (Rauscher)
Haftelast (Lohmann)
Protex S (Kalff)
Urgosport kohäsive Fixierbinden (Fournier Pharma)

3.5.2. Mullbinden zur Tamponade (MT)

Mullbinden zur Tamponade (MT) werden nur aus Baumwolle hergestellt. Sie sind 24fädig, 1, 2, 4 und 5 cm breit und 5 m lang. Sie werden einzeln verpackt sterilisiert im Kunststoffspender geliefert. Diese Pakkungen sind aber nach dem Öffnen und einer Teilentnahme nicht mehr steril. Tamponade ist in Paketen auch unsteril erhältlich. Man achte deshalb darauf, ob die Verpackung den Vermerk „sterilisiert" trägt. Neben der einfachen Tamponade gibt es noch solche, die mit Medikamenten imprägniert ist *(Clauden, Jodoform, Vioform)*.

Einfache Tamponade kann im Autoklaven sterilisiert werden. Es bleibt nicht aus, daß sie wiederholt nachsterilisiert werden muß, da die

Rolle 5 m lang ist und nicht immer gleich verbraucht werden kann. Nach mehrfachem Sterilisieren bekommt die Tamponade eine leicht bräunliche Verfärbung. Diese Tamponade sollte dann ausgesondert werden. Das Gewebe wird durch Hitzeeinwirkung sehr brüchig und zerreißt sehr leicht, so daß diese veränderte Gewebe eine Gefahrenquelle für den Patienten bedeutet.

3.5.2. 1. Schlauchgaze (Tamponade)

Schlauchgaze ist eine spezialgewebte Tamponade, die 5 und 8 cm breit sein kann. Auch sie wird in Längen von 5 m angeboten. Sie wird aus Baumwolle als nahtloser Schlauch gewebt, so daß sie nicht ausfasern kann. Schlauchgaze wird sterilisiert und auch imprägniert mit antiseptischen Zusätzen oder mit blutstillenden Medikamenten geliefert. Die Schlauchgaze ohne Imprägnierung kann im Autoklaven in der für Verbandstoffe üblichen Weise sterilisiert werden.

3.5.3. Steifgazebinden

Steifgazebinden (sogenannte Stärkebinden) benötigt man zur Verstärkung von Verbänden mit ruhigstellenden Aufgaben. Die Steifgazebinden werden mit Reis- oder Kartoffelstärke appretiert, sie sind 20fädig und haben Schnittkanten, d. h. die Seiten der Binden haben keine Webkanten wie die Mullbinden, sondern diese Binden werden aus Breitbahnen geschnitten. Die Schnittkanten sind bei den Binden zur Verhinderung von Schnürfurchen notwendig. Die Binde muß feucht angewickelt werden, sie wird deshalb kurz in warmes Wasser getaucht und leicht ausgedrückt. Sie darf nicht unter fließendem Wasser erweicht werden, da dann die Stärke ausgespült wird. Die Binde trocknet nach dem Anwickeln langsam und bekommt dann ihre Steife wieder.

Steifgazebinden gibt es in den Breiten von 4, 6, 8, 10, 12 und 15 cm und sind 4 m lang. Sie werden nur unsteril verwendet.

3.5.4. Cambric-Binden

Der Name Cambric ist von dem französischen Städtenamen *Cambrai* abgeleitet worden, die gelegentlich anzutreffende Schreibweise „Kambrik" ist deshalb nicht richtig. Die Cambric-Binde ist eigentlich Vorläuferin der Mullbinde, ihr Gewebe ist dichter und fester, wobei zwar der Kettfaden nur die Stärke des Verbandmullkettfadens hat, dafür aber der Schußfaden stärker und das Gewebe 25- oder 32fädig ist. Für Kompressionsverbände verwendet man sie zuweilen noch, doch aus wirtschaftlichen Gründen ist sie nicht mehr häufig anzutreffen.

3.5.5. Trikotschlauchbinden (TB)

Trikotschlauchbinden werden aus ungebleichtem 100%igem Baumwollgarn auf Rundstrickmaschinen gewirkt. Sie sind in Längsrichtung kaum und in Querrichtung mäßig dehnbar. Sie werden als Unterzüge bei Gipsverbänden und als Überzüge bei Amputationsstümpfen verwendet. Trikotschlauchmaterial kann im Autoklaven sterilisiert werden. Die handelsüblichen Breiten sind: 6, 8, 10, 12, 15 und 20 cm. Sie sind in Kleinpackungen mit 4 m Inhalt oder als Rollenware zu bekommen. Nichtgenormte Trikotschlauchbinden werden aus Mischgarnen (Baumwolle und Zellwolle) hergestellt, sie sind 5 m lang.

3.5.6. Elastische Binden (Idealbinden) (E) nach DIN 61 632

1897 brachte E. Bender die erste elastische Binde heraus. Er nannte sie „Idealbinde", seitdem wird dieser Name stellvertretend für diese Bindengruppe verwendet. Durch die besondere Webart und die Verwendung von Kreppzwirnen in der Kette wird die Binde in der Längsrichtung elastisch. Sie ist mit Web- und Schlingkanten in den Breiten von 4, 6, 8, 10, 12, 15, 20 und 30 cm erhältlich. Die Länge beträgt gedehnt ca. 5 m, ungedehnt ca. 2,5 m, die Dehnfähigkeit ca. 90%. Für die Kettfäden der Idealbinden verwendet man reine, ungebleichte Baumwolle, für die Schußfäden kann man Mischgarne nehmen, die aus ungebleichter Baumwolle (mindestens 67%) und Zellwolle hergestellt sind. Idealbinden sind koch- und sterilisierbar, sie sollen aber nicht gemangelt werden.

Die Idealbinde findet Verwendung als Stütz- und Gelenkverband, Kompressions- und Entlastungsverband sowie in kurzer Ausführung als Nabelbinde. Bei wiederholtem Anlegen der Binde gibt die Elastizität langsam nach, so daß sie weniger dehnbar wird. Durch Waschen in warmem Wasser oder Auskochen können die Kreppfäden wieder ihre Spannung zurückbekommen, die Binde ist bei richtiger Pflege mehrfach verwendbar.

3.5.6. 1. Idealbinden (nichtgenormt)

Die nichtgenormten Idealbinden werden aus verschiedenen Garnen hergestellt. Die Mischung entspricht nicht den DIN-Vorschriften, so daß die Fertigware nicht mit dem DIN-Kennzeichen angeboten werden darf. Die Dauerelastizität dieser Binden wird durch Polyamidfäden, die in die überdrehten Baumwollkettfäden eingearbeitet werden, erreicht. Die Binden sind in weißer und hautfarbener Ausführung erhältlich, sie sind gedehnt meistens 5 m lang und werden in den Breiten von 6, 8, 10, 12, 15 und 20 cm angeboten, allerdings mit der Einschränkung, daß nicht jedes Fabrikat alle hier aufgeführten Breiten aufweist. Der Fachhandel gibt Auskunft.

Diese nichtgenormten Idealbinden können unter krankenhausüblichen Bedingungen gewaschen werden, danach streicht man sie glatt und legt sie flach zum Trocknen, sie dürfen nicht gemangelt werden. Die Binden können im Autoklaven sterilisiert werden.

Warennamen:
Elastra Ideal (Rauscher)
Idealast (Hartmann)
I-Protex Idealbinden (Kalff)
Lenkelast, *Lenkideal* (Lohmann)
Meva Ideal, *Meva Universal* (Mölnlycke)
Uniflex Ideal, *Uniflex Universal* (Beiersdorf)

Die nichtgenormten, haftenden elastischen Binden dieses Typs gibt es in Breiten von 6, 8, 10 und 12 cm und können gedehnt 4 oder 10 m lang sein. Haftende Idealbinden können vorsichtig gewaschen werden.

Warennamen:
Fixit (Rauscher)
Idealast Haft (Hartmann)
Tensoplus Forte (BSN Braun-Smith & Nephew)
Unihaft (Beiersdorf)

Eine den nichtgenormten Idealbinden ähnliche Bandage heißt „*Tensopress*“ (BSN), sie ist gestrickt und in Längs- und Querrichtung elastisch. Die sehr weiche Binde ist aus Mischgarnen und elastischen Fäden hergestellt. Die Mittellinie ist durch einen eingewirkten gelben Faden markiert und ist die Leitlinie beim Verbinden, denn der Verband soll stets so gewickelt werden, daß die folgende Bindentour die vorherige zur Hälfte überdeckt. Die Binden sind 7,5 und 10 cm breit und 3 m lang.

3.5.6. 2. Nichtgenormte Kompressionsbinden

Diese Gruppe umfaßt verschiedene elastische Binden, die sich aufgrund der verwendeten Werkstoffe deutlich von den genormten und nichtgenormten Idealbinden unterscheiden.

In Deutschland wurde 1935 die erste hochelastische Binde mit umsponnenen Gummifäden hergestellt, sie heißt „Dauerbinde“. Der Ausdruck „Gummifadenbinden“ stammt aus dem Bereich der praktischen Arbeit im Krankenhaus und in der ärztlichen Praxis. Die Bezeichnung ist eine Orientierungshilfe; denn sowohl die Idealbinden als auch die Polyurethan-Kettfadenbinden sind elastische Binden, wobei die letztgenannte Gruppe eine Dehnfähigkeit bis zu 200%

haben kann (Idealbinden = 90%). Ursprünglich wurden für die Herstellung vieler dieser Binden umsponnene oder nichtumsponnene Gummifäden zusammen mit Baumwollfäden für die Kette verwendet. Bei der Herstellung der Gummikettfadenbinden werden die Gummikettfäden vorgedehnt, so daß sie sich nach dem Entspannen auf ca. 1/3 der Länge zurückziehen. Die Gummifäden der Binden sind nicht alterungsbeständig, durch Kochen und Sterilisation kann der Gummi noch schneller zerstört werden und Salben, Fette und Schweiß beschleunigen außerdem den Abbau des Gummis. Dieser Bindentyp wird so nicht mehr produziert, hier werden Kunststoffprodukte anstelle der Gummifäden verwendet; auch die Dauerbinde wurde nach ca. 50 Jahren modernisiert, sie wird jetzt mit Polyurethankettfäden hergestellt. Nur aus historischer Sicht ist die Materialkombination noch interessant.

Die neue Generation der Kompressionsbinden ist das Ergebnis der Weiterentwicklung der technischen Möglichkeiten, Kunststoffe und Garne so herzurichten, daß die Elastizität der Binden, mit Dehnfähigkeiten zwischen 30 und 200%, gesteuert werden kann. Anstelle der Gummikettfäden werden jetzt hochelastische Kunststoffkettfäden verarbeitet.

Langzugbinden, mit einer Dehnfähigkeit zwischen 150 und 200%, können je nach Beschaffenheit des Gewebes, für weichere, schwache, aber auch für kräftige Kompressionsverbände verwendet werden. Das Bindenmaterial besteht zum überwiegenden Teil aus Baumwolle und wenigen Anteilen Polyurethan und/oder Polyamid.

Mittelzugbinden weisen eine Dehnfähigkeit zwischen 100 und 140% auf und *Kurzzugbinden* werden mit Dehnfähigkeiten zwischen ultrakurz (30%) und 90% angeboten. Bei beiden Typen sind neben Baumwollfäden synthetische Fäden, überwiegend aus Polyamid, in einem höheren Anteil als bei den Langzugbinden im Gewebe vorhanden. Auch Kurzzugbinden aus 100% Baumwolle werden angeboten, sie haben meistens eine Dehnfähigkeit zwischen 70 und 90% und sind in dieser Qualität den Idealbinden sehr ähnlich.

Die Binden werden in der Regel mit vorgespannten Kettfäden gewebt; um die volle Elastizität der Binden zu erhalten, werden an den Bindenenden die Kettfäden verankert. Die Binden sollen deshalb nicht zerschnitten werden, man hat im Warenangebot die Auswahl zwischen 3,5, 5, 7 und 10 m langen und 6, 8, 10, 12, 15 und 20 cm breiten Binden. Genaue Auskunft gibt der Fachhandel, nicht jedes Produkt ist in jeder Breite und Länge erhältlich.

Die dauerelastischen, überwiegend hautfarbenen Binden können in der Regel gewaschen und gekocht und im Tumbler bis 60 °C getrocknet

Tabelle 3.5 Nichtgenormte Kompressionsbinden

Warenname*	maximale Dehnung in % ca.	Bemerkungen (nach Angaben der Hersteller) LZ = Langzug MZ = Mittelzug KZ = Kurzzug	
Eloflex (1)	200	LZ	schwache Kompression
MevaMax (6)	190	LZ	kräftige Kompression
Lastodur straff (3)	180	LZ	mittlere bis starke Kompression
Lastodur weich (3)	180	LZ	leichte Kompression
Lastohaft (3)	180	LZ	kohäsiv, mittelkräftige Kompression
Dauerbinde K (5)	180	LZ	kräftige, variierbare Kompression
Dauerbinde F (5)	180	LZ	leichte, variierbare Kompression
Elohaft (1)	170	LZ	kohäsiv
Elodur kräftig (1)	170	LZ	kräftige Kompression
Elodur fein (1)	170	LZ	mittlere bis schwache Kompression
Perfekta Super (7)	170	LZ	leichte Kompression
Perfekta Fein (7)	170	LZ	mittlere Kompression
Perfekta Kräftig (7)	170	LZ	starke Kompression
MevaLong (6)	165	LZ	leichte Kompression
Perfekta Kohäsiv (7)	150	LZ	kohäsiv, mittlere Kompression
Eloflex Lycra (1)	120	MZ	mittlere Kompression
Rhena star (4)	90–100	MZ	mittlere bis starke Kompression
Perfekta Straff (7)	90–100	MZ	sehr starke Kompression
Rosidal-Binde K (5)	90	KZ	kräftige Kompression
Tensolastic (2)	90	KZ	leichte Kompression
Urgosport Haftbandage (8)	80	KZ	kohäsiv, starke Kompression
Urgoband (8)	75	KZ	gute Kompression
Raucodur Kräftig (7)	70–80	KZ	geringe Rückstellungskraft, Arbeitsdruck hoch, Ruhedruck niedrig
Raucodur Kohäsiv (7)	70	KZ	geringe Rückstellungskraft, Arbeitsdruck hoch, Ruhedruck niedrig
Comprihaft (1)	70	KZ	kohäsiv
Idealflex (3)	65	KZ	mittelkräftige Kompression
Comprilan (1)	60	KZ	kräftige Kompression
Idealhaft (3)	60	KZ	kohäsiv, starke Kompression
Lastobind (3)	50	KZ	starke Kompression
Durelast-Binde (5)	40–50	KZ	kräftige Kompression
Rhena varidress (4)	40–45	KZ	kräftige Kompression
Compridur (1)	40	KZ	kräftige Kompression
Raucodur Fein (7)	40	KZ	wie Raucodur kräftig
MevaShort (6)	35	KZ	starke Kompression
Rhena ultrakurz (4)	30	KZ	kräftige Kompression

* Hersteller der Produkte:
1 Beiersdorf
2 BSN Braun-Smith & Nephew
3 Hartmann
4 IVF/Kreussler
5 Lohmann
6 Mölnlycke
7 Rauscher
8 Urgophar/Fournier-Pharma

werden. Sie vertragen Dampfsterilisation, sollen dann aber nicht gerollt sein. Kohäsive Binden müssen vorsichtig per Hand gwaschen werden. Zum Trocknen hängt man die Binden in möglichst kurzen Schlingen auf oder breitet sie auf einem Tuch flach aus. Sie sollen nicht auf der Heizung oder in der direkten Sonne getrocknet werden. Man kann alle Typen der elastischen Binden zwar auf der Bindenwickelmaschine (s. Abb. 10.5 c, d) wieder aufwickeln, es empfiehlt sich aber, sie nicht zu stark zu spannen, da sonst die Dehnfähigkeit vermindert wird.

In Tab. 3.5 sind die Warennamen der Binden und deren Eigenschaften aufgeführt. Die Binden mit dem „langen Zug“ und dem „mittleren Zug“ finden ein weites Anwendungsgebiet, und zwar hauptsächlich für Kompressions-, Stütz- und Entlastungsverbände. Die Stärke der Kompression ist durch das Angebot von mindestens 2 Ausführungen je Fabrikat individuell dosierbar. Die Gruppe der Binden mit dem „kurzen Zug“ findet Anwendung bei Stütz- und Sportverbänden sowie bei der Behandlung von Beinleiden. Durch den nur kurzen Zug erzielt man eine stärkere Kompression bei weniger nachgiebigem Verband. – Bei gewaschenen Binden kann man den Bindentyp durch eine Dehnprobe ermitteln, außerdem unterscheiden sie sich im Gewebe.

3.5.7. Elastische Pflasterbinden (DIN 13 019)

Soll ein Stütz- oder Entlastungsverband nicht verrutschen und einige Zeit liegenbleiben, so werden die elastischen Pflasterbinden verwendet, die seit 1925 von der Industrie hergestellt werden. Bei diesen handelt es sich um elastisches Gewebe, das zusätzlich mit einer Pflastermasse versehen ist. 1964 wurden im Normblatt DIN 13019 die Maße für Pflasterbinden unter dem Kennzeichen C festgelegt. Diese Binden sind 6, 8 und 10 cm breit und gedehnt 2,5 m lang. Eine kurze, gedehnt nur 1 m lange Binde ist zwar nach dem Normblatt auch anbietbar, diese Länge ist aber nicht sehr wirtschaftlich und wird kaum noch hergestellt.

Die Pflasterbinden können *längs-*, *quer-* und *längsquer*elastisch sein. *Längs*elastische Pflasterbinden werden für Kompressionsverbände, *quer*elastische bei Gelenkverletzungen und eingerissenen oder zerrissenen Bändern, für Pflasterextensionen und außerdem bei Rippenfrakturen benötigt. Die *längsquer*elastischen Pflasterbinden besitzen beide Eigenschaften der zuvor Genannten, sie werden vorwiegend für Kompressionsverbände, aber auch als Sportverbände verwendet.

Die Pflasterbinden sind im allgemeinen luftdurchlässig, weil das elastische Gewebe entweder einen streifenförmigen oder einen porösen Klebemassenaufstrich erhält. Eine Vollstrich-Pflasterbinde ist luftundurchlässig, so daß sich unter dem Verband feuchte Kammern bilden können, wenn der Verband längere Zeit liegenbleibt. – Das erste luftdurchlässige Pflaster wurde 1941 von der Firma Lohmann entwikkelt, als Erkennungszeichen wurde die Silbe „Poro“ im Warenzeichen verwendet.

Die Pflasterbinden müssen sorgfältig verwahrt werden, sie dürfen nicht ohne Pergaminpapier aufgehoben werden, da die Klebemasse sonst eintrocknet. Pflasterbinden, deren Klebemasse aus Zinkoxidkautschuk hergestellt ist, sind nicht alterungsbeständig, die Klebekraft wird langsam herabgesetzt, so daß die Vorratshaltung dem Bedarf angepaßt werden muß. Pflasterbinden, deren Kleber aus Polyacrylaten oder ähnlichen Kunststoffen hergestellt werden, sind alterungsbeständiger, außerdem ist die Klebemasse hautfreundlicher, da sie luft- und feuchtigkeitsdurchlässig ist. Polyacrylatkleber sind für Röntgenstrahlen durchlässig. Zinkoxidkautschukkleber werfen Schatten. Tab. 3.6 gibt einen Überblick über erhältliche Pflasterbinden.

3.5.8. Gipsbinden

3.5.8. 1. Gips allgemein

Soll die völlige Ruhigstellung eines Körperteils erreicht werden, so wird man im allgemeinen einen Gipsverband anlegen. Gips wird als weißes oder graues Gestein in der Natur gefunden und meistens im Tagebau abgebaut. Das Mineral Gips stellt eine Verbindung von einem Molekül Kalziumsulfat und zwei Molekülen Wasser dar:

$CaSO_4 \cdot 2H_2O$ (Doppelhydrat).

Der Rohgips wird zermahlen und im Drehofen oder im Gipskocher bei über 100 °C erhitzt. Durch den als Brennen bezeichneten Prozeß wird dem Material so viel Wasser entzogen, daß auf 2 Moleküle Kalziumsulfat nur noch 1 Molekül Wasser entfällt:

$2\,CaSO_4 \cdot H_2O$ oder
$CaSO_4 \cdot \frac{1}{2}\,H_2O$ (Halbhydrat).

Das so entstandene Halbhydrat wird auch gebrannter Gips genannt. Dieses Material ist in der Lage, durch Wasseraufnahme Doppelhydrat zurückzubilden, dabei erhärtet der gebrannte Gips unter Wärmebildung zu einer festen Masse, der Gips bindet ab. Die bei diesem Abbindeprozeß sich verfilzenden Kristalle führen zu der Festigkeit des fertigen Gipsverbandes.

Die Eigenschaften einer Gipsbinde lassen sich durch die Auswahl der einzelnen Gipssorten, die sich durch Herkunft, Brennart und Brenndauer unterscheiden, vorbestimmen. Für die medizinische Anwendung ist eine möglichst chemisch reine Gipsqualität anzustreben.

Der in Gipsbinden verarbeitete gebrannte Gips (Halbhydrat!) zieht Wasser an. Die Gipsbinden müssen deshalb trocken und in ihrer Originalverpackung aufbewahrt werden. Unverpackte Gipsbinden

Tabelle 3.6 Elastische Pflasterbinden (DIN 13019)

Warenname*	Gewebe	Elastizität Richtung	Dehnung längs/quer in % ca.	Bemerkungen (nach Angaben der Hersteller)
Acrylastic (1)	Bw	längs	60	Polyacrylatkleber
Elastoplast (1)	Bw	längs	60	Zinkoxidkautschukkleber
Porelast (4)	Bw	längs	80	Synthesekautschukkleber
Porelast Acryl (4)	Bw	längs	70	Polyacrylatkleber
Saniplast (5)	∅	längs	∅	Zinkoxidkautschukkleber
Tensoplast** (2)	Bw/Rayon	längs	70	poröser Kleber
Urgosport (3)	∅	längs	50	Zinkoxidkautschukkleber
Panelast (4)	Bw	längsquer	80/45	Synthesekautschukkleber
Panelast Acryl (4)	Bw	längsquer	70/45	Polyacrylatkleber
Tricoplast (1)	Bw	längsquer	60/30	hypoallergene Klebemasse
Porodress (4)	Bw/VI	quer	–/70	Synthesekautschukkleber

∅ keine Angabe

* Hersteller der Produkte:
1 Beiersdorf
2 BSN Braun-Smith u. Nephew
3 Fournier Pharma
4 Lohmann
5 Sander

** Die Pflasterbinde besitzt einen gelben Markierungsstreifen als Leitlinie für die Überlappung.

werden schon durch die Luftfeuchtigkeit, die z. B. im Gipsraum besonders hoch ist, in kurzer Zeit unbrauchbar.

3.5.8. 2. Aus der Geschichte der Einstreu-Gipsbinden (Abb. 3.5a)

Der holländische Militärarzt Antonius Mathijsen erfand 1851 den Gipsverband, er schichtete trockenes Gipspulver zwischen zwei Kompressen oder Tücher, legte diese dem ruhigzustellenden Körperteil an und erst dann wurde die Packung angefeuchtet. Sehr schnell kam er auf den Gedanken, Baumwollflanellbinden mit Gipspulver zu beschichten und sie vor dem Anwickeln ins Wasser zu legen und zwar so lange, bis keine Luftblasen mehr aufstiegen. Die Baumwollflanellbinde wurde bald durch Mullbinden ersetzt und jahrzehntelang hat die Industrie durch Aufstreuen von gebranntem Alabastergips auf schnittkantige 17- oder 20fädige Mullbinden Einstreugipsbinden hergestellt. Die Gipsbinden wurden auf Pappröllchen aufgewickelt und in Filterpapier eingeschlagen, mit diesem auch getaucht, so konnte man das Herausfallen des Gipspulvers vermeiden. Abb. 3.5a zeigt eine Einstreugipsbinde, es ist etwas loser Gips herausgefallen. – Seit ca. 1985 werden diese Binden für medizinische Zwecke von der Industrie nicht mehr angeboten.

3.5.8. 3. Fixierte Gipsbinden (Abb. 3.5b)

Schon seit 1893 versuchte man, das Gipspulver auf der Mullbinde zu fixieren, doch die Ergebnisse waren unbefriedigend und es war ein langer Weg, bis im Jahre 1930 die ersten Binden mit darauf fixiertem Gips von der Firma Lohmann (Neuwied) in Zusammenarbeit mit den damaligen Cellonwerken Dr. Eichengrün hergestellt werden konnten, sie heißen „Cellona-Gipsbinden". Cellona-Breitlonguetten werden in Deutschland 1949 eingeführt. Nach Ablauf der Patentschutzfrist haben auch andere Hersteller die Produktion von fixierten Gipsbinden und Breitlonguetten aufgenommen. – Im gebräuchlichsten Verfahren werden verschiedene Gipssorten mit einem Zusatz von Bindemitteln auf die schnittkantigen Binden aufgetragen. Die fixierten Gipsbinden werden nicht in Filterpapier eingeschlagen, sondern sind in feuchtigkeitsundurchlässigen Folien oder Pergaminpapier verpackt. Neben diesen Einzelbinden gibt es auch größere Verbrauchseinheiten (2, 4 oder 5 Binden), die in Folie eingesiegelt sind. Sie werden vor dem Tauchen ausgewickelt. Die fixierten Gipsbinden stauben nicht und verlieren kaum Gips beim Eintauchen in das Wasser.

Durch spezielle Herstellungsverfahren können Gipsbinden auf verschiedene offene Zeiten (s. S. 203) eingestellt werden. Die fixierten Gipsbinden werden mit der Zusatzbezeichnung „schnellabbindende

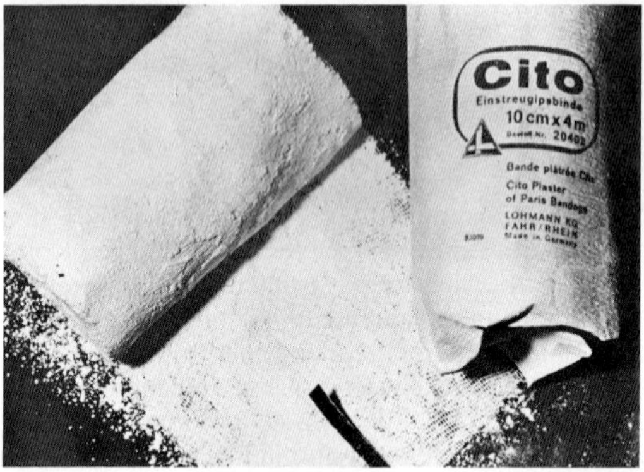

Abb. 3.5 a
Einstreu-Gipsbinde, die erste Generation der Gipsbinden

Abb. 3.5 b
Fixierte Gipsbinde, die zweite Generation (seit 1930)

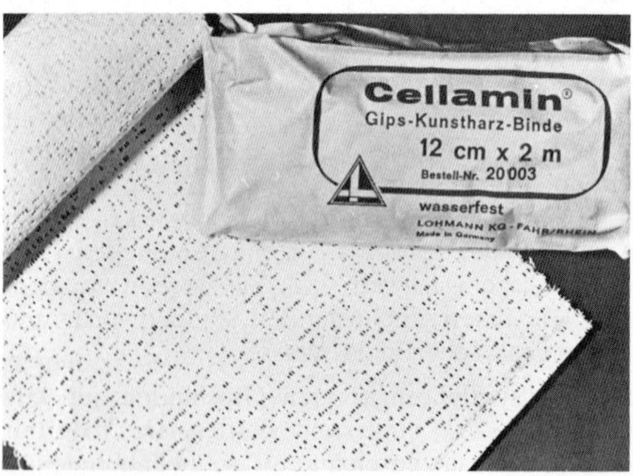

Abb. 3.5 c
Gips-Kunstharz-Binde

Gipsbinden" angeboten, sie haben nur kurze Arbeitszeiten (offene Zeiten) von ca. 2–3½ Minuten und eignen sich z. B. zur Stabilisierung nach dem Reponieren und für Gipsverbände bei unruhigen Patienten.

Gipsbinden sind 6, 8, 10, 12, 15 und 20 cm breit und können 2, 3 und 4 m lang sein. Als Sondergröße für Gipsverbände bei Kleinkindern und Säuglingen gibt es 5 cm breite und 1 m lange *Cellona*-Gipsbinden.

Gipslonguetten können 10, 12, 15 und 20 cm breit sein, sie sind vierfach gelegt 1, 20 und 25 m lang.

Breitlonguetten sind 40, 60 und 80 cm breit und 5 m lang. – Der Fachhandel kann über die exakte Produktpalette der einzelnen Hersteller Auskunft geben.

Warennamen:
Biplatrix (Beiersdorf)
Cellona (Lohmann)
Plastrona (Hartmann)
Platrix (Beiersdorf)
Suprema (Schumacher)

3.5.8. 4. Wasserfeste Gipsbinden mit Kunstharz (Abb. 3.5c)

Nur wenige Jahre nach dem Ende des 2. Weltkrieges begann die Industrie mit Versuchen, reine Kunstharzbinden herzustellen, die Ergebnisse waren aber technisch noch nicht ausgereift. Die praktische Arbeit mit den Binden war umständlich und feuergefährlich, das Bindenmatcrial zu teuer. 1953 fand man in den USA eine Zwischenlösung in dem Produkt der kombinierten Gips-Kunstharz-Binde, 1959 wird sie auch in Deutschland eingeführt und unter dem Namen *„Cellamin"* (Lohmann) gehandelt.

Gipsverbände weichen, wenn sie mit Wasser in Berührung kommen, langsam auf. Für wasserfeste Hartverbände haben sich die Gipsbinden mit Kunstharz bewährt. Die Binden enthalten neben Spezialgips wasserlösliches Kunstharz und einen Katalysator, so daß nach dem Tauchen das Kunstharz kondensiert. Die Verbände sind wasserfest, trotzdem luftdurchlässig, so daß nicht die Gefahr besteht, daß sich feuchte Kammern bilden. Kunstharzbinden sind sehr feuchtigkeitsempfindlich, sie werden deshalb schon spezialverpackt geliefert. Sie müssen alsbald verbraucht werden, wenn sie ausgepackt sind, da die Luftfeuchtigkeit sie innerhalb kurzer Zeit zum Abbinden bringen würde. Die Tauchzeit beträgt 1–2 Sekunden, die Arbeitszeit 3–5 Minuten, die Abbindezeit 20–30 Minuten. Da die Gips-Kunstharzbinden geringe Spuren Formaldehyd enthalten, ist das Einfetten der Hände oder Überziehen von Gummihandschuhen vor Arbeitsbeginn zu empfehlen.

Cellamin-Gips-Kunstharzbinden sind nur 2 m lang und die Breite ist mit der für fixierte Binden identisch, die Breitlonguetten sind 60 cm breit und 5 m lang.

3.5.9. Kunstharzbinden

Mit den Bezeichnungen „Kunststoff-Stützverband", „synthetischer Stützverband" und „synthetischer Steifverband" wird das moderne Verbandsystem von der Industrie angeboten. Ausgangsmaterial dieser Stützverbände ist die mit Polyurethanharz getränkte synthetische oder Baumwollbinde.

3.5.9. 1. Aus der Entstehung der Kunstharzbinde.

1960 kann man in der Fachliteratur lesen: „Viele Versuche der letzten Jahre zielen darauf ab, die Gipsbinde durch eine reine Kunstharzbinde zu ersetzen. Eine endgültige Lösung ist aber noch nicht gefunden." Um 1975 liest sich die Beurteilung der Kunstharzbinde so: „Unter den Namen Light Cast, Hexelite und Neofract sind in der letzten Zeit Verbandsysteme auf dem Markt, die zwar den Vorteil des geringeren Gewichtes gegenüber dem herkömmlichen Gipsverband haben, jedoch in erheblichem Maße Indikationsbeschränkungen unterliegen. Durch die hohen Kosten für das Ausgangsmaterial ist die Wirtschaftlichkeit dieser Verbände in Frage gestellt." Schon 1978 wird in Berlin auf der 42. Jahrestagung der Deutschen Gesellschaft für Unfallchirurgie über: „Baycast, PU-Stützverband, eine neue Möglichkeit zur Ruhigstellung in der Chirurgie und Orthopädie" berichtet. Im April 1981 kann man in der Münchner Medizinischen Wochenschrift auf S. 665 lesen: „... Der Baycast-Stützverband ist eine mit einem neu entwickelten Polyurethan-Präpolymer getränkte Baumwollbinde. Die Aushärtung zum festen Stützverband erfolgt durch Reaktion des Präpolymers mit H_2O zu einem dreidimensional vernetzten Polymer. Die Aushärtung erfolgt innerhalb von fünf bis zehn Minuten...".

Nach der klinischen Erprobung wird Baycast 1982 auch auf Fachausstellungen angeboten und findet reges Interesse bei dem Fachpublikum. Eine zusätzliche apparative Ausstattung ist nicht mehr notwendig, vor dem Tauchen der Kunstharzbinden in kaltes Wasser müssen nur noch Handschuhe angezogen werden, weil die Grundsubstanz auf der Haut haftet und schwer zu entfernen ist. Auch dem zu verbindenden Körperteil wird deshalb vorher ein Schlauch- oder Bindenverband angelegt. Die Kunstharzbinde hatte zwar noch Mängel, aber auch Vorteile gegenüber den Gipsbinden: Schnelles Abbinden nach ca. 7–9 Minuten, frühe Belastbarkeit nach 30 Minuten, geringes Gewicht, durchlässig für Röntgenstrahlen, stabil, luftdurchlässig, aber wasserfest und abwaschbar. Baycast kann als erste brauchbare Kunstharzbinde der neuen Generation angesehen werden.

Der Baycast-Stützverband ist von Bayer, Leverkusen, entwickelt worden und eigentlich ein Zufallsergebnis während der Forschungen nach anderen Produkten. Baycast konnte sich langsam als Material für Stützverbände auf dem Markt durchsetzen, da aber die Bayer AG als Chemie-Konzern auf dem Verbandmaterialsektor nicht tätig ist, wurde 1986 dieses Produkt an Johnson & Johnson Medical GmbH, Norderstedt, verkauft und Baycast wurde in „delta-cast" umbenannt.

3.5.9. 2. Kunstharzbinden (Stand 1991)

Die Kunstharzbinden waren zunächst mit Polyurethan-Präpolymer getränkte Baumwollbinden, die in Querrichtung nicht dehnbar sind, die Modellierbarkeit des Verbandes war dadurch behindert. Das Trägermaterial wurde verbessert, man verwendet z. Z. längs- und querelastisches Gewirk oder Gewebe, das entweder aus Baumwolle, Polyesterfäden, Polypropylenfäden oder Glasfasern hergestellt wird. Alle Binden sind derzeit mit Polyurethanharz getränkt, die unterschiedliche Festigkeit der Verbände wird durch die Kombination des Trägermaterials mit dem Polyurethanharz erreicht.

Kunststoff-Stützverbände mit Baumwollgewirk als Trägermaterial sind schon sehr stabil, sie sind im Preisvergleich die billigsten Kunstharzbinden.

Kunststoff-Stützverbände mit Polyester- oder Polypropylengewebe oder -gewirk sind noch härter und im Preisvergleich teurer.

Kunststoff-Stützverbände mit Trägermaterial aus Glasfaser sind extrem stabil und am teuersten.

Im Vergleich mit Gipsverbänden sind die Kunstharz-Stützverbände leicht und luftdurchlässig, auf dem Röntgenbild werfen sie keinen störenden Schatten, sie sind wasserfest und abwaschbar. Man kann mit einem Kunstharz-Stützverband aber nicht baden, denn das in den Verband hineingelaufene Wasser kann nicht verdunsten, die Polsterung und der Unterzug trocknen nicht, es bilden sich feuchte Kammern.

Die Kunstharzbinden sind einzeln in Folienverpackung eingesiegelt, sie sollen bei Zimmertemperatur (unter 25 °C) gelagert werden, die Haltbarkeit der eingesiegelten Binde beträgt ab Herstellungsdatum zwei bis vier Jahre, genaue Angaben findet man auf der Verpackung. Aus den Anwendungsrichtlinien (Stand 1991) ist zu entnehmen, daß die Binden erst unmittelbar vor der Verwendung der Packung entnommen werden sollen. Die Tauchwassertemperatur darf nicht mehr als 20 °C betragen, die Binde ist dann, je nach Produkt, zwischen drei und sieben Minuten modellierbar. Je wärmer das Tauchwasser ist, desto kürzer ist die Zeit für die Modellierfähigkeit. Polyurethanharz kann auch ungetaucht reagieren, die Binde ist dann etwas länger modellierbar, es müssen aber unbedingt die Hinweise der Hersteller beachtet werden. Die Produkte sind noch nicht im absoluten Endstadium der Entwicklung, so daß allgemein gültige Regeln nicht aufgestellt werden können.

Kunstharz soll nicht mit der Haut in Berührung kommen, weil es dort haften bleibt und schwer zu entfernen ist. Mit den Binden kann man deshalb nur behandschuht arbeiten, auf Zwirn- oder Einmalhandschuhen bleibt das Harz nicht hängen. Die Haut des Patienten muß im Verbandbereich durch einen Unterzug aus Schlauchverband, Polster- oder Schaumstoffbinden geschützt werden. An den Stützverbandrändern können scharfe Kanten entstehen, ein Randpolster ist deshalb erforderlich.

Für die Verbandabnahme kann die oszillierende Säge, am besten mit einem spezialgehärteten Sägeblatt, verwendet werden. Ein kleines, sehr sinnvolles, manuell zu bedienendes Aufschneidegerät ist die *Scotchcast Säge,* sie besteht aus zwei Teilen, die auseinandergenommen werden können: Einer Säge, die mit einem Ratschen-Mechanismus betrieben wird, mit dem dazugehörigen Führungshandgriff und einem Handgriff mit umschaltbaren Ratschen-Antrieb (Abb. 3.5d). Der Fuß der Säge soll nach Möglichkeit zwischen Polsterwatte und ausgehärtetem Kunstharzverband angesetzt werden. Die Säge ist für das Öffnen von Scotchcast-Verbänden, einem sehr harten Glasfaser-Kunstharzmaterial, entwickelt worden. Der bei dem Betrieb der

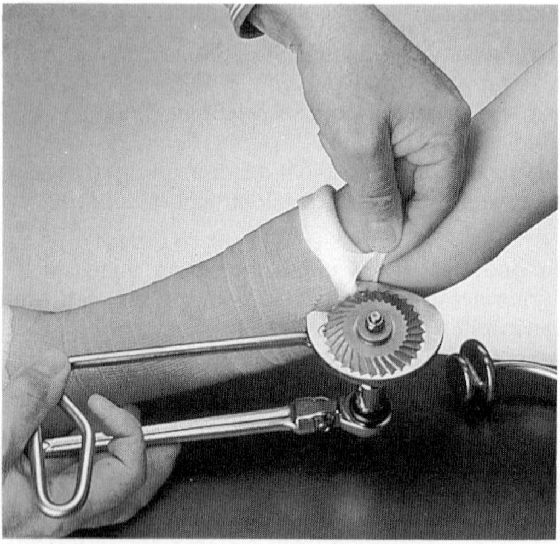

Abb. 3.5d Scotchcast-Säge (Foto: 3M Medica)

schnellaufenden Motorsäge entstehende Lärm und die Staubbildung wird vermieden und den Kindern wird die Angst vor und während der Verbandabnahme genommen. Die Gebrauchsanweisung erklärt sehr exakt die Bedienung des Gerätes.

Bei allen Fabrikaten sind die Binden stets 3,6 m lang und können 5, 7,5, 10 und 12,5 cm breit sein, *Cellacast* gibt es darüber hinaus auch als 2,5 cm breite Binde. Alle Binden werden in Weiß und fast alle auch in verschiedenen Farben angeboten.

Die Warennamen lauten (1991) für Kunstharzbinden mit Trägermaterial aus

Baumwollgewirk:	*delta-cast* (Johnson & Johnson)
Polyestergewirk/-gewebe:	*Articast S* (Beiersdorf)
	delta-cast plus (Johnson & Johnson)
	Dynacast S (BSN Braun-Smith & Nephew)
Polypropylengewebe:	*Dynacast Pro* (BSN Braun-Smith & Nephew)
Glasfasergewirk/-gewebe:	*Articast* (Beiersdorf)
	Cellacast (Lohmann)
	delta lite } Johnson & Johnson
	delta lite conformable } Johnson & Johnson
	Dynacast extra (BSN Braun-Smith & Nephew)
	Scotchcast (3M Medica)

3.5.9. 3. Halbsteifer Kunstharzverband

Scotchrap halbsteifer Immobilisationsverband (3M Medica) besteht aus einem gewirkten Fiberglasmaterial, das mit Polyurethanharz getränkt ist. Der fertige Verband ist formstabil, reagiert aber elastisch auf Druck. Die Binde ist 7,6 cm breit und 3,6 m lang.

3.5.9. 4. Gepolsterte Kunstharzlonguetten (Stand 1991)

Im Gegensatz zu Gipslonguetten, mit denen man auch Schwachpunkte im zirkulären Gipsverband verstärken kann, werden die gepolsterten Kunstharzlonguetten nur als Schienenmaterial verwendet, z. B. als dorsale Unterarmschiene. Diese Longuetten sind im Aufbau etwas anders: Das Trägermaterial aus Glasfasergewirk oder -gewebe ist sieben- bis achtschichtig, Steppnähte verhindern das Verrutschen der Lagen. Die Longuetten sind mit Polyurethanharz getränkt. Die Außenhülle dieses Lagenverbundes kann entweder ringsum geschlossener Kunststoff-Polsterschlauch sein, oder auf der einen Longuettenseite befindet sich ein luft- und wasserdampfdurchlässiger Vliesstoff und auf der anderen ein luft- und wasserdampfdurchlässiger Schaumstoff. Die Handhabung dieser Longuetten ist einfach und schnell,

Handschuhe sind nicht erforderlich. Die Schiene wird kurz in Wasser getaucht, danach gut ausgedrückt und auf einem Handtuch oder Papiertuch abgetrocknet. Weiteres überschüssiges Wasser kann durch Einrollen in ein Handtuch und Ausdrücken der Longuette entfernt werden. Die Schiene wird mit der gepolsterten Seite zur Haut angelegt, mit einer elastischen Binde angewickelt und anschließend modelliert. – Die Longuetten unterscheiden sich etwas in der Anbietungsform:

Die *Cellacast-Longuette* (Lohmann) ist 3,6 m lang, das Polster aus Polypropylen umhüllt die Glasfaserlonguette ringsum, die Ware ist in Folienschlauch eingesiegelt und gerollt. Bei Bedarf wird die gewünschte Longuettenlänge abgeschnitten, die Schnittstelle an der Rolle wird ca. 5 cm nach innen umgebogen und mit einem Spezialclipp sofort wieder verschlossen. Die Longuetten sind 7,5, 10, 12,5 und 15 cm breit.

Die *Scotchcast-one-step-Schienen* (3M Medica) sind Einzelschienen in verschiedenen Breiten und Längen, die Polsterhülle ist allseitig fest geschlossen. Die Longuettenumhüllung besteht auf der körperfernen Seite aus einem luft- und wasserdampfdurchlässigen Vliesstoff und auf der dem Körper zugewandten Seite aus eben solchem Schaumstoff. Die Schienen existieren z. Zt. in folgenden Größen: 7,5 × 30 cm, 10 × 38 cm, 10 × 76 cm und 12,5 × 76 cm.

3.5.10. Schaumstoffbinden (Prä-Tape-Binden)

Die extrem dünne, in beide Richtungen leicht dehnbaren Polyurethan-Schaumstoffbinden werden als Unterziehbinden verwendet, sie sollen bei Klebeverbänden den direkten Kontakt mit der Haut verhindern. Bei Gips- und Kunstharzstützverbänden wird die Binde über die Polsterung gewickelt, die Bindentouren haften gut aufeinander und verrutschen nicht. Die Schaumstoffbinden sind wasserabweisend, das Eindringen von Feuchtigkeit aus den Stützverbänden wird erschwert.

Als Hautschutz unter allen Tape-Verbänden kann die Binde eingesetzt werden. Je nach Fabrikat kann sie zwischen 0,4 und 0,8 mm dick sein, sie ist luftdurchlässig, anschmiegsam und läßt sich faltenfrei anlegen. Mit diesem Unterzug versehene Sportverbände lassen sich schmerzlos wieder entfernen. Verwendet werden kann die Binde auch unter elastischen Klebeverbänden. – Sie sind keine Polsterbinden im klassischen Sinn.

Die Schaumstoffbinden sind entweder weiß oder hautfarben, sie sind 7 und 10 cm breit und in Längen zwischen 20 und 30 m erhältlich, die Maße sind uneinheitlich.

Eine 3 mm dicke Schaumstoffbinde ist besonders als Unterzug bei Stützverbänden gedacht, sie ist 10, 12 und 15 cm breit und nur 2 m lang (Haftan Typ II).

Die Warennamen lauten:
Haftan Typ I und *Typ II* (Rauscher)
J-WRAP (Johnson & Johnson)
Pretape (Lohmann)
Tensoban (BSN Braun-Smith & Nephew)

3.5.11. Zinkleimbinden

Zur Nachbehandlung von Unterschenkelfrakturen oder bei der Behandlung von sogenannten Beinleiden finden Zinkleimbinden Verwendung. Es handelt sich um Mull- oder elastische Binden, die mit Zinkleim getränkt sind. Zinkleim wird hergestellt aus Zinkoxid, Gelatine, Glyzerin und Wasser. Die Binden kommen gebrauchsfertig in feuchter und trockener Ausführung in den Handel. Die trockene Zinkleimbinde ist allerdings auch feucht, aber im Gegensatz zur feuchten Binde trocknet diese wesentlich schneller und gibt einen härteren Verband. Diese Binden werden deshalb bei der ambulanten Behandlung der Patienten bevorzugt angewendet. Um ein Verkleben der Strümpfe zu verhindern, zieht man über den fertigen Zinkleimverband nach dem Trocknen einen hautfarbenen Schlauchverband.

Die Mull-Zinkleimbinden sind 5, 7 und 10 m lang und 10 cm breit, die elastischen Zinkleimbinden sind 8 cm breit und gedehnt 5 m lang.

Warennamen:
Gelocast (Beiersdorf)
Gelocast elastic (Beiersdorf)
Varicex F (feucht) (Lohmann)
Varicex T (trocken) (Lohmann)
Varicex elastisch (Lohmann)
Varix (Hartmann)
Varolast (längs- und querelastisch) (Hartmann).

3.5.12. Papierbinden

Sie werden aus gebleichtem Kreppapier hergestellt und zum Anwikkeln von Polsterwatte unter Gipsverbänden verwendet. Die Binden sind 4 m lang und in den Breiten von 4, 6, 8, 10, 12 und 15 cm erhältlich.

3.5.13. Übungsbinden

Für den praktischen Unterricht in der Verbandlehre stehen Übungsbinden, die meistens aus Zellwolle gefertigt werden, zur Verfügung. Sie sind dichter gewebt als die üblichen Mullbinden und haben an den Kanten rote Kettfäden. Durch die Markierung kann man genauer den Verlauf der einzelnen Bindentouren erkennen. Die Binden sind 4, 6, 8, 10 und 12 cm breit und stets 4 m lang.

3.6. Verbandpäckchen

Friedrich von Esmarch hatte als Feldarzt an dem Gefecht vor Bau 1848 und an den Feldzügen von 1864, 1866 und 1870 teilgenommen und zahlreiche Verwundete zu versorgen. Dabei wurde ihm bewußt, daß die Notversorgung der Verwundeten unzureichend war. Er setzte sich dafür ein, daß die Soldaten immer ein Verbandpäckchen bei sich tragen sollten. Seine Bemühungen um die Einführung des Verbandpäckchens wurden erheblich angefeindet. Aber er kümmerte sich nicht nur um die Erste-Hilfe-Ausstattung der Soldaten. Angeregt durch das Beispiel der englischen Johanniterritter, richtete er Samariterschulen ein und bildete Männer und Frauen in der Ersten Hilfe aus. Sein Ziel war es, so Helfer, die im Frieden und Krieg bei der Pflege und Behandlung Verletzter mitwirken sollten, heranzubilden.

Fast 100 Jahre später gehört das Verbandpäckchen zur Ausstattung der vorgeschriebenen Kraftwagenverbandkästen, der stationären Verbandschränke am Arbeitsplatz und der Reiseapotheken. Es ist selbstverständlich auch Bestandteil der Erste-Hilfe-Ausrüstungen der Rettungsstationen und -wagen an Autostraßen und der Unfallmeldestellen an den allgemeinen Verkehrswegen.

Da die Verbandpäckchen für die Notversorgung bei Unfällen verwendet werden und jeder Laie in der Lage sein muß, schnell ein Verbandpäckchen zu öffnen und anzulegen, so hat der Deutsche Normenausschuß in Zusammenarbeit mit dem Deutschen Roten Kreuz und dem Hauptverband der gewerblichen Berufsgenossenschaften, Zentralstelle für Unfallverhütung e.V., einheitliche Vorschriften für die Abmessung des Materials, gleiche Faltungen der Wundabdeckungen und Binden, Markierungspunkte, Verpackung und Beschriftung festgelegt und in dem Normblatt DIN 13 151 die für das Verbandpäckchen, im Normblatt DIN 13 152 die für die Brandwundentücher und im Normblatt DIN 13 153 die für die Brandwundenverbandpäckchen veröffentlicht.

Tab. 3.7 zeigt, welche Vorschriften für das Verbandmaterial bestehen, Abweichungen bei den nach DIN hergestellten Verbandpäckchen sind nicht erlaubt. Das Verbandmaterial soll gemäß den Vorschriften der Normblätter „keimfrei“ sein. Es wird deshalb mit der Innenhülle, die doppelt das Verbandmaterial umhüllt (die Innenhülle ist ein bakteriendichtes Zellulose- oder Tauenpapier), in strömendem Wasserdampf von 120°C sterilisiert. Erst dann wird die Außenhülle, die staub-, luft- und wasserdicht sein und aus knitterfestem, verkleb- oder verschweißbarem Material bestehen muß, übergezogen und fest verschlossen. Sie muß an einem der fest verklebten oder verschweißten Ränder eine Einkerbung oder einen Einschnitt zum schnellen Öffnen der Außenhülle haben.

Tabelle 3.7 Verbandpäckchen (sterilisiert) für die **Erste Hilfe**

Bezeichnung	DIN Kurzzeichen	Kompressengröße Breite/Länge mm	Mullbinde Breite/Länge mm	Material für die Wundabdeckung	Farbe des Aufdrucks (Außenverpackung)
Verbandpäckchen	13 151 K (klein) 13 151 M (mittelgroß) 13 151 G (groß)	60/ 80 80/100 100/120	60/3000 80/4000 100/4000	Verbandwattevlies mit allseitiger Mullumhüllung	schwarz
Brandwunden-Verbandtücher	13 152 A (klein) 13 152 B (groß)	600/800 800/1200	– –	Zellwollgewebe in Leinwandbindung, stärkefrei und nicht mit Blaumitteln oder optischen Weißtönern behandelt	rot
Brandwundenverbandpäckchen	13 153 BR	350/450	1 × 60/3000 1 × 60/650 blau		
Lohmann Metalline Verbandtuch (klein)	–	600/800	mit Bindebändern	wundseitige Lage Metalline, 2 Lagen Viscotex und Decklage wasserabweisend imprägniert	silber/grün/weiß
Lohmann Metalline Verbandtuch (groß)	–	800/1200			
Lohmann Metalline Verbandpäckchen	–	350/450	1 × 60/3000 1 × 60/650 blau		
Verbandpäckchen „Bundeswehr“	TL 6510-002	2 × 100/120	100/6000 (oliv-grün) + 2 Sicherheitsnadeln	Verbandwattevlies mit allseitiger Mullumhüllung	schwarz auf olivfarbener Außenhülle
Verbandkompresse „Bundeswehr“	TL 6510-003	250/300	2 × 100/6000 + 2 Sicherheitsnadeln		
Brandwunden-Verbandpäckchen „Bundeswehr“	TL 6510-007	600/800	2 Haltebänder 30/1600 mm (gelboliv)	wundseitige Vliesstofflage mit Reinaluminium bedampft, 2 Lagen Vliesstoff als Saugschicht, Decklage (4. Schicht) gelboliv, wasserabweisend imprägniert	

Die DIN-Normblätter und auch die „Technischen Lieferbedingungen (TL)“ des Bundesamtes für Wehrtechnik und Beschaffung schreiben für Verbandpäckchen vor, daß die Außenhüllen so beschaffen sein müssen, „daß Gewähr für Keimfreiheit auch nach monatelanger Aufbewahrung und unter Einwirkung von Wärme und Feuchtigkeit gegeben ist“. Es wird also „Keimfreiheit“ verlangt, der diesbezügliche Aufdruck, „sterilisiert“, auf der sichtbaren Außenseite der Papierumhüllung bei den in Kunststoffolie eingeschweißten Verbandpäckchen angebracht. Bundeswehrverbandpäckchen sind entsprechend der Vorschrift sterilisiert ohne auf der Außenhülle diesen Vermerk zu tragen. Die Verbandpäckchen sind vorschriftsmäßig sterilisiert, d. h. keimfrei gemacht, und verpackt, es kann jedoch nicht das im Normblatt vorgesehene Wort „keimfrei“ verwendet werden, da dann die Firmen garantieren müssen, daß der Inhalt *immer* „keimfrei“ bleibt, hier ist die Industrie überfordert, denn gegen mutwillige Beschädigungen ist das beste Verpackungsmaterial nicht gefeit.

Aus Tab. 3.7 sind schon die Maße und die Beschaffenheit der Wundabdeckungen ersichtlich. Folgende Eigenheiten der einzelnen Typen sind zu beachten:

3.6.1. Verbandpäckchen DIN 13 151 K, M, G

Die Mullumhüllung der Wundabdeckung ist mit einem unschädlichen roten Farbstoff getränkt, die Kompresse ist auf die Mullbinde aufgenäht. In entsprechendem Abstand von der Kompresse sind blaue Punkte auf der Binde angebracht. Die Entfernung der Kompresse von dem kürzeren Ende der Mullbinde beträgt beim Typ K 7,5 cm, beim Typ M und G 10 cm. Das Verbandpäckchen wird so zusammengepreßt, daß man nach dem Öffnen der Papierumhüllung die beiden blauen Punkte fassen und die Kompresse auseinanderziehen kann. Die Kompresse wird dabei nicht berührt, die rote Seite kommt auf die Wunde.

3.6.2. Brandwundentücher DIN 13 152 A, B

Das Brandwundentuch A ist 5fach und das Brandwundentuch B 6fach gefaltet. An zwei Enden einer Breitseite sind zum Entfalten des Tuches deutlich aus dem gefalteten Tuch herausragende blaue Schlaufen angenäht, da das sterilisierte Tuch nicht mit den Fingern berührt werden soll.

3.6.3. Brandwundenverbandpäckchen DIN 13 153 BR

Zum Befestigen der Brandwundenkompresse ist die lange Mullbinde mit 2 Nähten auf einer Breitseite der Kompresse aufgenäht, die kurze

Mullbinde ist mit einem unschädlichen Farbstoff blau gefärbt und an der entgegengesetzten Breitseite der Kompresse mit 2 Nähten aufgesteppt. Die Kompresse ist in der Mitte der Längsseite so gefaltet, daß das blaue Mullbindenstück und die aufgesteppte Mullbinde (der langen Binde) aufeinanderliegen. Die beiden Enden des blau eingefärbten Mullbindenstückes werden in das Bindenende und den Bindenkopf der Mullbinde eingeschlagen. Auf der nichtgefärbten Mullbinde sind in entsprechendem Abstand von der Kompresse 2 blaue Punkte angebracht, sie liegen beim gepreßten Päckchen oben. Ein dünner, leicht durchreißbarer Faden hält das gesamte Material zusammen. Bei sachgerechtem Öffnen des Päckchens wird das sterilisierte Zellwollgewebe nicht mit den Händen berührt.

3.6.4. Lohmann Metalline-Verbandtuch und -Verbandpäckchen

Diese Verbandtücher und Verbandpäckchen sind nicht genormt, da bisher nur die Firma Lohmann mit Aluminium bedampfte Wundauflagen herstellt. Die Bindebänder sind so in die Verbandtücher eingefaltet, daß man an den als kurze Schlaufen herausragenden Bändern das Tuch entfalten kann. Die Metallseite der Kompresse wird auf die Wunde gelegt. Die Außenseite der Tücher ist wasserabweisend imprägniert.

3.6.5. Verbandpäckchen Bundeswehr TL 6510-002

Das Verbandpäckchen ist für Erste-Hilfe-Leistungen bei Verletzungen bestimmt und gehört zur Ausrüstung jedes Soldaten. Die Verbandpäckchen der Bundeswehr haben 2 Wundkompressen, und zwar ist die 1. wie üblich auf die Binde in der Nähe des Bindenendes aufgenäht. Die 2. Kompresse ist rückseitig mit 2 Nesselbändern als Halterung ausgestattet. Sie liegt im fertigen Verbandpäckchen weiter zum Bindenkopf hin. An den beiden Schmalseiten der Kompresse befinden sich kurze Schlaufen zum Verschieben der Kompresse auf der Binde.

Die Außenhülle besteht bei den Bundeswehrverbandpäckchen nicht aus Kunststoff, sondern aus „auf beiden Seiten mit *verschiedenen* Kunststoffen beschichtetem Baumwollgewebe“. Das Baumwollgewebe ist oliv eingefärbt. Die Gebrauchsanweisung, die sich auf der Innenhülle befindet, und einige Hinweise auf der Außenhülle sind dreisprachig vorhanden (deutsch, englisch, französisch).

3.6.6. Verbandkompresse Bundeswehr TL 6510-003

Gemäß TL 6510-003 lautet die Verwendungsvorschrift: „Die Verbandkompresse dient zur Behandlung oder Versorgung großflächiger Wunden und soll nur vom Arzt oder entsprechend ausgebildetem Personal angelegt werden; sie ist Bestandteil der Sanitätsausrüstungen in den Sanitätseinheiten".

Die Wundkompresse und die 2 Mullbinden sind weiß, die 1. Mullbinde ist durch Steppnaht mit der Kompresse verbunden, die 2. Mullbinde ist separat in Papier eingepackt und liegt im fertigen Päckchen neben der ersten Binde obenauf. – Die mitzuliefernden Sicherheitsnadeln liegen bei den Bundeswehr-Verbandpäckchen flach nebeneinander in Pergaminpapier oder Papier mit ähnlichen Eigenschaften. Sie liegen auf dem gepreßten Verbandmaterial und werden nur durch den das Päckchen umgreifenden Baumwollfaden festgehalten.

3.6.7. Brandwunden-Verbandpäckchen TL 6510-007

Gemäß TL 6510-007 lautet die Verwendungsvorschrift: „Das Brandwunden-Verbandpäckchen ist zur Versorgung von Brandwunden und großflächigen Wunden aller Art bestimmt und Bestandteil verschiedener Sanitätsausstattungen". Die wundseitige Auflage ist mit Reinaluminium bedampft, das Saugmaterial ist Vliesstoff, die wasserabweisend imprägnierte Außenseite der Wundabdeckung ist im Gegensatz zum Metalline-Verbandpäckchen gelboliv eingefärbt. Die Haltebänder sind so gefaltet, daß sie bei dem fertig gepreßten Verbandmaterial als kurze Schlaufen an einer Schmalseite heraussehen. Sie werden angefaßt und das Tuch leicht geschüttelt, so daß es sich entfalten kann. Die metallisierte Lage wird auf die Verletzung gelegt.

3.7. Verbandpflaster

3.7.1. Aus der Geschichte der Pflasterentstehung

Unter Pflaster verstand man im Altertum die Anwendung äußerlich aufgebrachter Medikamente. Die Grundmasse setzte sich aus Wachs, Harz, Fett, Bleiseife und ähnlichen Stoffen zusammen, denen entsprechende Heilmittel beigegeben wurden. In kaltem Zustand erstarrte die Masse, das Pflaster wurde deshalb vom Apotheker meistens in Stangenform verkauft. Sollte es verwendet werden, so wurde es erwärmt, damit die dann breiige Masse auf eine Stoffunterlage – meistens Leinen und später sogenannte Salbenmulle – gestrichen werden konnte. Dies waren gestrichene Pflaster, sie mußten dann sofort auf die erkrankte Körperstelle geklebt werden, da sie sonst wieder hart und brüchig wurden.

Erst als man um 1870 in Amerika den Kautschuk mit zur Pflasterherstellung verwendete, gelang es der Firma Seabury & Johnson, ein gebrauchsfertiges Pflaster auf den Markt zu bringen, das auch bei gewöhnlicher Temperatur haftete. Die Pflastermasse war gelblichbraun, sie war nicht sehr lange haltbar und außerdem führte die Mischung leicht zu Hautreizungen.

1901 konnte der Apotheker Paul Beiersdorf in Hamburg ein neues Pflaster zum Patent anmelden. Und zwar hatte er zur Kautschukpflastermasse Zinkoxid, das reizlindernd und entzündungshemmend wirkt, hinzugefügt. Dieses Zinkoxidkautschukpflaster war das erste *weiße* Pflaster, es erhielt deshalb den Warennamen *Leukoplast.* Das Leukoplast war ein Vollstrichpflaster, d. h. die ganze Fläche des Trägerstoffes (meistens Schirting) war mit der Pflastermasse bestrichen. Dadurch wurde das Pflaster luftundurchlässig und rief gelegentlich Hautreizungen hervor; außerdem wurde die Hautatmung beeinträchtigt.

Luftdurchlässiges Pflaster brachte zum ersten Male im Jahre 1941 die Firma Lohmann in Fahr* heraus. Anstelle des luftundurchlässigen Vollstriches trat hier ein poröser Aufstrich, so daß Hautatmung möglich wurde. Dieser poröse Aufstrich war auch für die Namensgebung „Porofix" bestimmend.

Zinkoxidkautschukpflaster sind nicht unbegrenzt haltbar, sie müssen trocken und vor Licht geschützt aufbewahrt werden. Feuchtigkeit, hohe Temperaturen, ultraviolette Strahlen und Kälte können die Haltbarkeit stark beeinträchtigen. Zinkoxidkautschukpflaster geben auf Röntgenbildern Schatten.

Da also diese Pflaster immer noch Nachteile aufweisen, so wird von der Industrie an der Weiterentwicklung der Pflaster intensiv gearbeitet. Man kennt z. Z. neben den oben beschriebenen Pflastern solche, bei denen die natürlichen Harze und Kautschukbestandteile durch synthetische Komponenten ersetzt wurden. Der gegenwärtige Stand der Technik ermöglicht vollsynthetische Polyacrylatklebemassen. Polyacrylkleber sind hautfreundlich, luftdurchlässig, alterungsbeständig und röntgenstrahlendurchlässig.

Die ersten Pflaster waren reine Heilpflaster, doch trat deren Bedeutung seit der Erfindung der Zinkoxidkautschukpflaster immer mehr in den Hintergrund. Als gebrauchsfertiges Heftpflaster, auch unter dem Namen „Verbandpflaster" bekannt, wurde es zum idealen Helfer bei der Fixierung der Verbände. Nach dem ersten Weltkrieg kombinierte man breites Heftpflaster mit schmalen Wundauflagen, es entstand der Wundschnellverband zur vereinfachten Versorgung kleinerer Verletzungen.

---

*jetzt Neuwied

Das vielgestaltige heutige Angebot der Heftpflaster und Schnellverbände läßt vergessen, daß am Anfang nur eine Stange Zugpflaster zur Verfügung stand.

3.7.2. Heftpflaster (Tab. 3.8)

Der Arbeitsausschuß Krankenhauswesen hat für Verbandpflasterpackungen Herstellungsrichtlinien erarbeitet und im Normblatt DIN 13 019 veröffentlicht. In diesem Normblatt werden jedoch nur die Abmessungen der verschiedenen Pflastertypen festgelegt. Für die einzelnen Pflastertypen wurden Kennbuchstaben vergeben, und zwar:

A = Heftpflaster starr
C = Pflasterbinden elastisch
D = Wundschnellverbände starr
E = Wundschnellverbände elastisch
F = Wundschnellverband mit zentralem Wundkissen.

Die Kennbuchstaben können im Kurzzeichen verwendet werden.

Heftpflaster werden zum Fixieren von Verbänden benötigt, daneben benutzt man sie auch zur Befestigung von Kanülen und Sonden am Körper. Außerdem wird Heftpflaster – leicht zweckentfremdet – anstelle von Klebeetiketten als Markierungspflaster auf Glas und sonstigem Instrumentarium verwendet. Heftpflaster nach DIN 13 019 gibt es in den Breiten von 1,25, 2,5 und 5 cm, die Pflaster sind 5 m lang, die Ware ist immer gerollt. Heftpflaster von einem Meter Länge können auch nach dieser Norm angeboten werden, sie sind aber verhältnismäßig kostenintensiv und daher kaum noch erhältlich.

Infolge weltweiter Verflechtungen der Verbandmittelhersteller werden immer mehr Verbandstoffe und -pflaster in den international üblichen Maßen angeboten. Bei den Heftpflastern fallen besonders Großrollen mit 9 oder 10 m auf. Das DIN-Kennzeichen wird deshalb bei Verbandpflastern kaum noch auf der Verpackung angegeben.

Besteht das Trägermaterial der Heftpflaster aus Gewebe, so sind die Ränder häufig gezackt, dadurch lassen sich die Pflaster sehr gut abreißen, es entstehen keine Ziehfäden, die Verbandschere muß nicht gesucht werden und es bleiben auch keine Klebereste an der Schere hängen.

3.7.2. 1. Zinkoxidkautschukpflaster

Als Träger für die Klebemasse werden Textilgewebe aus Baum- und Zellwolle sowie Seide verwendet, die wasserabstoßend imprägniert, aber nicht wasserfest sind. Sie sind nicht dehnbar und können weiß oder hautfarben sein. Die Klebemasse besteht aus Natur- oder synthetischem Kautschuk, Harzen (als Kleber), Zinkoxid und sogenannten

Tabelle 3.8 Heftpflaster

Seidengewebe/ Polyacrylatkleber	Vliesstoff/ Polyacrylatkleber	Folienträger (luftdurchlässig) Hypoallergener Kleber
Albusilk (2)	Albupore (2)	Curafol M (6)
Dermicel (5)	Curafix (6)	Dermiclear (5)
Durapore (7)	Dermilite II (5)	Leukofix (1)
Leukosilk (1)	Leukopor (1)	Omnipor (4)
Omnisilk (4)	Micropore (7)	Transpore (7)
Silkafix (6)	Omnivlies (4)	
	Urgopore (3)	

Textilgewebe mit Zinkoxidkautschukkleber	Folienträger (wasserfest) Hypoallergener Kleber
Albuplast (2)	Blenderm (7)
Leukoplast (1)	Curafol (6)
Leukoplast wasserfest (1)	Leukoflex (1)
Omniplast (4)	Omniflex (4)
Polyplast (9)	Polyplast wasserfest (9)
Polyplast Kunstseidengewebe (9)	Urgoderm wasserfest (3)
Porofix (6)	
Saniplast (8)	
Textil-Heftpflaster (5)	
Urgoplast (Vollstrich) (3)	
Urgosyval (Taftgewebe mit Streifenstrich) (3)	

Hersteller der Heftpflaster:

1 Beiersdorf	4 Hartmann	7 3M Medica
2 BSN Braun-Smith & Nephew	5 Johnson & Johnson	8 Sander
3 Fournier Pharma	6 Lohmann	9 Vorwerk

Füllstoffen. Sie wird entweder als „Vollstrich“ oder im „porösen Aufstrich“ auf den Trägerstoff aufgebracht. Normale Vollstrichpflaster sind luftundurchlässig und wasserdurchlässig. Zinkoxidkautschukpflaster können nicht im Dampf sterilisiert werden, die Pflasterklebemasse ist nicht hitzebeständig.

3.7.2. 2. Heftpflaster mit Polyacrylatklebern

Wird die Klebemasse aus den synthetischen Polyacrylatharzen hergestellt, so ist sie alterungsbeständig, hautfreundlicher und für Röntgenstrahlen durchlässig. Das Trägermaterial der luft- und feuchtigkeitsdurchlässigen Heftpflaster kann entweder Acetatseide, Vliesstoff oder perforierte Folie sein, für die wasserfesten Pflaster verwendet man glatte Folie.

In der Produktwerbung erscheint häufig der Vermerk: „hypoallergene Klebemasse". Im Klartext soll dies heißen, das Pflaster besitzt eine artverwandte Beschichtung aus hautfreundlicher, luftdurchlässiger Polyacrylatklebemasse. Polyacrylatpflaster können im Autoklaven sterilisiert werden, jedoch nicht gerollt. Man muß sie dann auf eine glatte Unterlage kleben, von der sie wieder abgezogen werden können.

3.7.2. 3. Wasserfeste Heftpflaster

Der Trägerstoff bei wasserfesten Pflastern kann aus PVC- und Polyäthylenfolien oder wasserfest imprägniertem und lackiertem Baumwoll- oder Zellwollgewebe bestehen. Wasserfeste Pflaster sind luftundurchlässig.

3.7.2. 4. Breitflächige Verbandpflaster

Eine althergebrachte Methode ist die Rundumbefestigung einer Wundkompresse mit einem sterilen Mullschleier (s. S. 104). Eine einfachere neuartige Methode ist die Befestigung mit breitflächigem Pflaster. Hier handelt es sich um luftdurchlässigen, hautfreundlichen, anschmiegsamen und selbstklebenden Mull oder Vliesstoff. Der Mull bzw. Vliesstoff ist mit Schutzpapier abgedeckt, so daß ein zugeschnittenes Pflaster transportfähig bleibt. Das Pflastermaterial ist sterilisierbar, es kann daher an die Stelle des sterilen Mullschleiers treten. Die breitflächigen Fixierpflaster sind 5, 10, 15, 20 und 30 cm breit und 10 m lang. Die Warennamen lauten für Pflaster aus
Zellwollmull: *Fixomull* (Beiersdorf)

Vliesstoff: *Curafix-Fixierpflaster* (Lohmann)
Fixomull stretch (Beiersdorf)
Hypafix (BSN Braun-Smith & Nephew)
Kalff-Plast selbstklebender Vliesstoff (Kalff)
Mefix (Mölnlycke)
Urgoderm stretch (Fournier Pharma)

3.7.2. 5. Heftpflaster für Streckverbände

Aus besonders starkem Stoff wurde das Pflaster für Streckverbände hergestellt, es war unelastisch und unter dem Namen „Segeltuchpflaster“ bekannt. Dieses 6 und 8 cm breite Pflaster wird, weil Pflasterextensionsverbände nur noch im Ausnahmefall angelegt werden, nicht mehr hergestellt. Falls für eine besondere Behandlungsmaßnahme doch einmal ein sehr stabiles und starres Pflaster benötigt wird, so kann man auf Tape-Pflaster ausweichen.

3.7.2. 6. Unelastische Heftpflaster (Tape-Pflaster)

Für funktionelle Stütz- und Sportverbände kann man unelastische Heftpflaster aus Textilgewebe (s. Tab. 3.8) verwenden). Speziell für diese Verbände sind die Tape-Pflasterbänder entwickelt worden. Hier ist das Trägermaterial immer ein kräftiges Gewebe aus Baum- oder Zellwolle und so aufgebaut, daß es längs und quer gut reißbar ist. Die Klebemasse besteht entweder aus Zinkoxidkautschuk, modifiziertem Zinkoxidkautschuk oder hypoallergenem Kleber. Die Pflasterbänder sind in der Regel weiß, sie sind immer 10 m lang. Nicht ganz einig sind sich die Hersteller in dem Angebot der Breite, es stehen zur Auswahl: 2, 2,5, 3,75/3,8 und 4 cm; 5 cm breite Tape-Pflaster bieten alle der unten genannten Hersteller an.

Die Warennamen lauten:
Athleticare Coach (Johnson & Johnson)
Leukotape (Beiersdorf)
Lohmann Tape (Lohmann)
Strappal (BSN Braun-Smith & Nephew)
Urgosport Tape (Fournier Pharma)

3.7.2. 7. Spezialpflaster aus Schaumstoff

Ein mit einer hypoallergenen Klebeschicht versehener Schaumstoff aus geschlossenen Polyvinylchlorid-Zellen ist unter dem Namen *Microfoam* (3M Medical) als Heftpflaster in den Breiten von 2,5, 5, 7,5 und 10 cm erhältlich. Der Schaumstoff ist gut dehnbar, sehr anschmiegsam und elastisch, er besitzt gute Wasserdampfdurchlässigkeit und auf Röntgenbildern gibt er keine Schatten. Dieses Pflaster kann für ruhigstellende Verbände und Kompressionsverbände verwendet aber auch wie einfaches Heftpflaster benutzt werden. Unter den Heftpflastern nimmt Microfoam eine Sonderstellung ein.

3.7.3. Wundschnellverbände

Die Wundschnellverbände haben in dem Normblatt DIN 13019 die Kennbuchstaben D, E und F erhalten (s. S. 56). Mit „D“ wird der starre und mit „E“ der elastische Wundschnellverband in der Warenkurzbezeichnung ausgewiesen. In der Gruppe D und E ist die Breite mit 4, 6 und 8 cm angegeben. Die Pflasterzuschnitte können 10, 25 und 50 cm sowie 1 und 5 m lang sein. Darüber hinaus weist das Normblatt

DIN 13 019 im Abschnitt „E“ Zuschnitte von 12 cm × 2 cm und 18 cm × 2 cm aus. Dies sind jedoch Fingerverbände mit dezentralem Wundkissen, sie dürfen nicht mit der Meterware Wundschnellverband verwechselt werden.

Im Abschnitt „F“ werden einheitliche Maße für elastische Wundschnellverbände mit zentralen Wundkissen festgelegt. Es sind quadratische Pflaster erfaßt, und zwar in den Größen von 4 × 4 cm, 6 × 6 cm und 8 × 8 cm. Die DIN-Kurzzeichen für nach Norm hergestellte Wundschnellverbände können zwar auf den Außenhüllen angegeben werden, es gibt inzwischen aber viele andere, nichtgenormte Abmessungen in dieser Gruppe, so daß man auf die DIN-Kennzeichnung verzichtet. – Nicht mehr angeboten werden 10 und 25 cm lange Zuschnitte aus der Meterware.

Im Normblatt ist nicht festgelegt worden, aus welchem Material die Wundschnellverbände hergestellt werden müssen. Sie sind eine Kombination von breitem Heftpflaster und Wundauflagen. Als Trägerstoff für die Klebemasse kann man starres oder elastisches Textilgewebe verwenden und Synthesefaservliesstoffe. Bei wasserfesten Wundschnellverbänden ist das Trägermaterial eine Plastikfolie. Der Wundverband soll nach Möglichkeit luftdurchlässig sein, weil dadurch die Heilung gefördert wird, der wasserfeste Verband wird nur in Ausnahmefällen angelegt, z. B. während der Arbeit.

Für die Wundauflage verwendet man antiseptisch imprägnierten Verbandmull oder andere wundfreundliche Abdeckungen, wie z. B. Metalline-Kompressenstreifen oder Synthesefaservliesstoff. Die Wundauflage kann auch aus einem Zellwollgewebe bestehen, das aus verschieden starken Garnen hergestellt wird und sich bei Kontakt mit Blut oder Sekret von der Wunde abhebt.

Wundschnellverbände, die aus der Meterware zugeschnitten werden, haben zwangsläufig zwei offene Seiten, man kann diesen Verband den Erfordernissen entsprechend kurz oder länger bemessen. Wundschnellverbände mit zentralem Wundkissen kleben allseitig und schützen eine Wunde ringsum, die Größe der Wundabdeckung ist nicht variabel.

Bei Wundschnellverbänden mit Textilträgern wird meistens eine Zinkoxid-Kautschukverbindung als Klebemasse verwendet. Diese Substanz gibt auf Röntgenbildern Schatten. Die Vliesstoff- und wasserfesten Folienträger erhalten in der Regel einen Klebeaufstrich aus Polyacrylat.

Bei allen Wundschnellverbänden werden die Wundauflagen und die Kleberänder durch abziehbare Schutzstreifen abgedeckt. Die Wundauflagen sollen vor oder während des Aufklebens nicht mit den Fingern berührt werden.

Warennamen der Meterware:

a) Textilträger:	b) Vliesstoffträger:
Hansaplast (Beiersdorf)	*Curapor* (Lohmann)
Kosmoplast (Hartmann)	*Cutiplast* (Beiersdorf)
Poroplast (Lohmann)	*Hansamed* (Beiersdorf)
Saniplast (Sander)	*Mepore* (Mölnlycke)
Urgoplast (Fournier Pharma)	*Urgoderm* (Foúrnier Pharma)

3.7.3. 1. Strips und Injektionspflaster

Das Sortiment der Wundschnellverbände mit zentralem Wundkissen ist sehr vielfältig und längst dem begrenzten Angebot der genormten Pflaster entwachsen.

Zur Versorgung von Bagatellverletzungen werden sie unter dem Namen „Strips" angeboten, das sind gebrauchsfertige Pflaster, die einzeln in Aufreißbeutel eingesiegelt sind und in verschiedenen Abmessungen als Sortiment zusammengestellt werden. Die Außenverpackung ist meistens eine Folientasche oder eine kleine Kunststoffbox.

Injektionspflaster sind ebenfalls kleine Pflaster, ähnlich den Strips, aber entweder zu 100 oder 250 Stück auf der Rolle und im Spender verpackt oder im Karton mit 500 Stück Inhalt. Das Wundkissen kann zentral oder als Streifen aufliegen. Sie sind nicht einzeln eingesiegelt und werden nur für die Versorgung der Einstichstelle nach einer Injektion benutzt.

Das Trägermaterial dieser Wundschnellverbände kann ein Gewebe oder Vliesstoff sein, auch wasserfeste Erste-Hilfe-Pflaster werden angeboten. Das Sortiment ist etwas unübersichtlich, man kann davon ausgehen, daß die Strips aus den gleichen Trägerstoffen und mit gleichen Klebemassen hergestellt werden wie die Meterware des jeweiligen Anbieters.

Strips und Injektionspflaster bieten an:
Beiersdorf
BSN Braun-Smith & Nephew
Fournier Pharma
Johnson & Johnson
Lohmann

3.7.3. 2. Postoperative Wundverbände (Wundschnellverbände)

Etwas anders sehen die gebrauchsfertigen Wundverbände für die postoperative sterile Erstversorgung aus. Das Trägermaterial aus Vliesstoff oder Folie ist zentral mit einer Wundauflage versehen, wie sie auch bei Wundschnellverbänden verwendet wird, oder es ist ein etwas dickeres, saugfähigeres Kissen. Die Pflaster sind mit einer Schutzfolie abgedeckt, sie werden einzeln in Spezialbeutel verpackt und sind sterilisiert. In der Größe unterscheiden sie sich deutlich von den Strips, der kleinste postoperative Wundverband ist ca. 5 × 7 cm und die Wundauflage ca. 2,7 × 4 cm groß. Der längste Wundverband mißt 10 × 35 cm, die Breite der Wundauflage beträgt 5,5 cm, aber sie ist 30,5 cm lang, gedacht also für lange Operationswunden. Das Trägermaterial überragt allseitig die Wundauflage um ca. 1,5–2 cm, so daß der Verband sicher haften bleibt. Auch hier muß man die genauen Größen der Pflaster im Fachhandel erfragen, das Sortiment ist uneinheitlich. Postoperative Wundverbände heißen:

Airstrip (BSN Braun-Smith & Nephew)
Curapor (Lohmann)
Cutiplast steril (Beiersdorf)
Dermiclear (Johnson & Johnson)
Hansapor steril (Beiersdorf)
Kalff-Plast Wundverband (Kalff)
Primapore (BSN Braun-Smith & Nephew)
Steripad (Johnson & Johnson)
Urgomulti steril (Fournier Pharma)

3.7.4. Spezialpflaster

3.7.4. 1. Nabelbruchpflaster

Sie werden zur konservativen Behandlung von Nabelbrüchen bei Säuglingen benötigt. Das Nabelbruchpflaster soll so beschaffen sein, daß kein Wasser beim Waschen oder Baden in die Nabelfalten gelangen kann. Es soll andererseits die recht empfindliche Säuglingshaut nicht reizen, deshalb ist nicht jedes breite Verbandpflaster geeignet. Dafür sollten spezielle Nabelbruchpflaster verwendet werden. Ein fertiges Nabelbruchpflaster gibt es in zweiteiligen Ausführungen: *Porofix-Nabelbruchpflaster* (Lohmann).

3.7.4. 2. Wundnahtpflaster

Sie sind gebrauchsfertig sterilisiert und unsteril erhältlich. Träger der Klebemasse ist entweder ein Textilgewebe, Vliesstoff oder eine Kunststoffolie. Verwendet werden diese Pflaster bei kleinen oberflächlichen Wunden, zur Unterstützung der Naht bei größeren Wunden, bei Sekundärverschlüssen und auch anstelle von Hautnähten nach Operationen.

Die Pflaster sind mit hautschonenden Klebern aus neutralen Kunststoffen oder Acrylat beschichtet, sie geben auf Röntgenbildern keine Schatten.

Warennamen:
Band Aid Butterfly (Johnson & Johnson)
Cicagraf (BSN Braun-Smith & Nephew)
Curapont Wundverschluß (Lohmann)
Leukostrip (Beiersdorf)
Porofix Klammerpflaster (Lohmann)
Urgostrips steril (Fournier Pharma).

3.7.4. 3. Kanülenpflaster und -verband

Eine schon sehr alte und bewährte Methode ist das Festkleben der Infusionskanülen und -schläuche mit Heftpflasterstreifen. Dafür eignet sich jedes gewöhnliche Heftpflaster von der Rolle. Es bleibt nicht aus, daß gerade dann, wenn die Kanüle festgeklebt werden soll, ein Paar Hände zur hilfreichen Assistenz fehlen. Einfacher geht es mit fertig präparierten Kanülenpflastern, sie sind auf abziehbarem Spezialpapier fixiert, einfach zu transportieren und gut zu handhaben.

Die aus transparenter Folie oder Vliesstoff hergestellten Kanülenpflaster sind mit Polyacrylatklebemasse beschichtet und die aus Heftpflastergewebe gefertigten Spezialpflaster tragen einen porösen Synthesekautschukklebeaufstrich. Folien- und Vliesstoff-Kanülenpflaster werden sterilisiert in Peelpackungen angeboten. Das Angebot der Kanülenpflaster ist sehr unterschiedlich und bei der Auswahl dieser Pflaster muß der Verwendungszweck berücksichtigt werden. Auch das Angebot für die Verweilkanülen und Venenkatheter ist uneinheitlich, so daß sich die Kanülenpflaster nicht exakt zuordnen lassen. Am besten läßt man sich vor einer Bestellung vom Fachhandel beraten, wenn die genauen Produkteigenschaften nicht bekannt sind. Folienpflaster werden mit folgenden Zusätzen angeboten:

Bioclusive: Transparentverband zur sterilen Abdeckung und Fixierung (Johnson & Johnson);

Opraflex: Folien-Fixierverband, sichere Kanülen- und Katheterfixierung, gute Sichtkontrolle (Lohmann);

OpSite: Kanülenfixierung für Verweilkanülen mit Zuspritzventil (BSN Braun-Smith & Nephew);

Tegaderm I.V.: Transparentverband, 3M Patentrahmen mit U-förmigem Einschnitt, Flügelkanülen sind sicher zu fixieren. (3M Medica);

Veni-Gard: Venenkatheter-Fixierung, Klarsichtmembrane aus Polyurethan, Rahmen aus Polyäthylen (Rauscher);

Vliesstoffpflaster für die Kanülenfixierung heißen:
Applica IV: zur Fixierung von Kanülen am Unterarm oder Handrükken (Beiersdorf);

Mefix IV: steriles Pflaster für Flügelkanülen, Größe 6 × 9 cm (Mölnlycke);

Primapore I.V.: Fixierverband für Kanülen und Katheter, Größe 7,5 × 9 cm (BSN Braun-Smith & Nephew).

Aus Heftpflastergewebe ist das *Porofix-Kanülenpflaster* mit Loch-/Schlitzstanzung in der Mitte, 2,5 × 12,5 cm groß (Lohmann).

3.7.4. 4. Testpflaster

Es wird lediglich zur Diagnostik benötigt. Hier handelt es sich um Verbandpflaster, das in Abständen mit Zellglas und Baumwolläppchen versehen ist (Abb. 3.6). Auf die Läppchen wird die Testsubstanz aufgetragen und dann mit dem Pflaster auf die Haut geklebt. Nach einer bestimmten Einwirkungszeit können Hautreaktionen sichtbar werden.

Warennamen:
Curatest (Vliesstoff) (Lohmann)
Leukotest (Acetatseide) } (Beiersdorf).
Leukoplast Testpflaster }

3.7.4. 5. Pflaster zur Therapie

Es sind nur noch wenige Heilpflaster gebräuchlich. Bekannt sind die Wärmepflaster (Rheumapflaster), die bei rheumatischen Erkrankungen angewendet werden können. Hier werden der Pflastermasse durchblutungsfördernde Medikamente zugegeben. Diese Pflaster sind nur in vorgeschnittenen Größen erhältlich.

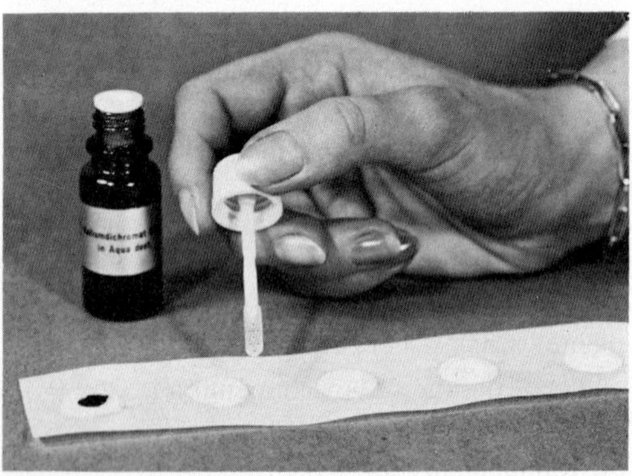

Abb. 3.6 Testpflaster (aus: Pflaster, Herstellung, Eigenschaften, Indikationen. Beiersdorf, Hamburg 1970)

Warennamen:
ABC-Wärme-Pflaster N (Beiersdorf)

Auch die Hühneraugen- und Hornhautpflaster gehören in diese Gruppe. Die Hühneraugen- und Hornhautpflaster sollen die Verhornungen erweichen, deshalb weisen die gebrauchsfertigen Pflaster in der Mitte einen salizylsäurehaltigen Kern auf. Die größeren Pflaster sind flächenhaft mit salizylsäurehaltiger Klebemasse bestrichen und werden entsprechend der Größe der verhornten Stellen zugeschnitten.

Warennamen:
Guttaplast (Beiersdorf)
Urgo N Hühneraugenpflaster (Fournier Pharma)

3.8. Schlauchverband

Das Schlauchmaterial wurde nach dem 2. Weltkrieg in Amerika entwickelt und wird seit 1954/55 auch in der Bundesrepublik angeboten. Zunächst wurde das Schlauchmaterial, das gestrickt ist, unter dem Namen „tubegauz" (tg) gehandelt. Die wörtliche Übersetzung der englischen Bezeichnung ist „Schlauchmull", man hat viele Jahre diese Bezeichnung für das Schlauchmaterial verwendet. Da aber unter der Bezeichnung „Gaze" bzw. „Mull" gewebtes Verbandmaterial angeboten wird, es überdies die spezialgewebte Tamponade „Schlauchgaze" (s. S. 33) gibt, so spricht man jetzt nur noch von „Schlauchverband", wenn der moderne, gestrickte Verbandstoff gemeint ist.

Dieses Verbandmaterial wird rundgestrickt, es ist bis zur vierfachen Breite dehnbar und kann durch Ziehen in Längsrichtung wieder in die ursprüngliche Breite gebracht werden. Das Gestrick wird aus gebleichter Baumwolle bzw. Baumwolle/Zellwolle hergestellt, es ist wesentlich dünner und elastischer als Trikotschlauch, ist kochfest und autoklavierbar. Verbände lassen sich mit diesem Material sehr viel schneller und eleganter als nach der herkömmlichen Methode mit Mullbinden anlegen. Da der Schlauchverband nicht unbegrenzt dehnbar ist, so stehen für die verschiedenen Anwendungsgebiete (Finger, Arm, Bein, Kopf, Rumpf) unterschiedliche Breiten zur Verfügung.

Schlauchverband ist unter folgenden Warennamen erhältlich:
delta-tube (Johnson & Johnson)
Raucotube Bw (Rauscher)
Stülpa (Hartmann)
tg (Lohmann)
Tricofix (Beiersdorf)
Tubiton und *Tubinette* (Schumacher)

Die Schlauchverbände können mit sogenannten Applikatoren, auf die das Material aufgezogen und auf Vorrat gespeichert werden kann, angelegt werden. Jedoch steht der Anwendung des Schlauchmaterials ohne Applikator nichts im Wege. Für tg- und Tubiton/Tubinette-Schlauchverbände werden die Applikatoren von den Herstellern mit angeboten.

Die anderen Produkte werden ohne Applikator angelegt, d.h. in diesen Fällen wird der Schlauchverband so zusammengeschoben, daß man ihn mit den Händen und viel Fingerspitzengefühl richtig über den zu verbindenden Körperteil führen kann. Schlauchverbände sollen stets glatt (faltenfrei), nicht zu fest, aber rutschfest angelegt werden.

Die Schlauchmaterialgrößen sind nicht genormt, so daß keine einheitliche Numerierung besteht. Der besseren Übersicht wegen werden die Größen deshalb bei den Techniken beschrieben (s. S. 164).

3.9. Schlauchbandagen

Die elastische Schlauchbandage verwendet man, wenn eine gleichmäßige Druckwirkung wünschenswert ist, so z.B. zur Stützung und Entlastung nach dem Entfernen von Gipsverbänden oder bei Krampfadern und anderen Beinleiden. Auch bei Gelenk- und Muskelverletzungen sowie bei der Thromboseprophylaxe findet die Schlauchbandage Verwendung. Das rundgestrickte Material wird aus mindestens 80% Baumwolle hergestellt, es ist in Längsrichtung kaum dehnbar und in Querrichtung durch eingewirkte, gegenläufig zweifach umsponnene Gummi- oder Elasthanfäden elastisch; die gute Kompression und Dauerelastizität wird durch diese Spezialbearbeitung der Fäden bewirkt. Die Bandage läßt sich leicht anlegen und verrutscht nicht, eine zusätzliche Befestigung entfällt. Schlauchbandage läßt sich auch mit dem Applikator anlegen (s. S. 155). Normalerweise genügt ein einschichtiger Schlauchbandagenüberzug, ist jedoch eine kräftigere Kompression angezeigt, so kann dies durch mehrere Lagen übereinander erreicht werden. Das Material ist schnittfest, das heißt, bei Bedarf kann man es einschneiden, die Schnittstellen fransen nicht aus. Schlauchbandagen sind waschbar und können im Autoklaven bei 120 °C sterilisiert werden.

Dies Bandagenmaterial gibt es, je nach Hersteller, in 10 bzw. 11 Größen (s. S. 198, Tab. 12.5). Kompressionsverbände dürfen nicht zu locker, aber auch nicht zu fest sitzen, so daß die richtige Größe exakt ermittelt werden muß. Die Ware wird in Längen von 10 m als Klinikpackungen und 1 m für die Rezeptur angeboten.

Warennamen:
Raucopress (Rauscher)
Tensogrip (BSN Braun-Smith & Nephew)
tg-grip (Lohmann)
Tricodur (Beiersdorf)
tubigrip (Schumacher).

3.10. Antithrombosestrümpfe

Thrombose- oder emboliegefährdete liegende Patienten sollten prophylaktisch Antithrombosestrümpfe tragen. Die nahtlos rundgestrickten Strümpfe werden so hergestellt, daß die medizinisch gewünschte stufenlos abfallende Kompression gegeben ist. An der Fußspitze befindet sich eine Öffnung, da die Zehen längeren Druck nicht vertragen. Wie schon bei der Schlauchbandage vermerkt wurde, so muß auch die Größe des Antithrombosestrumpfes exakt gemessen werden, ein zu großer Strumpf ist vollständig nutzlos. Die Maßtabellen liegen den Strümpfen bei, so daß man die passende Größe ermitteln kann, doch sollte dies eine ärztliche Aufgabe sein. – Die Strümpfe sind kochfest und sterilisierbar.

Warennamen:
Cambren (Hartmann)
Comprinet S (Beiersdorf)
Dauerlastic TPS (Lohmann).

3.11. Netzschlauchverband

In Italien wurde Anfang der 60er Jahre der erste Netzschlauch für Verbandzwecke entwickelt, sein Name: *Surgifix*. Es stellte sich bald heraus, daß Wundauflagen mit Netzschlauch schnell und sicher fixiert werden können. Die Verbandtechnik für Netzschlauch ist so einfach, daß diese Methode zu den am meisten angewendeten gehört, wenn Wundauflagen befestigt werden sollen und ein Pflasterverband nicht angezeigt ist. Bei diesem Material handelt es sich um hochelastisches, luftdurchlässiges, grobmaschiges Gewirk, das aus polyamidumsponnenen Gummifäden und/oder gekräuselten Polyamidfäden hergestellt wird. In der Querrichtung ist es bis zur 10- bis 15fachen Breite und in Längsrichtung bis zur 2½fachen Länge dehnbar, ist maschen-, also schnittfest und läßt sich wieder aufbereiten. Netzschlauch ist in verschiedenen Breiten erhältlich und wird als Rollenware angeboten. Je nach Fabrikat und Breite des Materials kann eine Klinikpackung 4, 5, 20 oder 25 m enthalten. Für die Rezeptur gibt es außerdem Packungen mit 1 m Inhalt, z. Z. nur die Ware Bindanetz in den Größen von Nr. 0 bis Nr. 7. Daneben gibt es Netzschlauch als gebrauchsfertige Verbände in verschiedenen Größen (s. S. 190, Tab. 12.4).

Warennamen:
Bindanetz (International Medical)
Elastofix-Netzverband (Beiersdorf)
Internetz (International Medical)
Kalfix-Schlauch-Netzverband (Kalff)
Raucoflex (Rauscher)
Stülpa-fix (Hartmann)

Surgifix Netzschlauchverband (Schumacher)
tg-fix Netzverband (Lohmann).

3.12. Saugmaterial

Als Saugmaterial werden Watte, Zellstoff und Vliesstoffe verwendet. Bei der medizinischen Watte handelt es sich um aufbereitete, gereinigte Baumwolle oder Zellwolle. Die Watte ist weiß. Aus nur bester Baumwolle wird die *Augenwatte,* die in Spezialgebieten der Medizin benötigt wird, hergestellt. *Verbandwatte* kann aus Baum- oder Zellwolle oder einem Gemisch dieser beiden Stoffe hergestellt werden. Diese Mischung bietet Vorteile, denn die Zellwolle saugt sehr schnell auf, während die Baumwolle das bessere Wasserhaltevermögen aufweist. Verbandwatte wird als zusätzliches Saugmaterial und für feuchte Verbände verwendet. Watte darf nicht direkt auf eine offene Wunde gelegt werden.

Ein weiteres Saugmaterial ist der Zellstoff, dessen Rohstoff aus der Zellulose von Fichten-, Kiefern-, Buchen- und Pappelholz hergestellt wird. Wie schon erwähnt wurde, saugt Zellstoff sehr schnell auf und hält große Mengen Wasser. Allerdings zerfließt und zerreißt er sehr leicht und altert relativ schnell. Als Polstermaterial ist er nicht besonders geeignet, da er zusammengedrückt wird. Verbandzellstoff wird in den genormten Qualitäten „hochgebleicht“, „gebleicht“ und „ungebleicht“ angeboten.

3.13. Polstermaterial

3.13.1. Polsterwatte und Polsterbinden

Die Polsterwatte wird aus ungebleichten, nicht entfetteten Baumwollabfällen hergestellt, sie kann Beimischungen aus Zellwolle und/oder gefärbter und ungefärbter Reißbaumwolle haben. Die Baumwolle wird zwar mechanisch gereinigt, die pflanzlichen Fette aber nicht entfernt, so daß diese Watte nicht saugt. Sie dient nur zum Polstern von Schienen, ferner wird sie zum Abpolstern der vorspringenden Knochen unter den Gipsverbänden benötigt. Hierfür kann man allerdings auch geleimte Watte verwenden, bei der eine oder beide Seiten einen dünnen Leimüberzug tragen, so daß sie nicht ausfasern kann. – Bei der unter dem Namen „Wiener Watte“ bekannten Qualität handelt es sich auch um geleimte Watte, die aber im Gegensatz zu den anderen Polsterwatten gebleicht ist.

Die Polsterwatte ist gerollt, 40 cm breit und 2,40 m lang, gehandelt wird diese Menge als „Preßrolle zu 500 g“. Polsterbinden sind auf 10 und 15 cm Bindenbreite zugeschnittene Wattevliese, die aus 50%

Baumwolle und 50% Zellwolle bestehen, der Baumwollanteil ist rohweiß und nicht entfettet. Die Warennamen lauten:

Polsterbinden (Lohmann)
Specialist Polsterbinde (Johnson & Johnson)

Eine nur aus Viskose hergestellte Polsterbinde ist beidseitig mit einem weichen Vliesstoff abgedeckt, der Warenname:
Velband Orthopädische Polsterbinde (Johnson & Johnson)

3.13.2. Synthetische Polsterwatte

Die synthetische Polsterwatte wird in zunehmendem Maße verwendet. Die Synthesefaser kann aus den Kunstprodukten Polyester, Polypropylen oder auch einem Polyester-Polyamidgemisch hergestellt sein. Da die Synthesefaser kaum Wasser aufnehmen kann und eine gute Bauchelastizität besitzt, so übertrifft sie, verarbeitet zum Wattevlies, die Vorzüge der Baumwollpolsterwatte.

Synthetische Wattevliese sind sehr weich, anschmiegsam und luftdurchlässig, sie saugen nicht (wie z. B. Verbandwatte) und nehmen nur geringfügig Feuchtigkeit an. Werden dickere Polsterungen benötigt, so haften die Vliese aufeinander, die einzelnen Schichten können sich dadurch nicht verschieben.

Je nach Fabrikat kann die Struktur des Vlieses unterschiedlich sein, d. h., daß ein sehr poröser Wattevlies für Sekrete gut durchlässig ist. Diese Eigenschaft ist bei einigen Spezialverbänden erwünscht. Um zu verhindern, daß beim Anlegen eines Gipsverbandes Gipsbrei in den Wattevlies eindringt, muß evtl. über die Polsterung noch eine Papier- oder Schaumstoffbinde gewickelt werden. Dadurch bleibt die Bauchelastizität unter dem fertigen, erhärteten Gipsverband voll erhalten. In die festeren Synthetikwattevliese dringt kaum Gipsbrei ein, die zusätzliche Umwickelung mit der Papierbinde kann entfallen. Porösere Vliese sind reißbar, die festeren werden mit der Schere zu- bzw. abgeschnitten.

Die Synthetikwatte ist 3 m lang und zwischen 4 und 40 cm breit, die Ware ist gerollt. Die Watte kann im Autoklaven sterilisiert werden.

Warennamen:
Artiflex (Beiersdorf)
Artiflex soft (Beiersdorf)
Cellona Synthetikwatte (Lohmann)
delta-rol (Johnson & Johnson)
Kalfan Vlies-Synthetik-Watte (Kalff)
Polstan (Rauscher)
Rolta (Hartmann)
Soffban (BSN Braun-Smith & Nephew)

Kalfan-Polsterbinde (Kalff) ist eine kompakte Ausführung der Synthetik-Watte und für Polsterungen unter Gips- und Stützverbänden geeignet.

3.13.3. Polsterfilz

Wenn eine flächenhafte, aber nicht zu stark auftragende Polsterung angezeigt ist, so z. B. bei orthopädischen Gipsverbänden, verwendet man Polsterfilz. Der weiße Polsterfilz für medizinische Zwecke ist 5 mm stark, 180 cm breit und besteht aus ca. 33% Wollfasern und 67% Zellwolle, er wird als Meterware gehandelt.

Ein dem Filz ähnliches Polster ist ein Vliesstoff aus 50% Polyester, Polypropylen und Viskose. Durch ein Spezialverfahren entsteht daraus eine anschmiegsame Polsterfläche, die zusätzlich noch streifenförmig mit Polyacrylatkleber versehen ist, so daß sie als selbstklebendes Polster verwendet werden kann. Das Polster gibt es in 2 und 5 mm Stärke und in den Zuschnitten von 19 × 38 cm (5 mm stark), 58 × 100 cm (2 mm stark) und 8 cm breit, gerollt 5 m lang, 2 mm dick als Randpolster. Der Warenname lautet: *Cellona Polster* und *Cellona Randpolster* (Lohmann).

3.13.4. Schaumgummi

Keine Saugfähigkeit, aber um so bessere Polsterwirkung zeigen die Schaumgummiplatten, -binden und -kompressen. Schaumgummikompressen (aus Latexschaum) können aus großen Platten, die ca. 1–1,5 cm dick sein sollten, zurechtgeschnitten werden. Ferner sind auch fertige Kompressen, die einseitig leicht gewölbt sind, in verschiedenen Größen erhältlich. Die gewölbte Seite wird wegen der besseren Druckwirkung zum Körper hin aufgelegt. Schaumgummi ist sehr elastisch und im Dampfsterilisator sterilisierbar. Er ist aber nicht besonders hautfreundlich, so daß diese Kompressen immer auf Mull- oder Verbandstoffkompressen gelegt werden sollen, außerdem kann man sie mit Watte oder Mull umhüllen. Die Schaumgummikompressen sind unter dem Namen *Komprex* (Lohmann) in den Größen von Nr. 00 bis Nr. 4 erhältlich (Abb. 3.7 und Tab. 3.9).

Nur 4 mm starke, mit Viskosegewebe kaschierte Schaumgummiplatten werden unter dem Namen *Artifoam* (Beiersdorf) in der Größe von 20 × 30 cm angeboten. Aus den Platten lassen sich kleine Formstücke für die Unterpolsterung an besonders druckgefährdeten Stellen bei Kompressions-, Stütz- und Entlastungsverbänden herstellen.

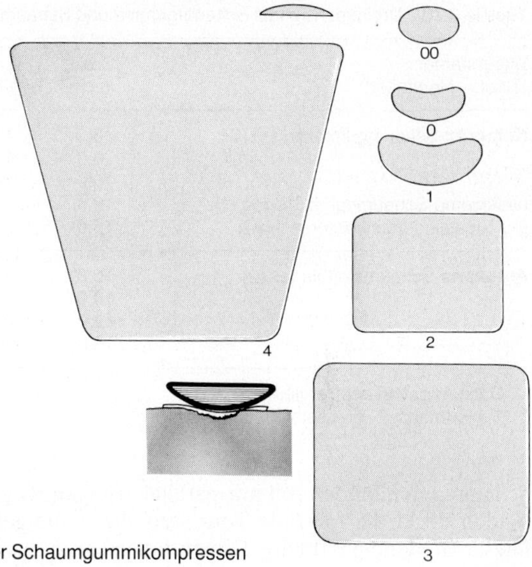

Abb. 3.7 Figuren der Schaumgummikompressen

Tabelle 3.9 Maße der Komprex-Schaumgummikompressen*

Größe Nr.	Länge in cm	Breite in cm	Stärke in cm
00	9,0	6,5 (oval)	1,0
0	9,0	nierenförmig	1,0
1	12,0	nierenförmig	1,5
2	17,0	13,0	1,5
3	25,0	20,0	1,0
4	33,0	$\frac{39,0}{22,0}$ (Trapez)	0,5

* Nach Angaben des Herstellers

3.13.5. Schaumstoff- und Schaumgummibinden

Für die Kompressionsbehandlung bei Beinleiden verwendet man Schaumgummi- oder Schaumstoffbinden; dabei ist zu beachten, daß Schaumgummi elastischer, Schaumstoff aber luftdurchlässiger ist. Schaumgummibinden werden nicht direkt auf die Haut gelegt. Man umwickelt zunächst das Bein mit einer Mullbinde; noch besser geeignet ist ein Schlauchverband (einschichtig). Die Wickelung der

Tabelle 3.10 Dreidimensionale Schaumgummi- und Schaumstoffbinden*

Warenname (Ziffer = Hersteller)**	Breite in cm	Länge in m	Stärke in cm
Komprex-Schaumgummibinden (3)	8,0	1 + 2	0,5
	8,0	1 + 2	1,0
	10,0	1 –	1,0
Lastocomp-Schaumgummibinden (1)	8,0	2,5	0,3
(mit Idealbindengewebe kaschiert)	15,0	2,5	0,3
Autosana-Schaumstoffbinden (2)	10,0	2,5	0,3
	10,0	2,5	0,4
	12,0	2,5	0,4
	15,0	2,5	0,4

* Nach Angaben der Hersteller
** 1 Hartmann, 2 Kreussler, 3 Lohmann

Schaumgummibinden soll nur parallel erfolgen. Bei den Schaumstoffbinden deckt die folgende Tour stets die vorhergehende zur Hälfte. Dieser Bindentyp ist in drei Dimensionen elastisch.

Schaumgummi- und Schaumstoffbinden können gewaschen und bei 120°C im Autoklaven sterilisiert werden. Die handelsüblichen Maße sind in Tab. 3.10 aufgeführt.

3.13.6. Schaumstoff-Schienenpolster

Schaumstoffe finden ferner als Einmalschienenpolster Verwendung. Sie sind für Cramer-Schienen in Meterware erhältlich und sollen hier möglichst 1,5 cm stark sein, das Polster muß an beiden Schienenseiten überragen. Es stehen Breiten von 7, 8, 9, 11, 13 und 15 cm zur Auswahl. Die hautfreundlichen Schaumstoffpolster werden mit einigen Verbandpflasterstreifen an der Schiene befestigt, ein Umwickeln mit Mullbinden kann entfallen.

Wiederverwendbare Schaumstoffpolster sind mit Folie (Polyäthylen) beschichtet, so daß das Polster abwaschbar ist (Abb. 3.8). Sie sind in verschiedenen Abmessungen erhältlich. Außerdem gibt es noch als Rollenware (5 m) den abwaschbaren, folienbeschichteten *Cramer-Schienenpolsterschlauch* (P. Koch), der in den Breiten von 6,5, 8,5, 10,5 und 12,5 cm erhältlich ist. Der Polsterschlauch muß 1,5 cm breiter als die zu beziehende Schiene sein (Abb. 3.9).

Für die Spezialschienen, wie z. B. Böhler- oder Kienle-Fingerschienen, Volkmann-Schienen und deren Variationen, Braunsche Schienen und deren Abwandlungen, sind Einmalpolster maßgerecht angefertigt und müssen stets für diese Typen (mit Größenangabe) bestellt werden.

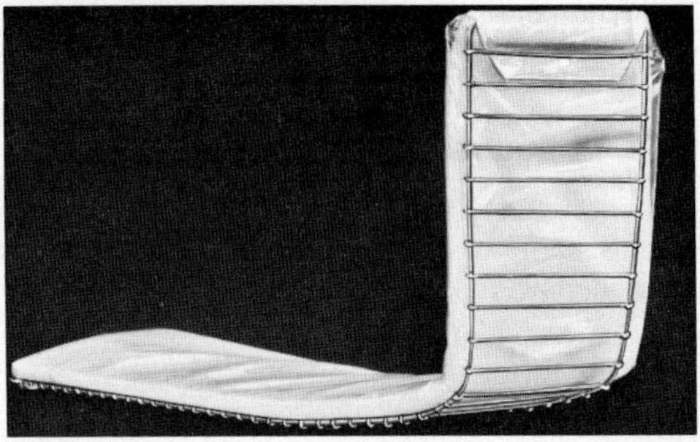

Abb. 3.8 Cramer-Schiene mit Schaumstoffpolster, das mit Folie überzogen ist (Foto: Dr. Paul Koch, Neuffen)

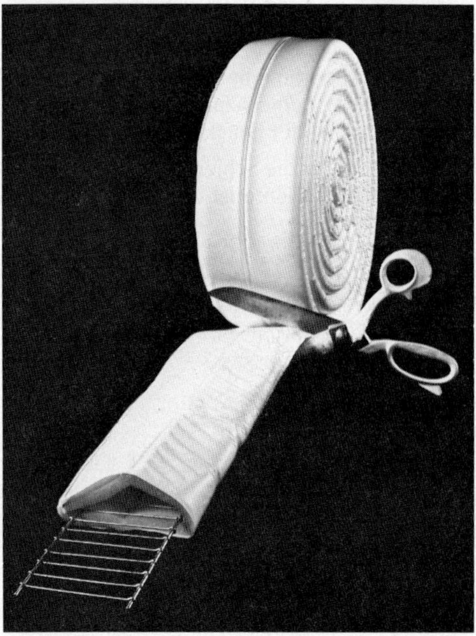

Abb. 3.9 Cramer-Schiene mit Polsterschlauch (Foto: Dr. Paul Koch, Neuffen)

Die Polster für den Typ Volkmann-Schiene sind zweiteilig (Fuß- und Beinpolster) und werden mit Haftstreifen zur Fixierung auf der Schiene geliefert. Bei allen Braunschen Schienen und deren Variationen werden zunächst nicht zu enge Mullbindenwickelungen um das Rahmengestell gelegt, auf diesen halten dann die Haftstreifen das Einmalpolster.

Die Einmalpolster aus Schaumstoff können im Autoklaven bei 120°C sterilisiert werden.

3.14. Schienen

Ist ein ruhigstellender Verband erforderlich, so wird hierfür häufig eine Schiene verwendet. Es ist nicht in jedem Fall möglich oder wünschenswert, einen Gipsverband anzulegen.

3.14.1. Fingerschienen (Abb. 3.10)

Eine einfache Schiene ist das mit Schaumgummi gepolsterte Aluminiumband, das bei Fingerverletzungen angewickelt werden kann. Das gepolsterte Aluminiumband kann 15, 19 und 25 mm breit sein und ist in Rollen von 3 m Länge (P. Koch) oder als fertige Fingerschiene, die 60 cm lang ist, zu beziehen. Warenname: *Ortopedia*-Fingerschiene (Ortopedia).

Einfaches Aluminiumband in verschiedenen Breiten steht für selbst anzufertigende Fingerschienen, zur Verstärkung und Abstützung bei Gipsverbänden oder Brückengipsverbänden zur Verfügung.

Ferner gibt es für die Schienung von ein oder zwei Fingern die Böhler-Schiene, eine Variante ist die Fingerschiene nach Kienle. Bei diesem

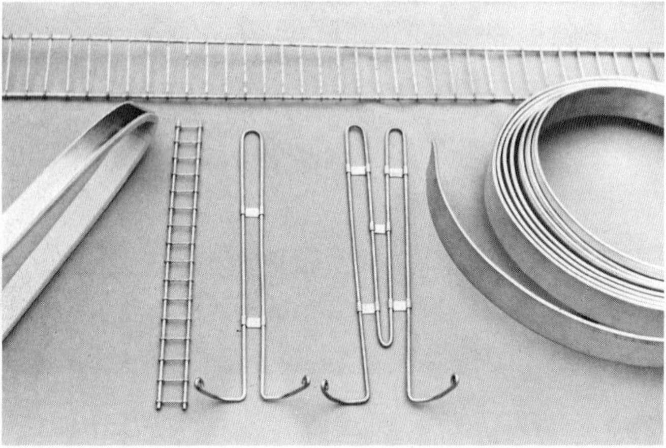

Abb. 3.10 Schienen (von links nach rechts): Aluminiumband mit Schaumgummi gepolstert, Drahtleiterschiene nach Cramer, einfache und doppelte Drahtschiene nach Böhler, Aluminiumband; oben quer: breite Drahtleiterschiene nach Cramer (aus *Catel, W., F. H. Dost, W. Kübler, J. Oehme:* Das gesunde und das kranke Kind, 10. Aufl. Thieme, Stuttgart 1972; 11. Aufl. 1977)

Schienentyp kann man gleichzeitig das Handgelenk mit ruhigstellen (Abb. 3.11).

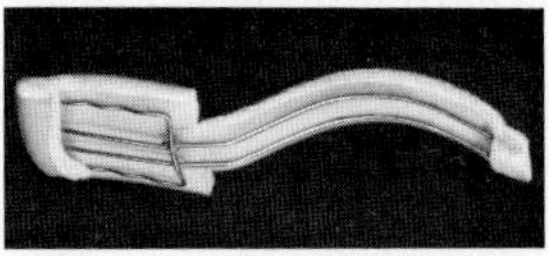

Abb. 3.11 Fingerschiene nach Kienle mit Einmalpolster (Foto: Dr. Paul Koch, Neuffen)

Eine sehr kleine Fingerschiene aus Kunststoff kann bei Strecksehnenabriß zur Fixierung des Endgelenkes in Streckstellung verwendet werden; die Fingerschiene nach Stack (Abb. 3.12) umschließt das Endgelenk und wird am Mittelglied mit einem Heftpflasterstreifen fixiert. – Fingerschienen nach Stack gibt es in weiß, hautfarben und glasklar.

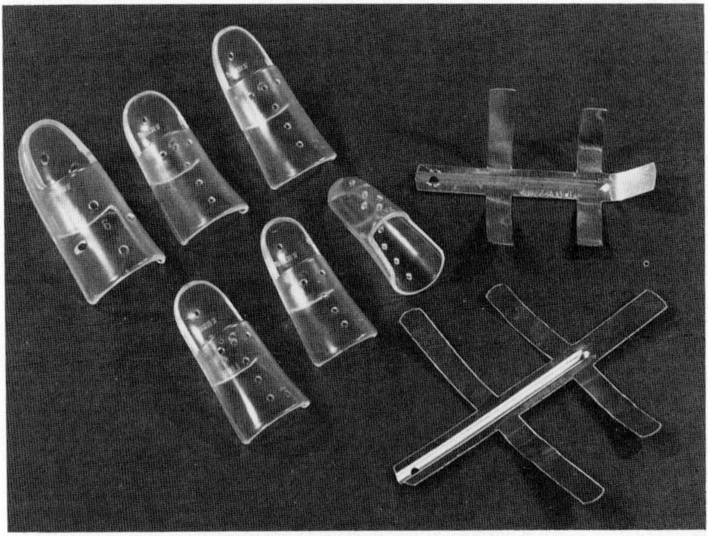

Abb. 3.12 Fingerschienen, li. nach Stack, re. nach Glass

3.14.2. Cramer-Schienen

Die Cramer-Schiene ist eine Drahtleiterschiene, die in verschiedenen Längen und als Meterware angeboten wird. Sie ist in flacher und gewölbter Ausführung erhältlich, und zwar in den Breiten von 2, 4, 5, 6, 8, 10, 12 und 15 cm. Sie ist sehr biegsam, so daß sie der Körperform angepaßt werden kann. Zum Zuschneiden der Meterware benötigt man einen Hebelseitenschneider (Abb. 3.13), und zum Abbiegen benutzt man ein Schränkeisen (Abb. 3.14).

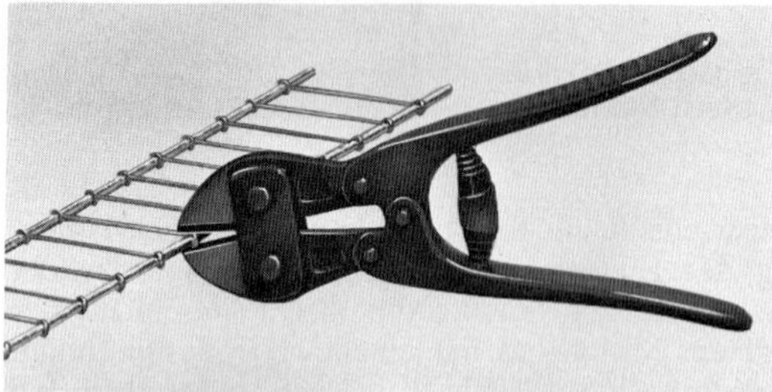

Abb. 3.13 Hebelseitenschneider zum Schneiden von Cramer-Schienen (Foto: Dr. Paul Koch, Neuffen)

Abb. 3.14 Schränkeisen

Die Cramer-Schienen sind vielseitig zu verwenden und vorwiegend für die Ruhigstellung der oberen Extremitäten bestimmt. Bei der Notschienung finden sie allerdings auch Anwendung für die unteren Gliedmaßen. Gelegentlich fertigt man aus ihnen noch Abduktionsschienen an, die benötigt werden, wenn das Schultergelenk ruhiggestellt werden soll (s. S. 220).

3.14.3. Abduktionsschienen (Abb. 3.15)

Abduktionsschienen benötigt man dann zur Lagerung des Armes, wenn das Schultergelenk mit ruhiggestellt werden muß. Fertige

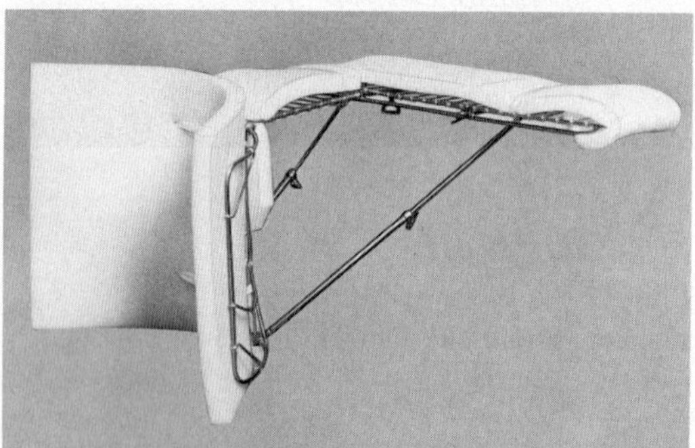

Abb. 3.15 Abduktionsschiene mit Einmalpolster (Foto: Dr. Paul Koch, Neuffen)

Abduktionsschienen werden von der Industrie angeboten, diese Ware ist häufig so konstruiert, daß sie für die rechte und linke Körperseite verwendet werden kann, d. h. der Unterarmschienenteil läßt sich umstecken. Bei nicht veränderbaren Schienen muß man rechte und linke Abduktionsschienen vorrätig halten. Darauf ist beim Einkauf zu achten.

3.14.4. Beinlagerungsschienen

3.14.4. 1. Schaumgummi-/Schaumstoffschienen (Abb. 3.16a)

Gut bewährt hat sich die Beinlagerungsschiene nach Schultze (E. Schultze), die ganz aus Latexschaum hergestellt ist. Ähnliche Schienen zur Ruhigstellung und/oder Hochlagerung des Beines werden aus Schaumstoff (P. Koch) hergestellt. Die Schienen werden mit Schlauchverband oder Fertigbezügen überzogen. – Die Schienen werden in unterschiedlichen Ausführungen angeboten, der Fachhandel gibt hier Auskunft.

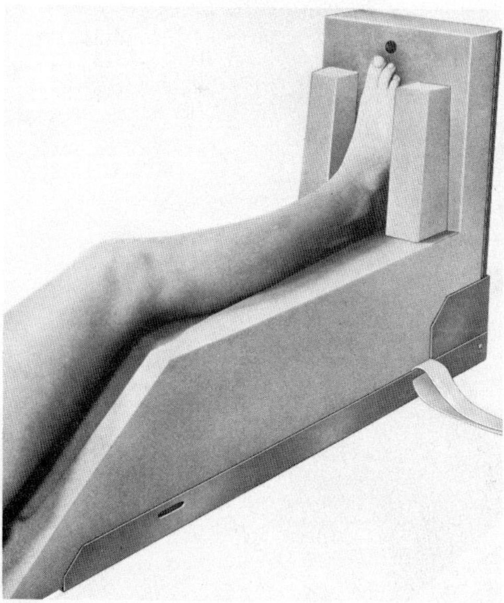

Abb. 3.16a Schaumstoffschiene zur Hochlagerung des Beines (Foto: Dr. Paul Koch, Neuffen)

Die Einsatzmöglichkeit dieses Schienentyps ist vielseitig; gegebenenfalls kann man die Schiene durch einen Stabilisierungsrahmen versteifen. Schaumstoff- und Schaumgummischienen können bei 120°C im Autoklaven sterilisiert werden.

3.14.4. 2. Schaumstoffschienen en miniature (Abb. 3.16b)

Für zwei- bis sechsjährige Kinder werden Schaumstoffschienen in Kleinformat hergestellt. Die auf der Abbildung gezeigte kurze Schiene ist 30 cm lang und für die Unterschenkellagerung vorgesehen, es gibt

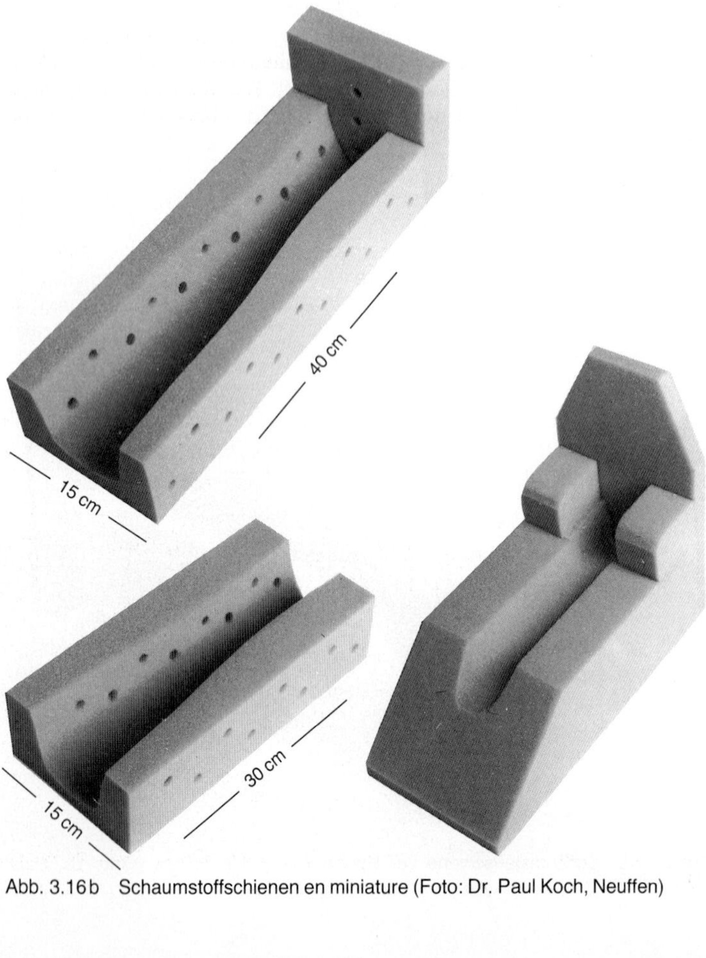

Abb. 3.16 b Schaumstoffschienen en miniature (Foto: Dr. Paul Koch, Neuffen)

sie auch mit Fußplatte. Für die Oberschenkellagerung ist die 40 cm lange Schiene konstruiert, es gibt sie auch ohne Fußplatte. Die Sohle der Beinhochlagerungsschiene ist mit einer Aluminiumplatte verstärkt. Durch einen zusätzlichen Stabilisierungsrahmen kann die Standfestigkeit der Schaumstoffschiene verbessert werden. Die Schienen können im Autoklaven bei 120 °C sterilisiert werden.

3.14.4. 3. Volkmann-Schienen (Abb. 3.17)

Richard von Volkmann war ordentlicher Professor für Chirurgie in Halle, er lebte von 1830–1889. Er hatte die Kriege 1866 und 1870/71 als Generalarzt und konsultierender Chirurg mitgemacht und dabei Gelegenheit, Erfahrungen über Kriegsverletzungen zu sammeln. Richard von Volkmann gehört zu den genialsten Chirurgen der 2. Hälfte des 19. Jahrhunderts und war Erfinder von zahlreichen chirurgischen Instrumenten (z. B. scharfer Löffel, scharfe Haken) und auch einer Beinlagerungsschiene, die noch heute unter der Bezeichnung „Volkmann-Schiene" hergestellt wird. Bei der Lagerung des Beines auf dieser Schiene liegt das Kniegelenk in Streckstellung, es kann nur wenig durch ein Polster angehoben werden. Gegner dieser Behandlungsmaßnahme nennen diese Schiene ein „Marterinstrument". Die Schiene wird noch hergestellt und sie ist in zahlreichen Exemplaren in den Krankenhäusern vorhanden. Sie wird benutzt als Transportschiene bei Verlegungen und auch für eine kurzfristige Lagerung nach einer Unfallversorgung, wenn die funktionell richtige Lagerungsmöglichkeit nicht sofort zur Verfügung steht, oder für eine provisorische Lagerung vor einer chirurgischen Maßnahme.

Die Beinlagerungsschiene nach Volkmann ist eine Metallschiene, die in unterschiedlichen Längen für Unter- und Oberschenkellagerungen

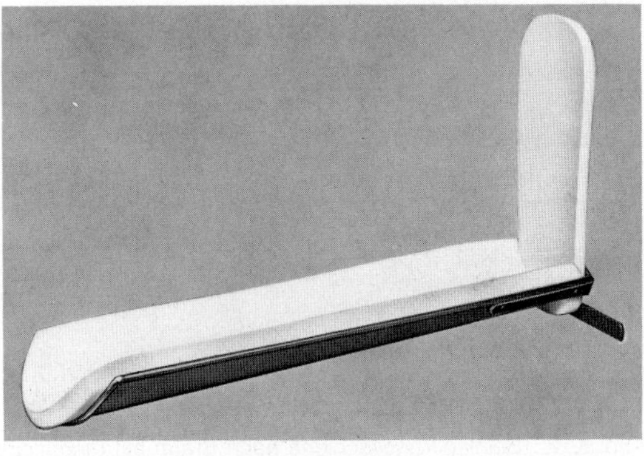

Abb. 3.17 Volkmann-Schiene mit Einmalpolster (Foto: Dr. Paul Koch, Neuffen)

hergestellt wird. In der geraden, flach gewölbten Schiene ist am Fußende eine Aussparung für die druckfreie Lagerung der Ferse vorhanden. Eine rechtwinklig angebrachte Fußplatte verhindert, daß der Fuß in Spitzfußstellung gerät. Da sie außerdem die Zehen überragen soll, wird der unerwünschte Druck der Bettdecke auf die Zehen vermieden. Ein verstellbares T-Stück, das an der Fußplatte befestigt ist, verhindert das Umkippen der Schiene; außerdem kann die Schiene dadurch am Fußende angehoben werden. – Volkmann-Schienen können im Autoklaven sterilisiert werden.

3.14.4. 4. Braunsche Schienen (Abb. 3.18)

Eine andere Beinlagerung ist auf der Schiene nach Braun möglich. Die Braunsche Schiene ist ein Rahmengestell aus Rundeisen, die Beinlagerungsfläche muß aus Bindentouren hergestellt werden, oder man verwendet Einmalpolster, die auf S. 72 beschrieben wurden.

Es gibt verschiedene Abwandlungen dieses Schienentyps; der Name „Braunsche Schiene" wird bei der täglichen Arbeit als Gattungsbegriff verwendet, denn die abgeänderten Schienen tragen alle Eigennamen, z. B. „Beinlagerungsschiene nach Koch". Bei Neubestellungen muß man gegebenenfalls im Katalog die richtige Bezeichnung ermitteln.

Die Lagerfläche für den Oberschenkel steigt immer im Winkel von 45 Grad schräg nach oben an, die Auflagefläche für den Unterschenkel verläuft waagerecht. Das Bein kann dadurch in halbgebeugter Stellung hochgelagert werden. Statt einer Fußplatte – wie bei der Volkmann-

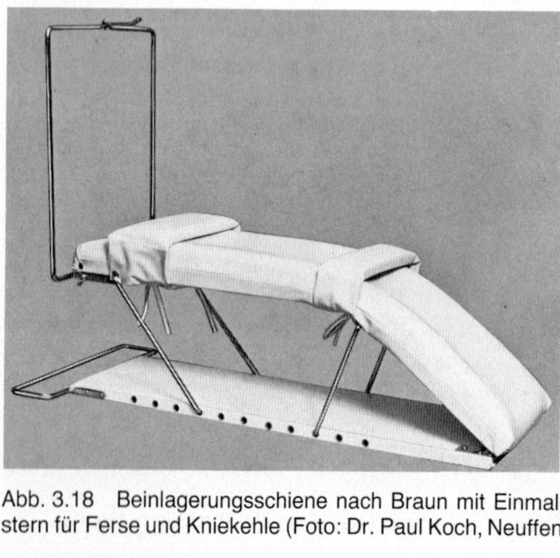

Abb. 3.18 Beinlagerungsschiene nach Braun mit Einmalpolster und 2 Zusatzpolstern für Ferse und Kniekehle (Foto: Dr. Paul Koch, Neuffen)

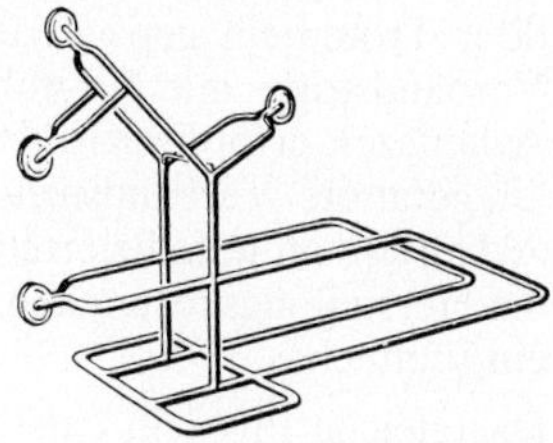

Abb. 3.19 Böhler-Schiene (aus: *Hellner, H., R. Nissen, K. Vossschulte*: Lehrbuch der Chirurgie, 6. Aufl., Thieme, Stuttgart 1970)

Schiene – enden diese Schienen in einem Fußrahmen, der bespannt werden kann. Auch diese Schienen gibt es in unterschiedlichen Längen und Breiten.

Eine abgeänderte Braunsche Schiene ist die Böhler-Schiene (Abb. 3.19), die an dem Fußrahmen noch Rollenvorrichtungen für Streckverbände besitzt.

Gemeinsam haben alle Typen der Braunschen Schienen, daß sie stets auf einem Brett stehen müssen, da die Standfestigkeit sonst nicht gewährleistet ist.

4. Herstellung von Wundauflagen

Für die Herstellung von Wundauflagen verwendet man die Meterware Mull, im allgemeinen 20fädig, je nach Verwendungszweck mit oder ohne Röntgenkontrastfäden. Bei der Eigenanfertigung der Wundauflagen und Tupfer ist darauf zu achten, daß alle losen Fäden an den Schnittkanten und auf dem Mull vor dem Legen bzw. Falten entfernt werden.

Ein ungeschriebenes, aber strenges Gesetz gebietet die sorgfältige Entfernung aller losen Fäden auf Verbandstoffen, Tupfern, Tamponaden und Operationstüchern. Gleichzeitig gebietet dies Gesetz, daß alle Schnittkanten der Verbandstoffe und Tupfer so sicher eingeschlagen liegen müssen, daß sie nicht direkt mit der Wunde in Berührung kommen können.

Wird Röntgenkontrastmull verwendet, so soll der Mull so zugeschnitten werden, daß der Kontrastfaden in der Mitte liegt, damit er auch bei den fertig gefalteten Verbandstoffen sichtbar bleibt.

Die Herstellung der Verbandstoffe und Tupfer in Eigenarbeit ist sehr kostspielig. Das benötigte Material muß zu Apotheken- oder Krankenhauspreisen eingekauft werden und kann dann von den Arzthelferinnen oder Krankenschwestern verarbeitet, in Verbandstoffkästen oder Trommeln gepackt und sterilisiert werden. Da das Legen der Verbandstoffe mit Sorgfalt geschehen muß, ist eine entsprechende Arbeitszeit erforderlich, die um so länger wird, je kleiner und spezieller gefaltete Verbandstoffe hergestellt werden sollen. Müssen diese Arbeiten von qualifizierten Fachkräften erledigt werden, übersteigen die Herstellungskosten den Preis der industriell hergestellten Ware um ein Vielfaches.

Das gleiche Problem entsteht, wenn Verbandmull wieder aufbereitet wird. Man kann durch Desinfektions-, Wasch- und Sterilisationsmaßnahmen Bakterien abtöten. Bakterien, Blut und Eiter lassen sich aber nur zum Teil im Waschvorgang ausspülen, es gelingt nicht mit Sicherheit, alle Verunreinigungen zu entfernen, so daß durch diese wiederverwendeten Verbandstoffe gefährliche Wundreaktionen entstehen können. Zu den Kosten der teuren Wiederaufbereitung gebrauchter Verbandstoffe kommen dann noch die Kosten eines längeren Krankenlagers hinzu – Gründe genug, Verbandstoffe nur einmal zu verwenden.

4.1. Tupfer

4.1.1. Zellstofftupfer

Nur zur Reinigung der Haut vor Injektionen verwendet man Zellstofftupfer, die man entweder selbst aus großen Zellstoffplatten schneidet oder als vorgestanzte Tupfer in Rollenware bezieht. Die industriell hergestellten Tupfer haben eine Größe von ca. 5 × 5 cm. Gehandelt wird die Ware unter der allgemeinen Bezeichnung „Zellstofftupfer" oder mit Warennamen:

Puretta-Zellstoff-Tupfer (Kalff)
Pur-Zellin (Hartmann)
Zelletten (Lohmann).

4.1.2. Mulltupfer

Mulltupfer werden aus der Meterware entsprechend der gewünschten Größe geschnitten. Ein normal großer Tupfer entsteht aus einem Quadrat von ca. 25 × 25 cm. Aus einem Mullstück von 40 m Länge und 80 cm Breite kann man ca. 480 Tupfer dieser Größe herstellen.

Sehr variationsreich sind die Tupferfiguren. Fast jedes Krankenhaus hat seine eigene „Hausmarke". Dabei reicht die Skala vom achtfach gelegten glatten Tupfer über Kissen-, Schling-, Krüll- und Spitztupfer bis hin zum kunstvollen fünfeckigen Sterntupfer. Hauptsächlich aber sollen alle Tupfer aufsaugen, deshalb müssen sie locker gefaltet werden.

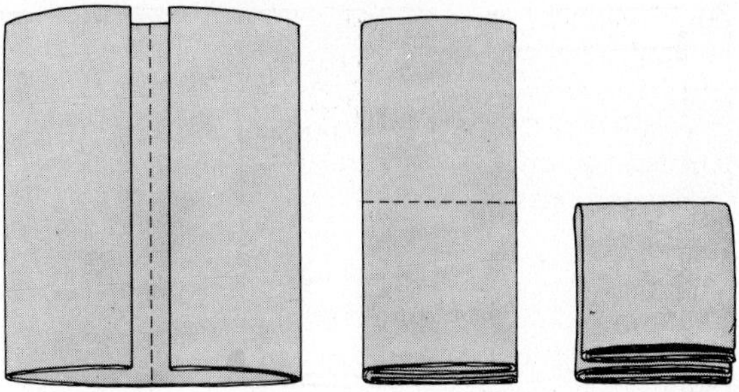

Abb. 4.1

Auch die Präpariertupfer sind sehr formenreich. Es handelt sich um sehr fest zusammengerollte oder gedrehte kleine bis kleinste Tupfer, die nur während Operationen zum Freipräparieren verwendet werden.

Abb. 4.1a–c zeigen den achtfach gelegten glatten Tupfer. Er ist nur gefaltet. Man schlägt zunächst die obere und untere Schnittkante ca. 1½ bis 2 cm ein, sodann die rechte und linke Seite bis fast zur Mittellinie (unterbrochen gezeichnet [a]). Dann faltet man den Mull in Längsrichtung zusammen [b], der Tupfer liegt jetzt vierfach. Um die achtfache Mullage zu bekommen, wird nur noch eine Faltung notwendig, es entsteht ein Quadrat [c], alle Schnittkanten liegen sicher eingeschlagen.

Beim Kissentupfer (Abb. 4.2a–e) wird die Oberkante ca. 2 cm eingeschlagen und dann die linke Seite so nach rechts umgeschlagen, wie die Abb. 4.2a zeigt. Nun wird die rechte Seite bis zur Schnittkante des linken Umschlags geführt (Abb. 4.2b); der jetzt noch sehr breite Streifen wird in Längsrichtung zusammengefaltet, es entsteht die Figur c. Der schmale Streifen wird zweimal quer gefaltet (gestrichelte Linien). Das noch mit Schnittkanten versehene Ende steckt man in den Tupfer hinein (Abb. 4.2d). Abb. 4.2e zeigt den fertigen Kissentupfer.

Einen Schlingtupfer (Abb. 4.3a–d) fertigt man geschickterweise über den Fingern an. Man faltet zunächst das Mullquadrat zum Dreieck [a], legt dann den Mull so auf die linken Fingerspitzen, daß man mit der rechten Hand noch alle drei Ecken fassen und drehen kann [b], schlägt danach die eingedrehten Enden in Richtung Fingerspitzen links [c_1] und wendet sodann den Mull von der linken Hand darüber [c_2]; alle Schnittkanten müssen sicher im Tupfer liegen [d].

Die Präpariertupfer sind wesentlich kleiner als die bisher beschriebenen, sie müssen zudem sehr fest sein. Abb. 4.4a–e zeigen einen Typ, der aus einem Quadrat entstanden ist. Zunächst wird aus diesem ein

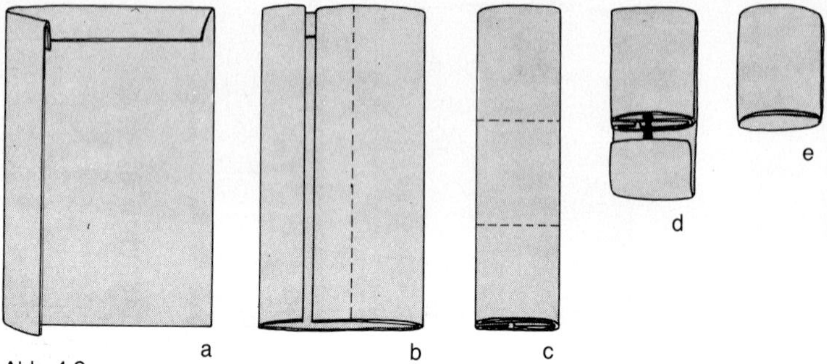

Abb. 4.2

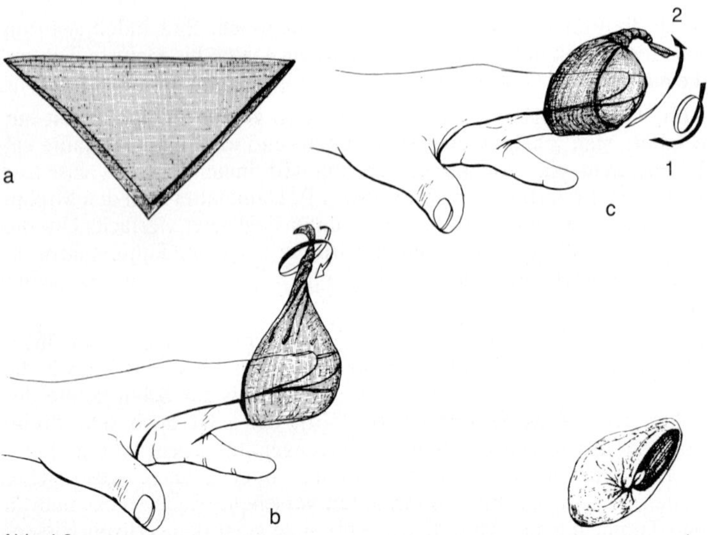

Abb. 4.3

Dreieck gefaltet [a], sodann werden die beiden spitzen Ecken umeinander geschlungen [b]. Darüber wird der rechtwinklige Zipfel gezogen [c] und eingerollt [d]. Zum Schluß wird die Bruchkante des Dreiecks so weit über die eingerollten Zipfel gezogen, bis der ganze Tupfer fest ist [e].

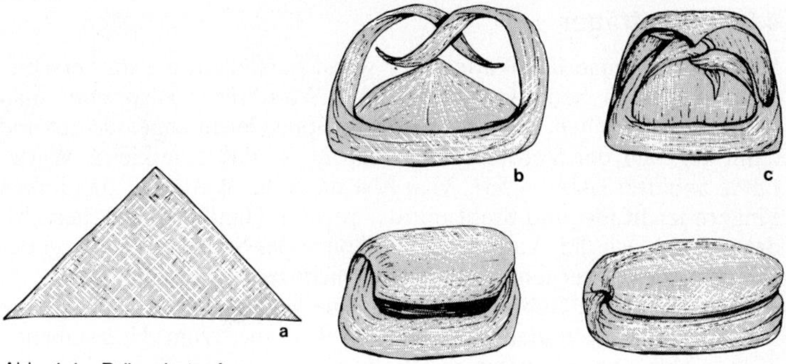

Abb. 4.4 Präpariertupfer

4.2. Kompressen

Sollen Kompressen hergestellt werden, so können sie aus Mull gefaltet werden und zwar sollen sie möglichst achtfach gelegt werden, da sie Wunden schützen und Sekrete aufsaugen sollen. Man schneidet entsprechend großen Verbandmull zu und faltet, wie Abb. 4.1a–c zeigen, die Kompresse zusammen.

Eine sehr weiche Kompresse kann man aus Verbandwatte herstellen, die mit einer Mullage überzogen werden muß.

Verbandkompressen in Eigenherstellung sind viel zu teuer. Nur in extremen Ausnahmefällen sollte man diese selbst anfertigen.

4.2.1. Feuchte Kompressen

Feuchte Kompressen sollen aus einem Material gefertigt werden, das ein gutes Wasserhaltevermögen besitzt, so daß sich für diese Zwecke die Verbandwatte, und zwar in Bw/ZW-Mischung anbietet. Sofern keine offenen Wunden vorliegen, kann die feuchte Watte direkt angelegt werden, bei Wunden aller Art müssen aber sterile Verbandstoffe, die dann zusätzlich mit steriler Verbandwatte hinterlegt werden können, Verwendung finden. Feuchte Verbände werden in der Regel *ohne* wasserfeste Auflagen aufgelegt, die Feuchtigkeit soll verdunsten können. Die feuchten Kompressen können mit Binden angewickelt werden, möglicherweise kann aber z. B. ein Unterschenkel, der auf einer Braunschen Schiene gelagert ist, besser in ein Tuch eingeschlagen werden.

Für die feuchten Verbände kann man 30- bis 50%igen Alkohol oder 1,5%ige Kochsalzlösung verwenden oder eine andere, vom Arzt angeordnete Lösung.

4.3. Watteträger

Sehr oft muß man die Watteträger selbst herstellen, die für verschiedene Aufgaben benötigt werden. Als Watteträger verwendet man dünne Holzstäbchen. Sie werden an der Spitze leicht angefeuchtet und dann kurz auf der Verbandwatte gedreht, so daß eine kleine Wattefahne anhaftet (Abb. 4.5a). Man hält dann die Watte mit den linken Fingern leicht fest und dreht mit der rechten Hand das Stäbchen (b), dabei dreht sich die Watte fest. Die Spitze des Stäbchens soll von der Watte verdeckt werden, sie darf aber nicht zu weit darüberstehen, da sie sich dann beim Gebrauch abbiegt. Die Watte hält besser, wenn die meisten Baumwollfäden des Wattevlieses quer zum Holzstäbchen liegen. Abb. c zeigt den fertigen Watteträger.

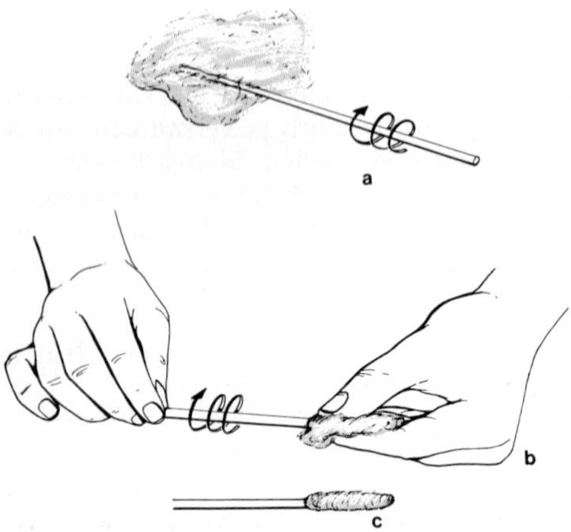

Abb. 4.5

4.4. Tamponade

Auch Tamponade kann aus Mullbinden mit Webkanten in Eigenanfertigung hergestellt werden, dies ist evtl. einmal erforderlich, wenn breite Tamponade benötigt wird. Dabei ist darauf zu achten, daß die Mullbinden nur aus Baumwolle hergestellt sein sollten, da die Binden aus Bw/ZW zwei verschiedene Eigenschaften besitzen (die Zellwolle saugt schneller auf, die Baumwolle hält länger Feuchtigkeit). Die Tamponade wird aus breiten Mullbinden gefaltet, man legt die beiden Webkanten zur Bindenmitte und faltet noch einmal die Binde zusammen. Die Tamponade ist dann vierfach gelegt. Bei der dreifach gelegten Tamponade werden die beiden äußeren Drittel zum mittleren umgelegt. Die Umbrüche müssen fest gefaltet werden, da die Tamponade sonst wieder auseinanderfällt; sie wird nur lose aufgerollt. Tamponade darf nicht aus Breitbahnenmull geschnitten werden, da die kurzen Querfäden mit der Wunde verkleben könnten und nicht mit Sicherheit wieder entfernt werden. Besser geeignet sind die fertigen Tamponaden, die in Rollen geliefert werden.

5. Sterilisation der Verbandstoffe

Textilien aller Art können nicht in trockener, heißer Luft sterilisiert werden, da bei einer nur kurzen Einwirkungszeit oder zu niedrigen Temperatur eine Sterilität nicht zu erreichen ist und bei einer ausreichend langen Zeit und hohen Temperatur das Material zerstört wird. Der Heißluftsterilisator ist deshalb für die Sterilisation der Verbandstoffe nicht geeignet.

In der Arztpraxis und im Krankenhaus können Verbandstoffe nur im Dampfsterilisator (= Autoklav) sterilisiert werden. Im Dampfsterilisator wird mit gespanntem Dampf (feuchter Hitze), je nach Einstellung zwischen 120° und 140°C gearbeitet. Im Autoklaven können Verbandstoffe, Watte, Zellstoff, Wäsche, Gummimaterial, Instrumente aus Glas und Metall sowie Glasspritzen sterilisiert werden.

Die Verbandstoffe werden in Spezialtrommeln oder Kästen gepackt, die entweder an den Seiten oder im Deckel und Boden durch Schieber verschließbare Löcher oder im Deckel und Boden kleine Öffnungen haben, die an der Innenseite mit bakteriendichten, aber dampfdurchlässigen Filterstoffen abgedeckt sind.

Hochleistungsautoklaven arbeiten mit zwangsgesteuerter Dampfführung. Hier verwendet man Spezialtrommeln, die nicht mit Filterstoffen oder seitlichen Löchern und Schiebern ausgestattet sind, vielmehr wird der Dampf über ein eingebautes Einlaß- und Absaugsystem durch das zu sterilisierende Gut geführt. Der Dampfsterilisator arbeitet mit Überdruck, d. h. infolge des Dampfdruckes wird die feuchte Hitze durch die gegenseitig angelegten Öffnungen bzw. über den Zwangsweg in die Trommeln hinein, durch die Verbandstoffe hindurch und wieder herausgeführt. Während dieser Dampfdurchströmung werden die möglicherweise auf den Verbandstoffen haftenden Bakterien abgetötet, sie werden aber nicht entfernt. Es ist wichtig, daß die Trommeln so gleichmäßig wie möglich gepackt werden, es sollen keine unnötig großen Hohlräume entstehen, da der Dampf den Weg des geringsten Widerstandes nimmt. Andererseits sollen die Verbandstoffe nicht zu fest aufeinander gepreßt werden, da dann die Gefahr besteht, daß der Dampf nicht durch alle Schichten dringt.

Sollen Kompressionsbinden sterilisiert werden, so dürfen sie nicht aufgerollt sein, das Material liegt dann zu fest und es ist nicht sicher, daß der Dampf alle Schichten durchdringen kann. Man schichtet die Binde locker übereinander und schlägt sie in ein Tuch ein (Abb. 5.1). So verpackt kommt sie in die Verbandstofftrommel.

Die Verbandstofftrommeln werden vor der Sterilisation verriegelt, der Riegel läßt sich zusätzlich mit einem Stift oder einer Sicherheitsnadel vor unerwünschtem Öffnen sichern. Haben die Trommeln Schieber, so werden sie vorher geöffnet, gleichzeitig ist dies ein Erkennungszeichen dafür, daß der Inhalt unsteril ist. Man kann auf die Trommel noch einen Indikatorstreifen kleben, auf dem nach der Sterilisation das Wort „steril" oder ein anderes Erkennungszeichen erscheint. An diesen äußerlich aufgebrachten Teststreifen erkennt man zwar, ob die Trommel dem Dampfsterilisationsprozeß unterworfen war, er gibt aber nicht die Garantie, daß alles, was in der Trommel liegt, steril ist. Bedienungsfehler während der Sterilisation können damit nicht erfaßt werden. Die vollautomatisch arbeitenden Dampfsterilisatoren geben hier eine größere Sicherheit. In die Trommel kann man für Kontrollzwecke kleine Farbkärtchen legen, die in einzelne Segmente unterteilt sind und sich bei verschiedenen Hitzegraden verfärben, so daß man eine ausreichende oder nicht ausreichende Hitzeeinwirkung anhand der veränderten Farbfelder ersehen kann. Alle von der Industrie angebotenen Kontrollstreifen geben zwar bei richtiger Bedienung eine Auskunft über eine Hitzeeinwirkung, die Industrie übernimmt aber nicht die Garantie dafür, daß der Inhalt der Trommeln stets steril wird.

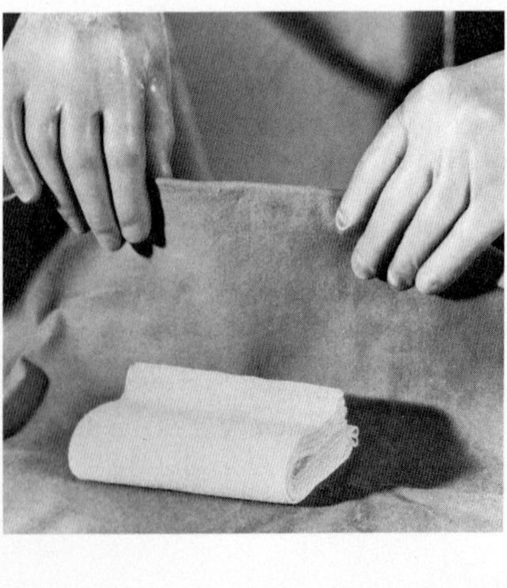

Abb. 5.1 Die zusammengelegte Kompressionsbinde wird vor der Sterilisation in ein Tuch eingeschlagen (Foto: Beiersdorf AG, Hamburg)

Im Bereich der sterilen Verbände bilden die Verbandstofftrommeln, die einen größeren Vorrat beherbergen, ein großes Problem. Der Inhalt einer Trommel bleibt nur bis zum ersten Öffnen des Behälters steril. Sobald Raumluft in die Trommel eindringen kann, besteht die Möglichkeit, daß auch Bakterien hineingelangen können. Vom Standpunkt der Aseptik aus betrachtet ergeben sich deshalb erhebliche Bedenken gegen die Verwendung von großen Verbandstofftrommeln, deren Inhalt den Bedarf für Wochen oder Monate deckt.

Gelegentlich sieht man, daß Verbandstoffe in Tücher eingeschlagen und dann sterilisiert werden. Hier ist zu bemerken, daß die Tücher in diesem Falle aus den bakteriendichten, aber dampfdurchlässigen Spezialstoffen hergestellt sein müssen. Einfache Leinen- oder Linontücher genügen den Anforderungen nicht. Besser geeignet ist Sterilisationspapier als Verpackungsmaterial für Verbandstoffe oder kleine Verbandwechselsets. Dieses Papier ist für Dampf- und Gassterilisation geeignet, bakterienundurchlässig, wasserabstoßend, reißfest, weich und gebrauchsfertig in Bogen oder auf Rollen erhältlich. Das fertig gepackte Päckchen wird mit Autoklav-Klebeband, das mit Kugelschreiber oder Farbstift beschriftet werden kann, verschlossen. Das Klebeband ist mit einem Farbindikator versehen.

Warenname für Sterilisationspapier: *Steropa,* für Klebeband: *Signaloc* (Johnson & Johnson).

6. Einmalverbandstoffe und Einmalsets

Die Verbandstoffindustrie bietet gebrauchsfertige Tupfer, Kompressen, Verbandwechselsets, Einmalinstrumente und Kathetersets an. Diese Industrieware wird in verschiedenen Variationen zusammengestellt, so daß sie nicht nur im Krankenhaus bei der täglichen Arbeit auf der Station, sondern auch in der Arztpraxis, den Pflegeheimen und der ambulanten Krankenpflege verwendet werden kann.

Die Einmalware wird in der Regel sterilisiert angeboten und kann problemlos sofort verwendet werden, denn das Besondere bei dieser Ware ist, daß kleinste Mengen Tupfer, 1–2 Kompressen, Einmalpinzetten, Einmalmesser usw. in *Peel*-Packungen angeboten werden. Peelpackungen sind Schälpackungen, in welche z. B. die Kompressen verpackt werden. Diese Schälpackungen bestehen aus Spezialpapier, das dampfdurchlässig, aber bakteriendicht ist. Alle vier Seiten der Verpackung sind fest verprägt, und nur an einer Seite befinden sich oberhalb der Verprägung zwei Laschen, die man fassen und auseinanderziehen muß, wenn man den sterilen Inhalt entnehmen will. Bei diesem Schälverfahren öffnet sich die Packung so, daß mit einer sterilen Kornzange, Pinzette oder sterilen Handschuhen der Inhalt vorsichtig entnommen werden kann. Peel-Packungen sollen nicht mit der Schere aufgeschnitten werden. Auf jeder Peel-Packung befindet sich ein kleines farbiges Sterilisationsindikatorfeld. Ein Aufdruck erklärt die Bedeutung der Farbe, so muß bei einer sterilisierten Packung das Farbfeld z. Z. dunkelbraun aussehen. Ist die Packung nicht sterilisiert, kann das Farbfeld rosa sein. Es ist nicht vorauszusehen, ob sich die Farbmarkierungen ändern werden, daher ist auf jeden Fall der schriftliche Aufdruck über die Wertigkeit der Farbe zu beachten. Sterilisierte Schälpackungen müssen sachgerecht gelagert werden, wenn der Inhalt einwandfrei bleiben soll. Ist die Verpackung eingerissen oder feucht geworden, kann der Verbandstoff oder das Instrumentarium nicht mehr als steril angesehen werden, eine Kontamination kann nicht ausgeschlossen werden.

In Peel-Packungen gibt es z. Z. Kompressen, Tupfer, Wattestäbchen, Pinzetten, Fadenziehmesser, Skalpelle, Scheren und weiteres Instrumentarium. Da jeder Anbieter sein eigenes Sortiment hat und keine Norm festlegt, wie die Ware zusammengestellt und angeboten werden muß, so kann eine vollständige Übersicht nicht gegeben werden. Man kann Übersichten von den Herstellern anfordern.

Im Gegensatz zu den Peel-Packungen enthalten die Einmalsets Zusammenstellungen für eine besondere Behandlungsmaßnahme, sie enthalten alle notwendigen Utensilien; es gibt: Fadenziehset, Verbandwechselset, Katheterset, Dialyseset zum Anschluß an die künstliche Niere, Venenset für perkutane Venenkatheter. In der Regel lassen sie sich so öffnen, daß auch noch die Umhüllung als sterile Unterlage verwendet werden kann. Viele Sets werden in Kunststoffschalen zusammengestellt. Durch eine Unterteilung der Schale liegt das Instrumentarium griffbereit, die Schale ist vielseitig verwendbar und dient zum Schluß als Abwerfbehälter. Meistens enthält ein Set ein wasserundurchlässiges steriles Abdecktuch, das eine Kombination aus Krepppapier oder Vliesstoff und Folie ist. Die Kunststoffschalen können fest mit Pergamentpapier verschlossen sein, sie haben dann an einer Schmalseite einen Papierüberstand, der zum Aufreißen gefaßt werden muß. Andere Sets sind in Tüten eingesiegelt und werden wie Peel-Packungen geöffnet. Sets können auch in Äthylenoxidgas sterilisiert werden. Diese Packungen haben kein Indikatorfarbfeld, sie tragen den Aufdruck „steril“.

Die Zusammenstellung der Sets ist so unterschiedlich, daß sie hier nicht einzeln dargestellt werden können. Auskunft erhält man von den Herstellern:

International Medical, Postfach 1226, 4190 Kleve
Paul Hartmann AG, Postfach 1420, 7920 Heidenheim/Brenz
Johnson & Johnson Medical, Postfach 1680, 2000 Norderstedt
Mölnlycke, Postfach 140, 4010 Hilden.

TECHNIK

7. Vorbemerkungen zur Verbandtechnik

E. Most

Verbände können aus verschiedenen Gründen angelegt werden:

1. als Schutzverband (Wundverband), wenn eine Hautverletzung, eine Hauterkrankung oder eine Operationswunde vorliegt;
2. als Stützverband, wenn ein Körperteil ruhiggestellt werden muß;
3. als Druckverband, wenn stark blutende Wunden vorhanden sind oder Ergüsse im Bereich der Gelenke vorliegen, bzw. wenn nach Operationen eine Kompression für notwendig gehalten wird;
4. als Abschnürverband, wenn es nicht möglich ist, eine arterielle Blutung durch einen Kompressionsverband zum Stillstand zu bringen oder wenn in „Blutleere" operiert werden soll.

Es sind drei Regeln zu beachten:

1. Schutz-, Stütz- und Druckverbände dürfen nicht so fest angelegt werden, daß eine blauviolette Verfärbung des distalen Körperteils auftritt (Stauung) oder gar der Körperteil weiß wird (Blutleere).
2. Die Endbefestigungen der Schutz-, Stütz- und Druckverbände dürfen nicht in der Höhe der Wunde liegen, sie müssen so sicher fixiert sein, daß sie sich nicht lockern können.
3. Offene Verletzungen, Operationswunden und offene Hauterkrankungen werden stets zunächst mit sterilen Wundabdeckungen, kleinere oberflächliche Hautdefekte mit antiseptisch wirkenden oder sterilen Wundverbandpflastern bedeckt.

Ein fachgerechter Wundverband besteht aus einer ausreichend großen Wundauflage und dem Befestigungsmaterial. Für die Befestigung kann man Verbandkleber, Verbandpflaster, Binden, Netz- oder Schlauchverband verwenden. Dieses Material wird aber nicht direkt mit offenen Wunden in Kontakt gebracht.

8. Wunden, Wundheilung, Wundbehandlung

D. Havemann

8.1. Definition

Unter dem Begriff „Wunde" wird jede gewaltsam entstandene Gewebstrennung verstanden. Bei der *offenen* Wunde ist die Oberfläche der Haut immer mitverletzt. Als *innere* Wunden dagegen sind Verletzungen an Gewebsstrukturen des Stütz- und Bewegungssystems, der Gefäß- und Nervenbahnen und innerer Organe zu bezeichnen, bei denen die Hautoberfläche intakt ist.

Wunden, die ohne Störung der Wundheilungsvorgänge durch *Regeneration* – Wiederherstellung des ursprünglichen Gewebes zum Beispiel an der Hautoberfläche, am Bauchfell, an der inneren Gefäßauskleidung, an Knochen, Sehnen und Muskelbinden und am Leberzellgewebe – oder durch *Reparation* – Bildung von Bindegewebe zum Ersatz des Organdefektes – heilen, zeigen *„primäre Wundheilung"* (lat.: „per primam intentionem"). Wenn Wundränder klaffen oder eine Wundinfektion eintritt, so ist die Wundheilung verzögert und gestört. Es wird von *„sekundärer Heilung"* (lat.: „per secundam intentionem") gesprochen. Die beim Menschen zu beobachtenden Wundheilungsvorgänge sind überwiegend reparativ.

Wundheilung läßt sich definieren als natürlicher Verschluß fehlenden oder durchtrennten Gewebes durch Bildung von Stützgewebe (= Narbe).

Jede Wunde ist grundsätzlich infektionsgefährdet. Ursache der Wundinfektion ist eine Besiedelung der Wunde mit Keimen. Sie können von außen – *exogene Infektion* – oder von innen – *endogene Infektion* – in das Wundgebiet gelangen. In der Regel sind Wunden exogen infiziert.

8.2. Wundarten

Wunden verschiedener Form, Ausdehnung und Art werden von mechanisch einwirkenden Gewalten hervorgerufen.

Schürfwunde: Oberflächlicher, die oberen Hornhautschichten umfassender Hautgewebsverlust. Meist sekundäre Heilung unter dem Schorf.

Platzwunde: Hautdefektbildung durch lokal umschrieben einsetzende Drucksteigerung. Unregelmäßig geformte Wundränder, begrenzte Gewebszerstörung in der Wundumgebung. Bei zeitgerechter Versorgung gute Heilungstendenz.

Schnittwunde: Glattrandige Wunde durch scharfe Gewebstrennung. Gute Heilungstendenz wegen geringer umgebender Schädigung.

Stichwunde: Kanalartige Wunde mit unsicherer Heilungstendenz, weil Keime in den Stichkanal eingeschlossen werden können. Stets Gefahr der Mitverletzung tieferer Strukturen mit schwerwiegenden Komplikationen.

Bißwunde: Oberflächendurchtrennung der Haut mit mehr oder weniger starker Quetschung des Gewebes und dadurch herabgesetzter lokaler Abwehrkraft bei starker Verunreinigung des Wundgebietes mit lebenden Infektionserregern.

Hautablederung (Decollement): Durch tangentiale, meist flächenhafte Gewalteinwirkung erfolgende Ablösung der Haut und des Unterhautfettgewebes von der Muskelbinde (Faszie) mit blutgefüllten Taschen- und Höhlenbildungen. Hohe Heilungsgefährdung, weil die Ernährung des Bezirkes durch Abriß der Gefäße unterbrochen ist. Das Gewebe kann in den abgelösten Arealen absterben (Nekrose).

Riß-Quetschwunde: Hautdefektbildung durch Dehnungsgewalteinwirkung oder flächenhaft einwirkenden Druck mit unregelmäßig begrenzten Wundrändern und in der Umgebung gelegenen Gewebstrümmerzonen. Die Heilung kann durch Absterben und Abstoßung von Wundanteilen gefährdet sein.

Brandwunde: Thermische Schädigung der Haut mit unterschiedlichen Stärkegraden bis zur Zerstörung der Oberhaut (Epidermis), der Lederhaut (Corium) und des Unterhautfettgewebes. Temperaturen über 50°C erzeugen in Abhängigkeit von der Zeitdauer der Einwirkung Schädigungen verschiedener Grade:

1. Grad: Hautrötung, Schwellung, Schmerz,
2. Grad: blasige Abhebung der Epidermis,
3. Grad: Gewebstod und Verschorfung der Epidermis,
4. Grad: Verkohlung.

Verbrühungswunden: Durch Einwirkungen von Flüssigkeiten und Dampf mit Temperaturen um ca. 100°C. Die Heilungsaussichten sind abhängig vom Grad und von der Flächenausdehnung, vom Alter und der Art der Früh- und Spätbehandlung.

8.3. Beurteilungsmaßstäbe für Wunden

Die Beurteilung einer Wunde gibt die für die Behandlung einzuschlagenden Wege an – in erster Linie jedoch die Wundinfektionsgefahr herabzusetzen, die die Hauptkomplikation der Wundheilung ist. Folgende Beurteilungskriterien werden verwendet:

1. *Wundrandbeschaffenheit:* Sind die Ränder scharfrandig, gut durchblutet oder gequetscht, unterminiert und schlecht durchblutet?

2. *Alter der Wunde:* Ist die Wunde älter als 6 Stunden?
3. *Lokalisation der Wunde:* Gut oder schlecht durchblutetes Gebiet? Gute Zirkulationsverhältnisse am Kopf, im Gesicht, an der Hand, am Arm und am Rumpf, schlechtere Bedingungen vor allem an den unteren Gliedmaßen.
4. Welche *Begleitverletzungen* liegen vor? Verletzungen an Gefäßen und Nerven, Eröffnung von Gelenken gefährden Verlauf und Heilung.

8.4. Wundheilung

Prinzipiell läuft die Wundheilung unter charakteristischen, zunächst nacheinander und später miteinander wirkenden Vorgängen ab. Unmittelbar nach der Verwundung setzen komplexe Reaktionen einer Entzündung und bereits vorbereitende Wundheilungsvorgänge ein. Diese betreffen die der Wunde anliegenden Haargefäße (Kapillaren) und Gewebszellen der Haut und des Unterhautfettgewebes und bestehen in einer Erweiterung der Gefäße, Austritt von Gewebsflüssigkeit, Freisetzung von Entzündungsvermittlern (sogenannten Mediatoren der Entzündung) zusammen mit Reaktionen des Gewebes im Sinne der Verschiebung des neutralen Gewebsmilieus zu einer Ansäuerung (Gewebsazidose) und eines relativen Sauerstoffmangels (Hypoxie). Daneben laufen Blutgerinnungsvorgänge ab, die zugleich von großer Bedeutung für die Endphasen der Wundheilung sind.

Das Wundheilungsgeschehen läßt sich in drei Phasen einteilen (Abb. 8.1.a–c):

1. Blutgerinnung, lokale Entzündung (Exsudationsphase) bis zu 48 Stunden nach Verletzung.
2. Gefäßeinsprossung, Abräumung zerstörten Gewebes, Auftreten von Bindegewebszellen. Diese Phase beginnt etwa 24 Stunden nach der Verletzung und reicht bis zur 72. Stunde (Proliferationsphase).
3. Neubildung von Bindegewebe. Von zellulären Elementen werden Kollagenfasern gebildet. Die Phase beginnt etwa mit dem 3. Tag und endet mit dem 21. Tag nach der Verletzung (Reparationsphase).

Diesen im feingeweblichen und biochemischen Bereich verlaufenden Prozessen entsprechen sichtbare Erscheinungen an der Wunde. Während der *exsudativen Phase* in der Frühzeit nach der Wundsetzung zeigt die Wunde mehr oder weniger stark in Abhängigkeit von ihrer Art die typischen Zeichen einer Entzündung: Rötung in der Umgebung, Schwellung, Schmerz, Überwärmung und Funktionsverlust (Entzündungszeichen).

Es laufen in der *Proliferationsphase* die vorbereitenden Prozesse für die Wundheilung ab. Die Wunde schließt sich unter Neubildung von

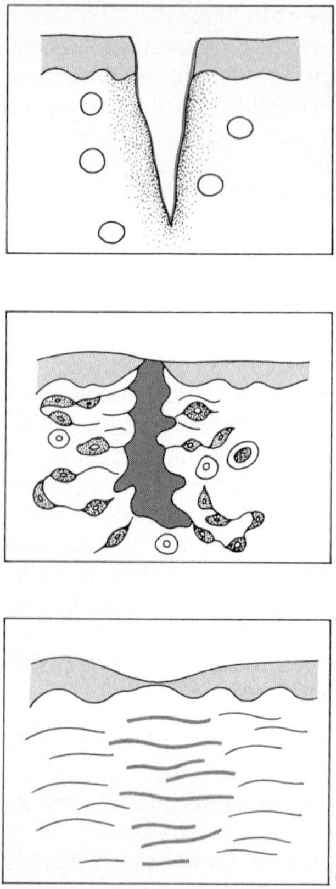

I
Exsudative
Phase
bis 48 Std.

a

II
Proliferative
Phase
24–72 Std.

b

III
Reparative
Phase
3.–21. Tag

c

Abb. 8.1a–c Phasen der Wundheilung (Schema nach *Zollinger*)

Gefäßbindegewebe (sogenannte „Granulation“, granula = Körnchen), das bei der offenen, sekundär heilenden Wunde sichtbar ist und wobei es sich um Gefäßbäumchen mit umgebenden Entzündungszellen handelt. Mit dem Auftreten des Granulationsgewebes ist die Wunde gegen das Angehen einer Infektion geschützt.

In der *Reparationsphase* tritt die Wundheilung in das Endstadium. Junges Bindegewebe im Granulationsgewebe zieht sich durch kontraktile Fasern in Bindegewebszellen (Fibrozyten) zusammen. Die Wundoberfläche verkleinert sich, die Wundränder nähern sich. Zugleich setzt die Bildung von Bindegewebsfasern (Kollagenfasern) ein, und der endgültige Oberflächenverschluß der Haut wird durch Epithelzellen (Oberflächendeckzellen) bewirkt.

Die *Belastbarkeit,* d. h. die Reißfestigkeit einer heilenden Wunde ist zunächst begrenzt. Sie hängt vor allem ab von der Anzahl der neugebildeten Kollagenfasern. Erst nach einer Latenzphase von 4 Tagen, in der praktisch noch keine wesentliche Reißfestigkeit vorliegt, steigt sie bis zum 10.–21. Tag an und erreicht von der 3. Woche an eine den funktionellen Ansprüchen genügende Stärke.

8.5. Störungen der Wundheilung

Allgemeine Faktoren, die an einer Störung der Wundheilung beteiligt sein können, sind

1. das Alter des Verletzten, das sich in Unterschieden der Dichte des Kapillarnetzes und damit der Versorgung des Wundgebietes ausdrückt. Das bedeutet, daß sich in höherem Lebensalter die Wundheilungszeiten verlängern.
2. Schwankungen des Bluteiweißgehaltes beeinflussen die Bildung von Kollagenfasern und damit die Reißfestigkeit der heilenden Wunden.
3. Mangelzustände an Vitamin C, A und K. Vor allem Vitamin C ist für die Kollagensynthese erforderlich, sein Mangel beeinflußt die Festigkeit des Narbengewebes.
4. Herabsetzung der Zahl der roten Blutkörperchen (Erythrozyten) und vermindertes Blutvolumen verlangsamen die Heilungsvorgänge durch mangelndes Eiweißangebot.
5. Wirkungen von gefäßwirksamen Fermenten und Hormonen, die eine Gefäßverengung und daraus folgend die Durchblutung des Wundgebietes vermindern und so zu einer Hemmung der Wundheilung führen.

Lokale Faktoren: Die bei weitem häufigste Störung der Wundheilung ist die Wundinfektion. Von der Art und der Zahl der exogen oder seltener endogen in die Wunde gelangten Erreger, von der Zeit bis zum Wundverschluß, von der Art und dem Zustand der Wunde und nicht zuletzt von der Behandlung und dem schließlich angelegten Wundverband hängt es ab, ob eine Wundinfektion eintritt oder nicht. Gestörte Wundheilung liegt schließlich dann vor, wenn es zum ausbleibenden Verschluß durch in der Tiefe der Wunde liegende nicht zusammenfallende Höhlenbildungen, Fremdkörper oder abgestorbene Gewebsteile zur *chronischen Eiterung* kommt.

Nach Ausbildung eines Abszesses (deutsch: Eiteransammlung in nicht präformiertem Hohlraum) und der durch bakteriell induzierten Gewebszerfall entstandenen Abszeßhöhle bildet sich bei Fortbestand der Höhlenbildung oder Belassung eines Fremdkörpers oder abgestorbenen Körpergewebes (Sequester) eine *Fistel* mit chronischem Eiterabfluß heraus.

Wird eine vorgeformte Körperhöhle (z. B. Rippenfellraum, Gelenkinnenraum) infiziert, so entsteht ein *Empyem*.

8.6. Wundbehandlung

Von den Behandlungsschritten in den ersten Stunden nach einer Verletzung mit Wundbildung hängt es entscheidend ab, ob die Heilung komplikationslos verlaufen kann.

8.6.1. Offene Wundbehandlung

Das Offenlassen einer Wunde nach Abtragung oder Entfernung von avitalen Gewebsanteilen und groben, d. h. sichtbaren Verunreinigungen (sogenannte Wundtoilette) mit nachfolgender Ruhigstellung kommt in Betracht, wenn unter ungünstigen Bedingungen wie beim Massenanfall von Verletzten, im Katastrophenfall oder unter Kriegsbedingungen keine optimale chirurgische Behandlung und Nachsorge möglich oder die Zirkulationsbedingungen im Verletzungsgebiet ungünstig für die Heilung sind. Der sekundäre Wundverschluß durch Naht oder Hautverpflanzung (Hauttransplantation) ist nach Verbesserung der lokalen Zirkulationssituation die Maßnahme der Wahl. Bei hochgradiger Infektionsgefährdung von Wunden mit luftabgeschlossenen Taschenbildungen durch Erreger des Wundstarrkrampfes (Tetanus) oder Gasödems (Gasbrand) ist die primär offene Wundbehandlung bis zur beginnenden sekundären Heilung unumgänglich.

8.6.2. Chirurgische Wundbehandlung

Die chirurgische Wundbehandlung beinhaltet eine dem Verletzungstyp angepaßte Wundversorgung mit Schmerzausschaltung (Anästhesie), Hautdesinfektion, Spülung der Wunde mit einer biologisch neutralen Flüssigkeit (Ringer-Lösung, sogenannte physiologische 0,9%ige Kochsalzlösung), Wundausschneidung (Wundexzision), Wundnaht und gegebenenfalls Ruhigstellung mit einem geeigneten Wundverband. Eine chemotherapeutische oder antibiotische Wundbehandlung ist in der Regel nicht erforderlich und auch nicht zu empfehlen.

Typische Gefahren der Wundbehandlung sind:

1. Ausbildung eines Blutergusses (Hämatom) im Wundgebiet. Hämatome stellen wenige Tage nach ihrer Entstehung einen sehr guten Nährboden für in der Wunde befindliche Bakterien dar.
2. Wundödem. Durch die Entzündungsreaktion bei der Wundheilung, aber auch durch das Anlegen zu enger, abschnürender Verbände und durch Störung des Lymphabflusses kommt es zu einer Schwellung des Wundgebietes mit zum Teil erheblichen Auswirkungen auf die Beweglichkeit benachbarter Gleitstrukturen (Sehnen, Muskeln,

Bänder) und zu einer Verschlechterung der Stoffwechselsituation in der Wunde.

3. Ausbildung einer „feuchten Kammer" unter einem Verband, der einen Abfluß und eine Trocknung der Wundsekrete nicht zuläßt.
4. Funktionsschäden am Bewegungssystem nach Ruhigstellung zur Verbesserung der Wundheilungsbedingungen. Frühzeitige Freigabe der Immobilisation nach dem Abklingen akuter, posttraumatischer Erscheinungen vermindert die Gefahren.

8.7. Wundverbände

Allgemeines. Die frisch versorgte Wunde ist stets mit einem sterilen, flüssigkeitsabsorbierenden Wundverband zu bedecken. Bei komplikationslosem Wundheilungsverlauf ist bei gesicherter Kontrolle z. B. unter stationären Behandlungsbedingungen und kooperativem Kranken nach 24–48 Stunden in der Regel der Übergang zu verbandfreier Behandlung möglich, da die Wundränder bakteriendicht verklebt sind und die Wunde trocken ist. Belassene durchfeuchtete Verbände begünstigen durch die Entstehung einer feuchten Kammer das Angehen einer Wundinfektion!

Bei ambulanten Patienten können diese Grundsätze schwer verwirklicht werden, da der Wundverband auch einen mechanischen Schutz gegenüber Reibung, Schlag und Stoß bieten muß. Anstelle der verbandfreien Nachbehandlung stehen häufigere Wundkontrollen und Verbandwechsel. Selbstverständlich ist eine verbandlose Nachbehandlung nicht möglich bei Wunden mit Sekretion und Abfluß eitriger Flüssigkeiten, zum Beispiel aus Fisteln.

Zum Schutz einer versorgten frischen Wunde genügt die Anlage eines sterilen, trockenen Wundverbandes bei Trockenheit der Wunde, der aber dennoch in der Lage ist, in geringen Mengen austretendes Blut oder seröse Flüssigkeiten aufzunehmen, ohne daß es zur Verklebung des Verbandmaterials mit der Wunde kommt. Ist jedoch mit Verklebungen zwischen Wunde und Verband zu rechnen, kann der Schutzverband mit einer geringen Menge sich indifferent verhaltender *Salbe* kombiniert werden, um einen schmerzlosen Verbandwechsel zu gewährleisten.

Nur bei begründetem Verdacht einer oberflächlichen Infektion in Wundnähe ist die Verwendung einer mit einem Chemotherapeutikum oder einer bakterizid (bakterienabtötend) wirkenden antibiotischen Substanz versetzten Salbe angezeigt.

Für die Aufnahme größerer Sekretmengen, beispielsweise bei einer flächenhaften Wundsekretion nach Schürfverletzungen, sollen Saugkraft und Menge des Verbandmaterials den Wundbedingungen ange-

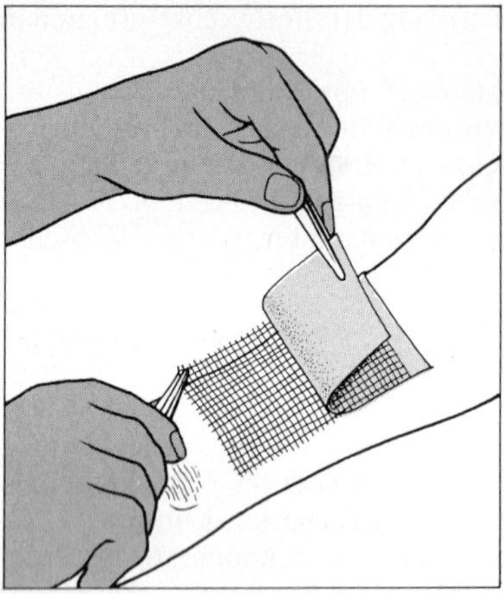

Abb. 8.2 Salbenkompresse, sterile Applikation

paßt werden und gegebenenfalls mit weitmaschigen, salbengetränkten Gittergaze-Wundverbandstoffen kombiniert werden (Abb. 8.2).

Das Einstreuen von *Puder* in frische Wunden ist grundsätzlich nicht angezeigt. Puder mit wasserlöslicher Grundlage (z.B. Milchzucker) und beigegebenem nicht resorbierbarem Antibiotikum (z.B. Neomycin, Polybactrim, Bacitracin, Polymyxin) wirken durch Osmose und Abtötung von Bakterien. Ihre Anwendung ist nicht unumstritten, weil sie in erhöhtem Maße Überempfindlichkeitsreaktionen durch Sensibilisierung des Patienten bewirken können, auch die für die Wirkung an den Bakterien erforderliche lokale Konzentration nicht zuverlässig erzielt werden kann und die Gefahr besteht, daß hierdurch Resistenzen (Unempfindlichkeit der Keime gegenüber dem Antibiotikum) hervorgerufen werden.

Temporäre Wundabdeckung mit Hautersatzmaterialien aus Kunststoffen (Polyurethanschaumstoff) (Abb. 8.3) findet Anwendung zur Konditionierung kontaminierter Wundflächen bei offenen Wundbehandlungen, zum primär abdeckenden Wundverschluß und als Vorbereitung zur Hauttransplantation, für die gut durchblutete, frisch granulierende Wundflächen gebraucht werden, die frei von Gewebstrümmern und Zelldetritus (Zerfallsmassen) sein müssen. Bei guter Sekret- und Gewebsrestaufnahme tritt schnellere Wundreinigung und rasche Granulationsgewebsbildung ein. Tägliche, relativ aufwendige Verbandwechsel sind erforderlich. Diese Verbandtechnik zum Zwecke der Wundbehandlung dürfte für ambulante Patienten in der Regel weniger gut geeignet sein.

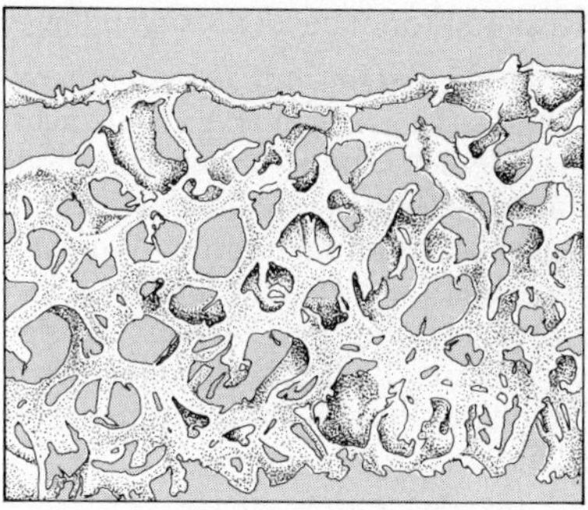

Abb. 8.3 Zweischichtig aufgebautes Hautersatzmaterial (Epigard), zur Wundseite offenporiger Polyurethan-Schaumstoff, Teflon-Deckschicht (Zeichnung nach Mikrophoto von *Weise* u. *Weller* 1981)

Anmerkung:
Unter dem Sammelbegriff „Wundverband“ werden Heilbehandlungsmaßnahmen verstanden, die das Abdecken der Wunde, den Schutz gegen mechanische Irritationen und die Ruhigstellung umfassen. Wundverbände müssen daneben der Trockenhaltung oder Anfeuchtung der Wunde, aber auch der Überwärmung oder Kühlung dienen können.

Für den Einzelfall werden verschiedene Materialien dem Behandlungsziel angepaßt. Ihre Anwendung hat in der Weise zu geschehen, daß durch die Verbandanordnung keine zusätzlichen Schäden erzeugt werden.

8.7.1. Fehlermöglichkeit bei der Verbandanlage

Den für alle Zwecke geeigneten (Universal-)Wundverband gibt es nicht: Die Anlage eines Wundverbandes und seine Kontrolle sind eine verantwortungsvolle Aufgabe des Arztes und seiner Helfer! Mißerfolge bei der Wundheilung oder Verzögerung des Heilungsverlaufes beruhen nicht so selten auf Unkenntnis des verwendeten Verbandmaterials und auf Unerfahrenheit der Auswirkungen von zu hohem Auflagendruck durch fehlerhafte Verbandtechnik, durch den die Zirkulation des Blutes in der Wunde selbst oder in der Umgebung beeinträchtigt wird.

Merke:
Materialkenntnis, Sicherheit in der Anwendung der Verbandtechnik, Kontakt zum Kranken und geschärftes Kontrollbewußtsein mindern Gefahren!

Risikofaktoren bei der Verwendung von Wundverbänden sind:

1. *Druckwirkung auf den Wundbereich.*
Oftmals ist ein Wundverband nicht nur zur Abdeckung der Wunde erforderlich, sondern zugleich durch dosierte Druckwirkung ein Mittel, eine Blutung, die durch Haargefäße hervorgerufen wird, zu stillen. Zu hohe Kompression des Wundgebietes, vor allem durch zirkuläre Verbände an den Gliedmaßen, bewirkt jedoch eine Minderung oder Unterbrechung der Blutversorgung. Die Folge kann entweder eine verzögerte, komplizierte oder gar durch Gewebstod (Nekrose) ausbleibende Wundheilung mit mehr oder weniger großer Defektbildung sein.

2. *Abschnürung durch Wundverbände.*
Zu fest gewickelte Druck-, Stütz- oder Schutzverbände über Wunden können eine Drosselung der Durchblutung unterhalb (distal) des Verbandes verursachen. Übersteigt der Druck des Verbandes den innerhalb des Venensystems herrschenden Blutdruck, entsteht eine Stauung mit begleitender Blauverfärbung der Haut und Schwellung (Akrozyanose und Ödem), Unterbrechung des arteriellen Blutzuflusses führt zur Blutlosigkeit (Ischämie) und längstens nach zweistündiger Unterbrechnung zum Absterben abhängiger Abschnitte.

> Merke:
> Abschnürende Verbände zum Zwecke der Unterbrechung einer starken Blutung als Maßnahme der Ersten Hilfe am Unfallort dürfen niemals länger als 2 Stunden belassen werden!

3. *Fixation von Wundverbänden.*
Die Fixation des Wundverbandes mit klebenden Verbandstoffen ist außerhalb des eigentlichen Wundgebietes anzulegen, damit die Wunde nicht durch das Abziehen des Befestigungsmaterials erneut traumatisiert wird.

8.7.2. Pflasterverbände

Die verschiedenen Formen der zur Zeit verfügbaren Heftpflaster sind an anderem Ort beschrieben worden (s. S. 56). Die Weiterentwicklung reizarm auf der Haut zu befestigender Heftpflaster in Kombination mit einer Mullauflage führte zur Einführung eines sterilen (keimfreien), gebrauchsfertigen Wundschnellverbandes.

8.7.2. 1. Wundschnellverbände (Abb. 8.4)

Bei diesen Pflastern werden in der Regel antiseptisch (entzündungsverhindernd) präparierte Mullauflagen mit Heftpflaster kombiniert, sie eignen sich vor allem für Bagatellverletzungen (kleinere Schnitt-,

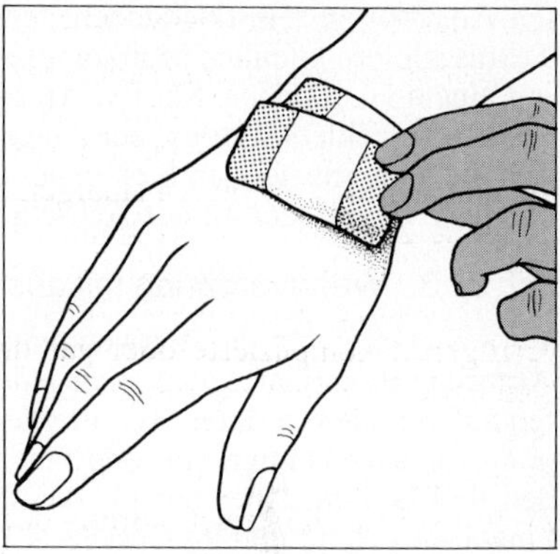

Abb. 8.4

Schürf- und Platzwunden). Das Saugvermögen der Mullauflage ist beschränkt, die Verwendbarkeit ist daher nur für Wunden mit kleinerer Blutung oder geringer Sekretion gegeben. Für Verbände an Fingern ist die Warnung angebracht, keine zirkuläre Führung des Heftpflasters vorzunehmen. Die antiseptisch imprägnierte Mullauflage wird durch abziehbare Folien geschützt. Bei der Anlage des Verbandes ist die Schutzfolie so zu entfernen, daß die Mullauflage nicht berührt wird.

8.7.2. 2. Wundverbände mit großflächigen, klebenden Textilien (Abb. 8.5)

Ausgedehnte Wunden erfordern zur Erreichung der Wundtrockenheit und des ausreichenden Schutzes der Wunde vor mechanischen Einwirkungen größere Mengen von Mullverbandstoff. Neben dem industriel-

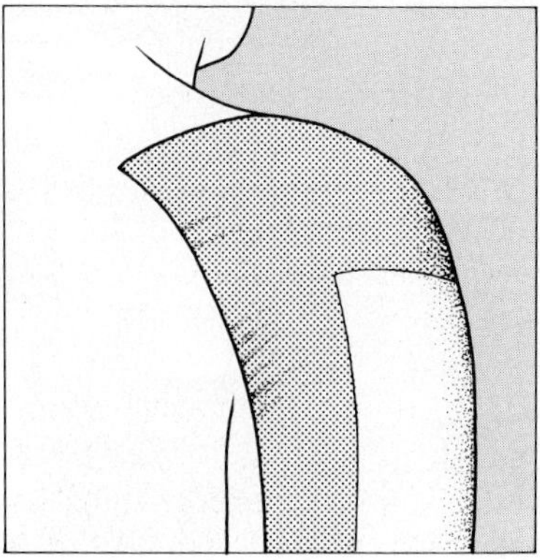

Abb. 8.5

len Angebot an selbstklebenden, meistens längs- und querelastischen Textilschleiern kommen Mullkompressen, die auseinandergefaltet und mit einem Hautkleber (Mastix, Arasol oder Leukospray) an die Hautoberfläche geklebt werden, zur Anwendung. Mit dieser Technik lassen sich auch an schwierigen Stellen gut und zuverlässig festsitzende Verbände, z. B. in oder an der Achselhöhle, anlegen.

8.7.2. 3. Wundverbände mit aushärtenden Stoffen

Voraussetzung für die Verwendung von sprühbaren und nach der Aufbringung aushärtenden, sich jedoch plastisch verformbaren Stoffen auf Wunden ist deren Keimfreiheit und Trockenheit. Die Verwendung von sogenannten Sprayverbänden ist an diese Bedingung gebunden und kommt daher nur für die Versorgung kleinerer Wunden an Finger und Hand und im Gesicht in Frage. Der Plastikfilm auf Zellulosebasis ist mit Azeton ablösbar. In geeigneten Fällen bieten Sprayverbände einen sicheren Wundverschluß.

8.7.2. 4. Pflasterstreifen zum Wundverschluß

Die Verwendung von zuverlässig auf der Haut klebenden Pflastern zum Zwecke des direkten Wundverschlusses – wie bei einer Wundnaht – ist nur in Ausnahmefällen gegeben. Die Anlage eines derartigen Hilfsmittels der Wundbehandlung ist ausschließlich dem Arzt vorbehalten.

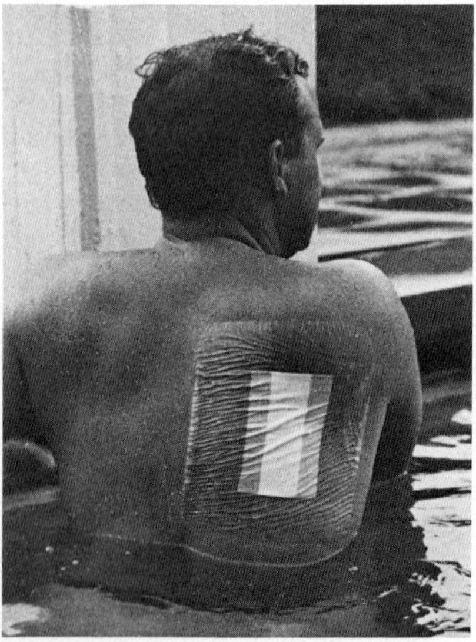

Abb. 8.6 Wasserdichter Folienverband (Foto: Fa. Beiersdorf, Hamburg)

8.7.2. 5. Wasserdichte Wundverbände (Abb. 8.6)

Der Anwendungsbereich wasserundurchlässiger Verbände ist begrenzt. Die aus mehr oder weniger sich der Hautoberfläche anpassenden Kunststoffolien hergestellten Verbände besitzen zum Teil semipermeable Eigenschaften für Luft. Bei allen Modifikationen – Plastikfolie mit Adhäsivbeschichtung mit oder ohne Textil- bzw. Vliesstoffauflage – besteht die Gefahr der Ausbildung einer feuchten Kammer durch Sekretrückstau, der das Angehen einer Infektion begünstigt. Zum temporären Abschluß – zum Beispiel als Badeverband – eignen sich Folienverbände jedoch gut und sind daneben ein Mittel, zeitweilig Fistelöffnungen zuverlässig abzudichten. Die Anwendung sollte nur nach ärztlicher Anordnung erfolgen.

Wasserdichte Folien werden in der Dermatologie zur intensiven lokalen Pharmakotherapie als *„Okklusivverbände“* verwendet.

9. Verbände mit dem Dreiecktuch

E. Most

9.1. Verwendung des Dreiecktuches

Das Dreiecktuch wird im allgemeinen nur in der Ersten Hilfe benutzt und findet eine vielseitige Verwendung. Es hält Wundauflagen und Polsterungen fest, Gliedmaßen können ruhiggestellt und Schienen befestigt werden. – Die lange Seite wird als Basis, die Basisenden werden als Zipfel bezeichnet. Der Basis gegenüber liegt die Spitze. Das genormte Tuch „Dreiecktuch D DIN 13 168“ weist die Maße von 136 : 96 : 96 cm auf und ist rohweiß. Gefärbte Tücher dürfen bis maximal 10% kleiner sein, so daß das allgemein gebräuchliche schwarze Dreiecktuch in der Größe von ca. 127 : 90 : 90 cm (Abb. 9.1) erhältlich ist. In der Ersten Hilfe verwendet man das Tuch entweder in ganzer Breite oder zusammengefaltet als Krawatte, dabei soll das Tuch

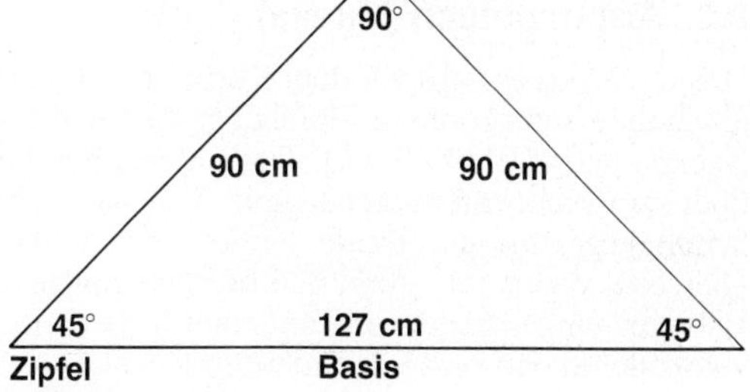

Abb. 9.1
Dreiecktuch
D DIN 13168

so zusammengelegt werden, daß nur eine Randnaht je Krawattenhälfte sichtbar wird. Man schlägt deshalb, jeweils ausgehend von der Basis und der Spitze, das Tuch gegeneinander zusammen, man erhält so die längsten glatten Flächen (Abb. 9.2). Tuchverbände in der Ersten Hilfe sind Behelfsverbände.

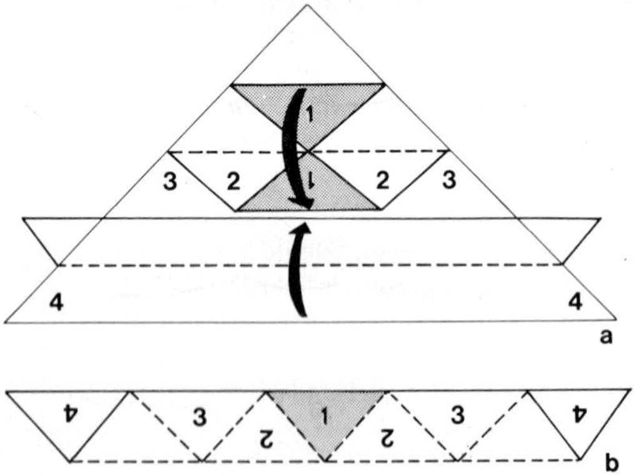

Abb. 9.2 Falten der Krawatte

9.1.1. Verbandknoten

Die Zipfel der Dreiecktücher werden in der Regel miteinander verknotet. Der Knoten muß so geschlagen werden, daß er sich bei der Abnahme des Verbandes leicht öffnen läßt. Er soll während des Tragens des Verbandes nicht nachgeben, da sich sonst der Verband lockern kann. Man wendet deshalb den in Abb. 9.3a–d dargestellten Knoten an. Der Knoten wird zwangsläufig richtig, wenn man darauf achtet, daß der Zipfel, der zur knotenden Person zeigt, immer vorn bleibt (Abb. 9.3.b). Soll der Knoten geöffnet werden, dann zieht man einen Zipfel zur gegenüberliegenden Seite, so daß eine Gerade entsteht (Abb. 9.3.d), die man dann nur noch aus den beiden Schlingen ziehen muß.

9.2. Armtragetuch (Mitella)

Das Dreiecktuch wird vor dem Körper unter den gebeugten Unterarm geschoben und der obere Zipfel über die kranke Schulter und über den Nacken gelegt (Abb. 9.4.a). Der untere, herabhängende Zipfel wird über den rechtwinklig gebeugten Arm nach oben über die gesunde Schulter geschlagen. Beide Zipfel werden dann an der gesunden Halsseite verknotet (Abb. 9.4.b). Die Spitze des Tuches wird am Ellbogen umgeschlagen und mit einer Sicherheitsnadel befestigt (Abb. 9.4c) oder in sich verdreht und weggesteckt.

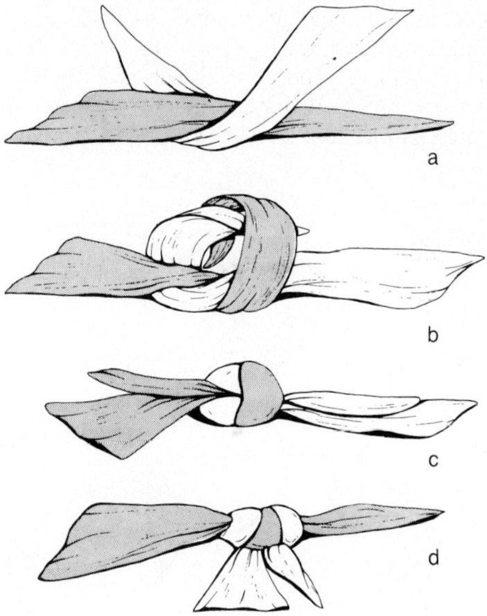

Abb. 9.3 Verbandknoten

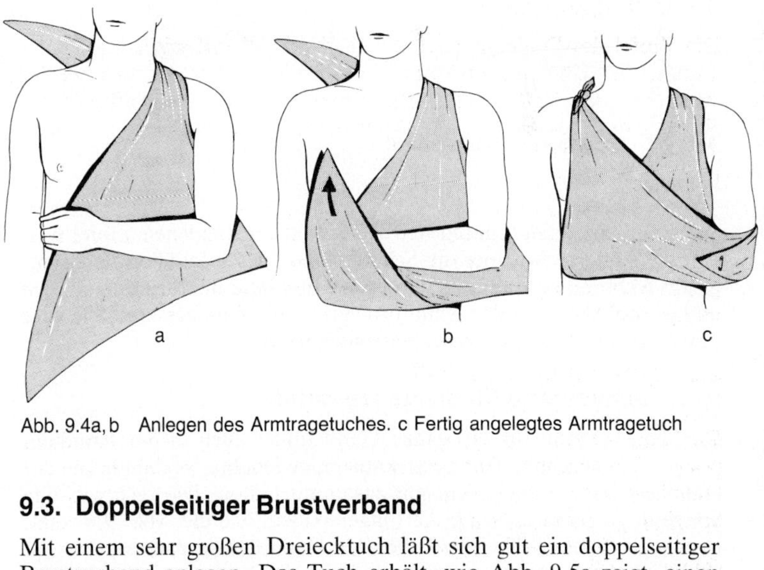

Abb. 9.4a, b Anlegen des Armtragetuches. c Fertig angelegtes Armtragetuch

9.3. Doppelseitiger Brustverband

Mit einem sehr großen Dreiecktuch läßt sich gut ein doppelseitiger Brustverband anlegen. Das Tuch erhält, wie Abb. 9.5a zeigt, einen Einschnitt. Die Basis des Tuches wird, wie Abb. 9.5b veranschaulicht,

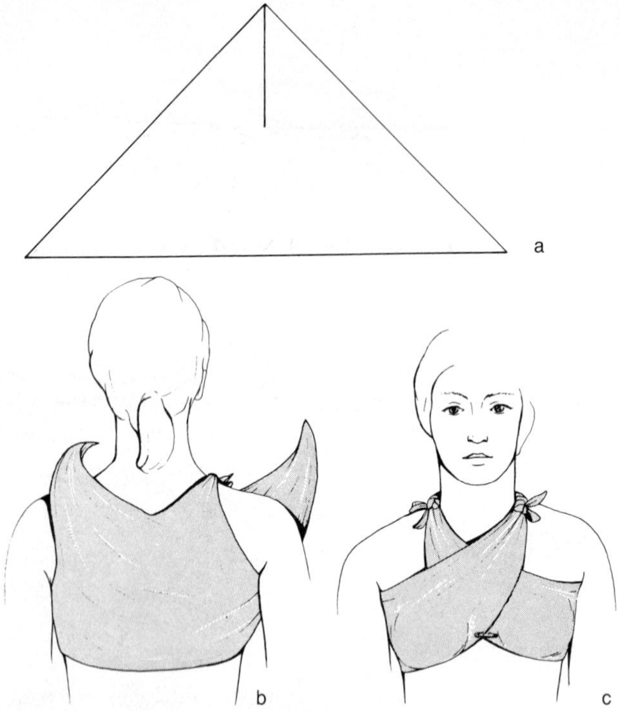

Abb. 9.5 Doppelseitiger Brustverband

aufgelegt, die beiden durch den Einschnitt entstandenen Zipfel werden links und rechts über die Schulter und die Zipfel über die Brüste gelegt (Abb. 9.5.c), auf der vorderen Mittellinie überkreuzen sie sich und werden dann auf den Schultern verknotet. Zum besseren Sitz wird das Tuch vorn mit einer Sicherheitsnadel fixiert.

9.4. Tuchverband für die ganze Hand

Der Tuchverband für die ganze Hand findet auch in der Krankenpflege Verwendung, und zwar kann man feuchte Verbände an der Hand auf diese Weise recht gut zusammenhalten. Die rechtwinklige Spitze des Tuches überragt die Fingerspitzen, wie die Abb. 9.6 zeigt. Man schlägt zuerst die Spitze über den Handrücken, dann werden die Zipfel a und b übereinandergeschlagen, die Enden werden um das Handgelenk geschlungen und verknotet. Bei sehr großen Tüchern

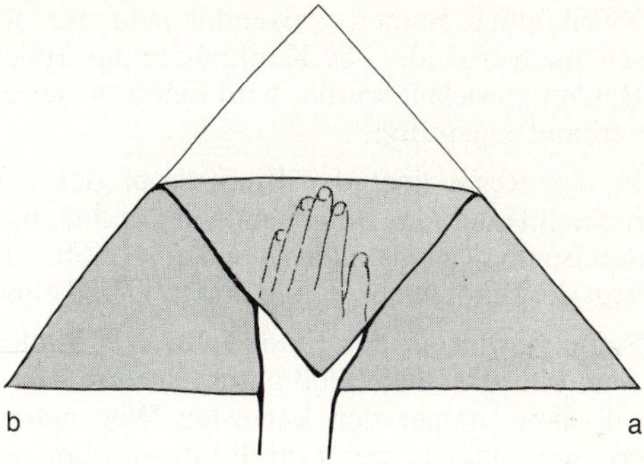

Abb. 9.6 Tuchverband für die ganze Hand

muß man gegebenenfalls die Seiten a und b ein- bis zweimal krawattenähnlich zusammenlegen, denn das Tuch darf nicht zu locker sitzen, der Verband würde sonst abrutschen.

10. Bindenverbände

E. Most

10.1. Allgemeine Regeln

Bei der Wahl der Bindenbreite gilt die Faustregel: Durchmesser des zu verbindenden Körperteils = Bindenbreite. Für Fingerverbände verwendet man die schmalste zur Verfügung stehende Binde von 4 cm Breite. Schienenverbände gestatten in jedem Fall die Verwendung von breiteren Binden.

In der Regel verwendet man für Bindenverbände die einköpfige Binde, sie besteht aus „Bindenkopf" und „Bindenende" (Abb. 10.1). Eine zweiköpfige Binde (Abb. 10.2) erhält man, wenn man sie gleichmäßig von beiden Seiten aufrollt, oder zwei einköpfige Binden miteinander vereinigt. Der Bindenanfang liegt dann in der Mitte der Binde.

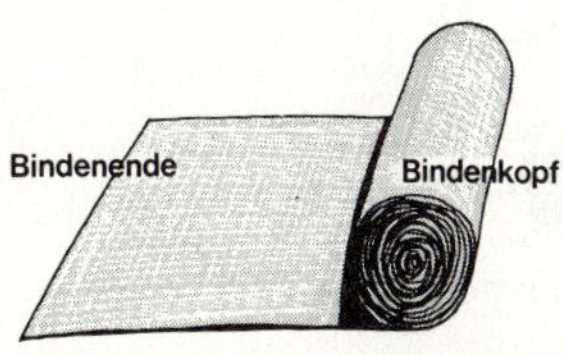

Abb. 10.1

Abb. 10.2

Zweiköpfige Binden verwendet man nur noch für spezielle Unterschenkelverbände. Die Kopfmütze, die früher auch mit zweiköpfigen Binden gewickelt wurde, wird heute besser aus Schlauch- oder Netzverband angefertigt.

In der Regel liegt der Bindenkopf der einköpfigen Binde in der rechten Hand, das Bindenende in der linken, und zwar so, daß man in den Bindenwinkel hineinsehen kann (Abb. 10.3). Beim Umschlaggang liegt der Bindenkopf je einmal richtig und einmal verkehrt.

Beim Anwickeln der Binde wird der Bindenkopf dicht am Körper abgerollt, die Binde muß unter leichtem Zug angewickelt werden und soll dabei immer den kürzesten Weg nehmen. Der Zug soll auch erhalten bleiben, wenn die Binde von der rechten in die linke Hand überwechselt, Ausnahmen bilden nur die Umschlaggänge.

Ein Bindenverband wird meistens herzwärts gewickelt. Ausnahmen bilden die absteigenden Kornährenverbände an Händen und Füßen. Ein Verband soll so fest gewickelt werden, daß er nicht verrutschen kann, er darf aber weder einschnüren, noch so fest gewickelt sein, daß es zu Stauungen (Blauwerden distaler Körperteile) oder Abschnürungen (Weißwerden distaler Körperteile) kommt.

Im allgemeinen liegt oder sitzt der Patient beim Anlegen eines Verbandes, der Verbindende steht, und zwar so, daß er den zu verbindenden Körperteil vor sich hat. Der Verband muß in der Stellung angelegt werden, die der verletzte Körperteil später einnehmen soll.

Üblicherweise wird der Bindenverband von links nach rechts gewickelt, diese Richtung wird zwangsläufig genommen, wenn der Bindenkopf in der rechten und das Bindenende in der linken Hand liegt. Werden Extremitäten verbunden, so sitzen die Verbände noch besser, wenn man „von innen nach außen“ wickelt, d. h. auf der linken Seite wird regulär von links nach rechts gewickelt, auf der rechten Seite jedoch von rechts nach links. Um hier den richtigen „Dreh“ zu bekommen, muß man nur am Anfang den Bindenkopf in die linke und das Bindenende in die rechte Hand nehmen, die Binde läßt sich auch

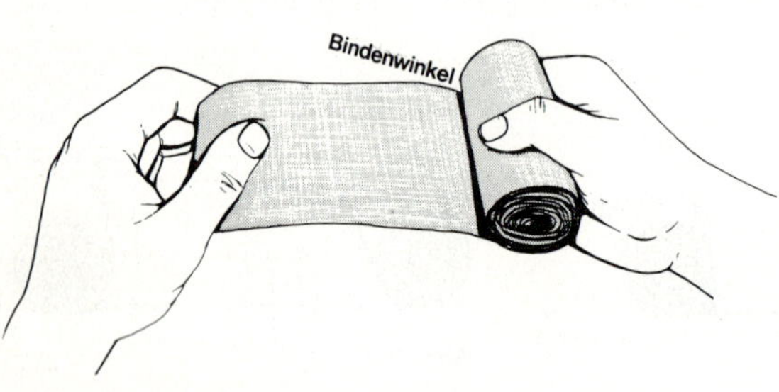

Abb. 10.3

dann mit den üblichen Kreisgängen festlegen. – Da jedoch die Grundregel für Bindenverbände „von links nach rechts“ lautet, ist es kein Fehler, wenn nicht spiegelbildlich verbunden wird.

Der Bindenabschluß soll nie an sich verjüngenden Körperteilen liegen, da der Verband sich dann lockern kann. Die Bindenbefestigung darf nicht direkt über der Wunde liegen. Wird das Bindenende geknotet, so muß der Knoten so liegen, daß er beim liegenden Patienten nicht drücken kann. Er darf auch nicht auf vorspringenden Knochenteilen liegen.

Ein Bindenverband kann außer durch Knüpfen der Bindenenden noch mit anderen Mitteln befestigt werden. Einmal kann man die elastischen Verbandklammern (Abb. 10.4) in den Verbandstoff einhaken, allerdings ist bei dünnen Mullbindenverbänden Vorsicht geboten. Ferner läßt sich das Bindenende mit einem Verbandpflasterstreifen fixieren, bei brciten Binden nimmt man entweder zwei schmale Streifen oder klebt quer zum Bindenende einen breiten Pflasterstreifen. Schließlich kann man auch Sicherheitsnadeln verwenden, nur müssen sie dann so sitzen, daß sie sich auf keinen Fall von allein (z. B. durch Druck oder im Liegen) öffnen können.

Wird ein Bindenverband abgewickelt, so wird der bereits abgewickelte Teil dicht am Körper von rechts nach links in die Hände gegeben, so daß ein lockeres Knäuel entsteht. Es ist verboten, mit viel Schwung und großen Schlingen die Binde herumzuwirbeln, da die gebrauchten Binden stets als infiziert zu betrachten sind. Binden von geringem Anschaffungspreis werden sofort in den Abfalleimer gelegt, eine Aufbereitung übersteigt im allgemeinen den Neupreis. Teurere Binden (z. B. Idealbinden, dauerelastische Binden) können desinfiziert und gewaschen werden. Sie werden deshalb im Spül- oder Schmutzraum zunächst ähnlich wie Wäscheleinen zu „Docken“ gebunden, das Ende der Binde wird zum Festlegen benutzt (Abb. 10.5a und b). Nach der Wäsche ist dann ein müheloses Aufwickeln der Binden möglich.

Die gewaschenen Binden können auf der Bindenwickelmaschine (Abb. 10.5c) wieder aufgerollt werden. Bei elastischen Binden ist

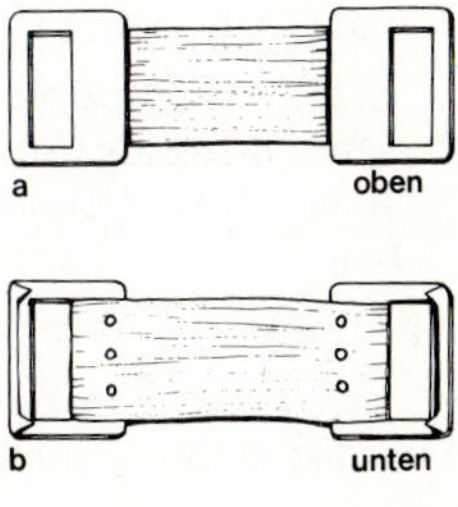

Abb. 10.4 Verbandklammer (Aufsicht und Ansicht von unten)

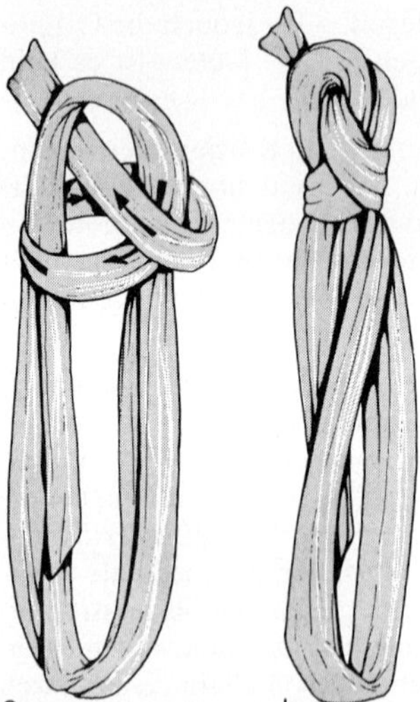

a b

a u. b Bindendocke

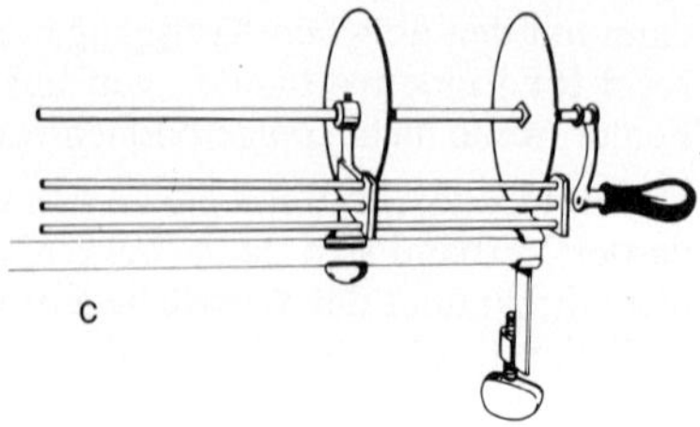

c

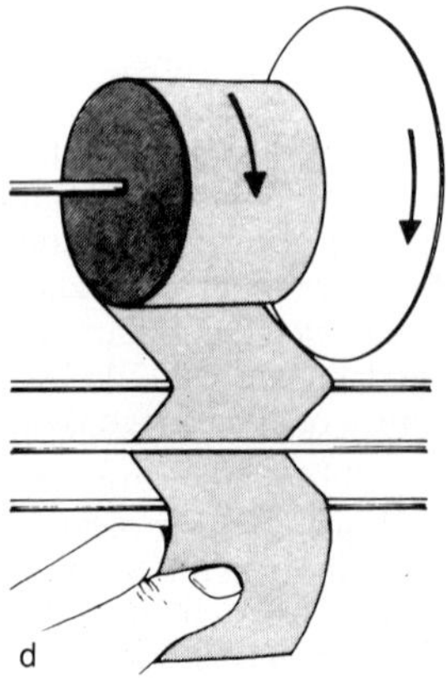

d

Abb. 10.5a–d

c u. d Bindenwickelmaschine

darauf zu achten, daß sie zwar glatt und fest, aber nicht in gedehntem Zustand aufgewickelt werden. „Vorgedehnte" elastische Binden beeinträchtigen den Behandlungserfolg. – Abb. 10.5d zeigt, wie die Binde über die Querstäbe geführt werden soll.

10.2. Grundformen

Für einen richtig angelegten Verband bedient man sich verschiedener „Gänge", die je nach Lage des zu verbindenden Körperteils variieren können. Alle Gänge entstehen aber aus drei Grundformen:

1. Kreisgang (zur Befestigung des Bindenanfangs),
2. Schraubengang (Spiralgang, Schlangengang),
3. Achtergang (Kreuzgang = Fächerverband = Schildkrötenverband).

Alle Bindentouren müssen immer den kürzesten Weg nehmen.

1. *Kreisgang.* Um den Anfang der Binde zu befestigen, wird sie zunächst etwas schräg an den zu verbindenden Körperteil angelegt,

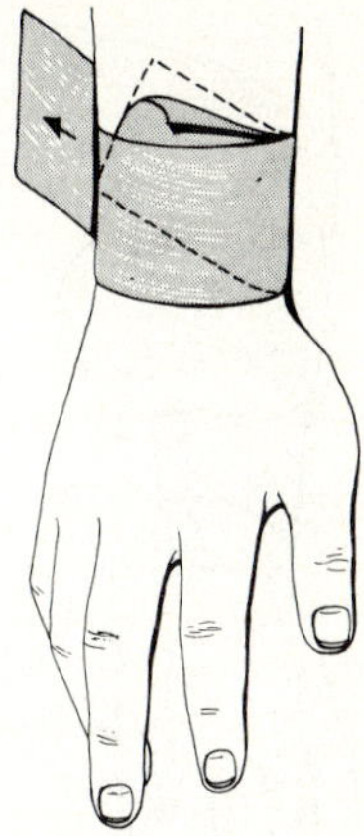

Abb. 10.6

darauf das schräge Bindenende mit einer Kreistour festgehalten und auf diese umgeschlagen. Mit einer nachfolgenden Kreistour wird dieser Zipfel festgelegt (Abb. 10.6). Es hat sich gezeigt, daß der Verband besser hält, wenn der schräge Anfang so gelegt wird, daß er später verbandwärts liegt, also von den folgenden Touren überdeckt wird. Liegt der schräge Anfang am äußeren Ende des Verbandes, kann er leicht herausgezogen werden, so daß sich der Verband lockern kann.

2. *Schraubengang* (Spiralgang, Hobelspanverband, Schlangengang, Serpentinengang). Die zweite Grundform bei den Bindenverbänden wird so gewickelt, daß man die vorhergehende Tour nur noch zum Teil überdeckt, so daß sie mit parallelen Rändern dachziegelförmig aufeinanderliegen. Die Binde muß deshalb mehr oder weniger schräg zur Achse geführt werden.

Beim Schlangen- oder Serpentinengang (Abb. 10.7) decken sich die einzelnen Bindentouren nicht, sondern sie laufen in weiten Windungen aufwärts, und zwar so, daß sie sich glatt (ohne „Nasen") anlegen. Mit diesen breiten Windungen befestigt man lediglich provisorisch große Wundauflagen, um zu verhindern, daß sie verrutschen. Sie müssen anschließend mit dichten Schraubengängen (Abb. 10.8), die auch unter den Namen „Spiralgang" und „Hobelspanverband" bekannt sind, überdeckt werden. In den wenigsten Fällen kann man Schraubengänge vom Anfang bis zum Ende des Verbandes glatt anlegen; nimmt der zu verbindende Körperteil rasch an Umfang zu, so bilden sich die sogenannten „Nasen", d. h. die Binde läßt sich nur noch an einem Rand glatt anlegen, am anderen Rand dagegen entstehen Hohlräume, eben die „Nasen". Deshalb arbeitet man immer dann, wenn sich die Binde nicht mehr glatt anlegen läßt, die Umschlagtouren

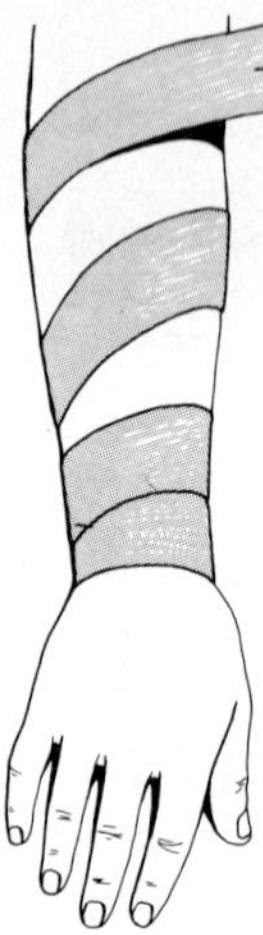

Abb. 10.7

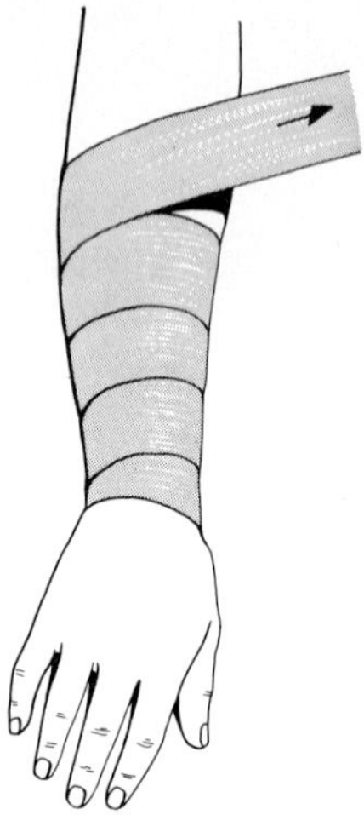

Abb. 10.8

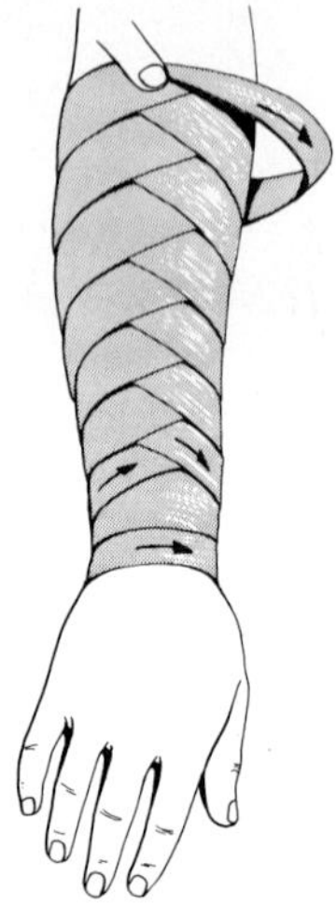

Abb. 10.9

ein, und zwar so lange, bis die Binde wieder glatt abgerollt werden kann. Bei der Umschlagtour (Abb. 10.9) hält man entweder mit dem Daumen oder dem Zeigefinger der linken Hand den oberen Rand fest und schlägt nun die Binde um, dann liegt der Bindenkopf in der rechten Hand „verkehrt“ herum. Die Umschläge der Binde sollen möglichst in einer Linie liegen, dabei achtet man darauf, daß unnötige Körperverrenkungen (beim Patienten) vermieden werden, d. h. am Unterarm liegen die Umschläge dorsal, wenn in Pronationsstellung verbunden wird, und sie liegen volar, wenn in Supinationsstellung verbunden wird. Am Unterschenkel liegen sie immer auf dem Schienbein (Tibia).

3. *Achtergang*. Diese dritte Grundform muß bei Gelenkverbänden gewickelt werden, dabei wird mit der Führung der Binde die Figur einer Acht nachgeahmt. Es werden meistens mehrere Touren gewikkelt, bei denen das Kreuz der Acht entweder immer auf demselben Punkt, wie z. B. am Ellenbogen, oder auf- oder absteigend (z. B. bei Mittelhandverbänden) liegen kann. Bei dem auf- oder absteigenden Achterverband erhält man eine Reihe hintereinanderliegender Kreuzungen, die man wegen der Ähnlichkeit mit Getreideähren als „Kornährenverband“ bezeichnet. Bei dem aufsteigenden Achterverband (Abb. 10.10) liegt die erste Acht am weitesten distal, die nachfolgenden immer weiter herzwärts. Beim absteigenden Achterverband (Abb. 10.11) liegt die erste Acht am weitesten herzwärts und die folgenden Touren immer weiter distal. Absteigende Kornährenverbände sitzen

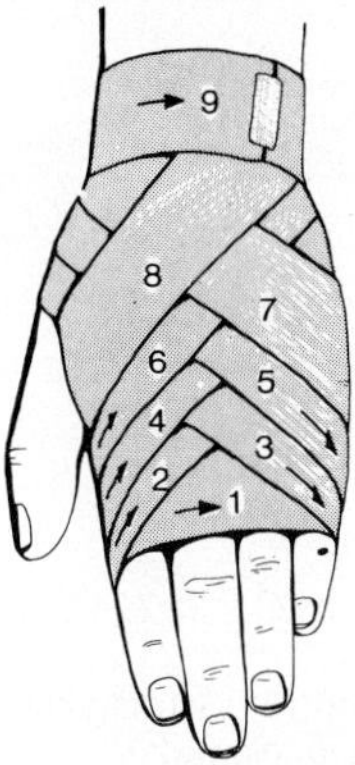

Abb. 10.10 Aufsteigender Achterverband

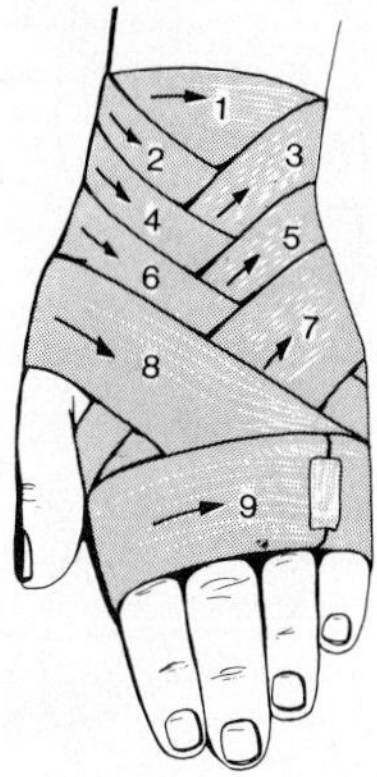

Abb. 10.11 Absteigender Achterverband

schlecht, weil die letzte Achtertour die längste Distanz zurücklegen muß und nicht mehr durch nachfolgende deckende Touren gehalten werden kann.

Beim Achtergang am Ellenbogen (bzw. Kniegelenk) liegt das Kreuz immer auf demselben Punkt, und zwar in der Ellenbeuge (bzw. Kniekehle). Der Verband wird hier in leichter Beugestellung angewikkelt, drei evtl. vier Achten genügen. Der am besten sitzende Achterverband am Ellenbogen (oder Kniegelenk) ist der „auswärts" gewikkelte Verband, hier wird die erste Tour um das Olekranon (Ellenbogenhöcker) gelegt, die folgenden decken jeweils zur Hälfte die vorhergehende Tour und liegen dadurch stets weiter auswärts (Abb. 10.12). –

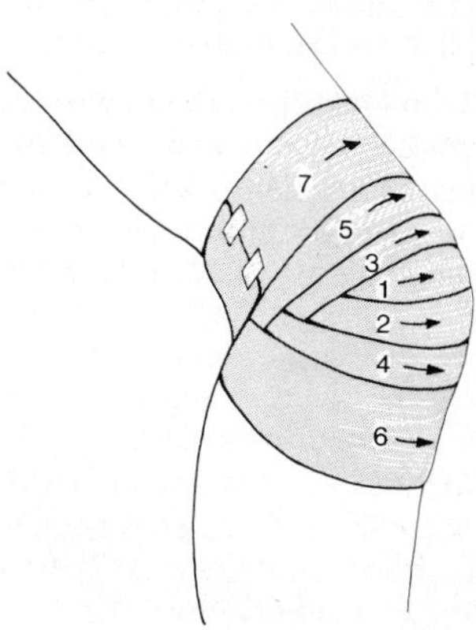

Abb. 10.12 Schildkrötenverband (auswärts)

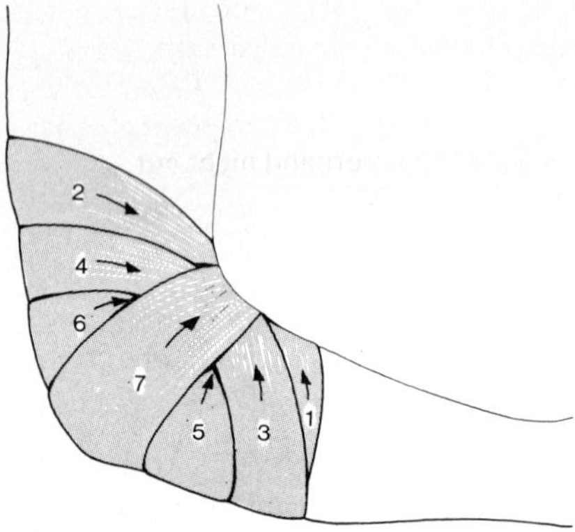

Abb. 10.13 Schildkrötenverband (einwärts)

Muß die Ferse mit einem Bindenverband versorgt werden, so kann hier nur ein auswärtsgewickelter Achterverband angelegt werden, vorzugsweise mit elastischen Fixierbinden.

Im Gegensatz zum auswärtsgerichteten Achterverband wird der einwärtsgerichtete zur Gelenkmitte hin gewickelt, so daß die erste Tour am weitesten außen liegt und die letzte das Olekranon bedeckt. Dieser Verband rutscht sehr viel leichter auseinander (Abb. 10.13).

Betrachtet man den Achterverband von der Seite, dann zeigen die Bindengänge das Bild eines Fächers, besieht man ihn von vorn (am Knie), dann ähnelt er dem Panzer einer Schildkröpte, er wird deshalb sowohl mit „Fächerverband" als auch mit „Schildkrötenverband" bezeichnet.

10.2.1. Daumenverband (Abb. 10.14)

Beim Daumenverband wird ein auf- oder absteigender Achterverband gewickelt, und zwar erfolgt die Festlegung der Binde als Kreisgang um das Handgelenk. Soll die Spitze überdeckt werden, steigt die Binde vom Handgelenk über Handrücken direkt zur Fingerkuppe auf und deckt diese mit 2–3 Überschlägen (s. Abb. 10.15a) ab. Mit zwei

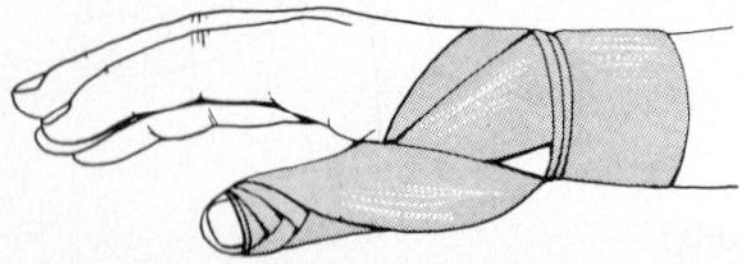

Abb. 10.14 Daumenverband

Spiralgängen wird die Kuppendeckung festgelegt, sodann folgen mehrere aufsteigende Achtergänge (Daumen × Handgelenk), die Kreuzung soll dorsoradial liegen. Der Abschluß der Binde liegt am Handgelenk. – Der Daumenverband kann auch mit absteigenden Achten gewickelt werden, doch hält ein derartiger Verband nicht gut.

10.2.2. Fingerverband (Abb. 10.15a u. b)

Ein Fingerverband sitzt am besten, wenn man von „innen nach außen" wickelt und die Binde mit den üblichen Kreistouren am Handgelenk befestigt. Man steigt dann von der Radialseite kommend über den Handrücken auf zur Fingerspitze, die Kuppe wird mit zwei bis drei Überschlägen gedeckt (Abb. 10.15a), die großzügig bemessen sein müssen, damit sie sich von den anschließenden Spiralgängen gut festlegen lassen. Beim Wechsel von den Überschlägen zum Spiralgang muß darauf geachtet werden, daß die Führung der Binde in Richtung Kleinfingerseite erfolgt. Dadurch wird nach Beendigung der Spiralgänge, die bis zum Fingergrundglied fortgeführt werden, die Binde zwangsläufig über den Handrücken zur Kleinfingerseite des Handgelenkes gelenkt (Abb. 10.15b). Die Binde darf *nicht* auf der Hohlhandseite zum Handgelenk geführt werden. Der Abschluß des Verbandes liegt am Handgelenk. Müssen mehrere Finger einzeln verbunden werden, steigt man vom Handgelenk wieder zum nächsten Finger auf.

Werden mehrere Finger gleichzeitig eingebunden, so legt man in die Zwischenräume (Interdigitalräume) Mulltupfer oder Wundkompressen (Solvaline*schleier* sind jedoch ungeeignet). Mit diesen Zwischenlagen kann man die Bildung von feuchten Kammern verhindern.

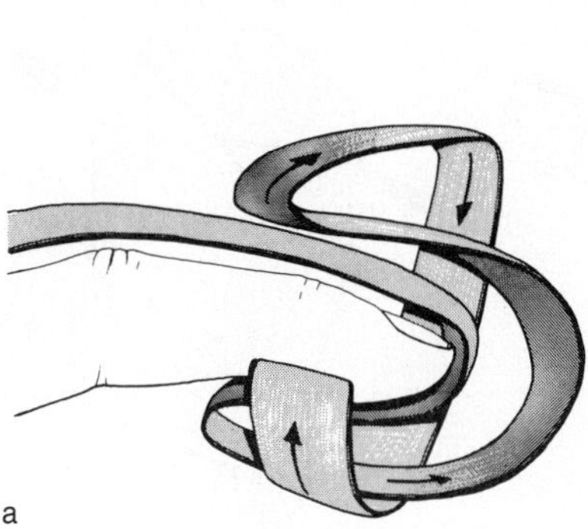

a

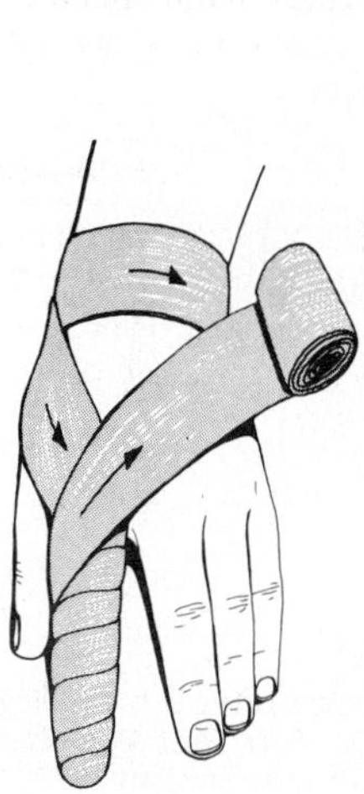

b

Abb. 10.15a u. b Fingerverband

10.2.3. Zehenverbände

Diese lassen sich theoretisch mit der Technik der Fingerverbände anlegen, im allgemeinen muß aber bei kleineren Verletzungen noch der Schuh wieder angezogen werden, so daß ein möglichst wenig auftragender Verband angezeigt ist. Man wird zunächst immer versuchen, einen Klebeverband anzulegen, aber auch mit Schlauchverband kann man hier Wundauflagen befestigen.

10.2.4. Verbände am Kopf

Theoretisch lassen sich Verbände am Kopf mit Binden anlegen, jedoch besteht bei unruhigen Patienten immer die Gefahr, daß sie verrutschen. Im Bereich des Gehirnschädels wird man deshalb die Fixierung der Wundabdeckung vorzugsweise mit Schlauch- oder Netzverband vornehmen. Diese Verbände sitzen besser und erfordern wesentlich weniger Zeitaufwand beim Verbandwechsel. Stehen keine Schlauchverbandstoffe zur Verfügung, muß mit Binden ein Schädeldachverband gewickelt werden.

10.2.4. 1. Kopfmütze (Mitra Hippokratis) (Abb. 10.16a u. b)

Die Kopfmütze, die auch unter dem volkstümlichen Namen „Lausekappe“ bekannt ist, muß mit einer zweiköpfigen Binde oder mit zwei Binden gleichzeitig gewickelt werden. Bindenkopf I läuft ständig als Horizontaltour um den Kopf, wobei die Führung der Binde so erfolgen muß, daß in der Stirnpartie die Augen freibleiben und an den Kopfseiten der Verband oberhalb der Ohren verläuft. Am Hinterkopf muß die Binde möglichst tief geführt werden. Bindenkopf II wird nur zum

Abb. 10.16a u. b Kopfmütze (Mitra Hippokratis) (Abb. 10.16 u. 10.18 aus: *Catel, W., F. H. Dost, W. Kübler, J. Oehme:* Das gesunde und das kranke Kind, 11. Aufl. Thieme, Stuttgart 1977)

Eindecken des Schädeldaches benötigt, er wird deshalb, nachdem beide Bindenköpfe sich zum ersten Mal am Hinterhaupt getroffen haben, von Bindenkopf I festgelegt und dann rückläufig der Pfeilnaht zur Stirn geführt, von Bindenkopf I fixiert, umgeschlagen und die linke Hälfte der vorherigen Tour deckend, zum Hinterhaupt geführt, wieder fixiert von Bindenkopf I und auf der rechten Seite, zur Hälfte die vorherige Tour deckend, zur Stirn geführt. Bei dieser Technik wird das Schädeldach abwechselnd rechts und links von den Binden bedeckt. Die Bindenenden müssen sicher befestigt werden. Eine gut angelegte Kopfmütze darf, wenn man sie vom Kopf abhebt, nicht zusammenfallen.

10.2.4. 2. Augenverband (Abb. 10.17)

Ein schulmäßiger Augenverband besteht aus abwechselnd ausgeführten horizontalen Kreistouren, die im Nacken tief und oberhalb der Augenbrauen verlaufen, und Schrägtouren, die über das erkrankte Auge gehen, dabei aber das Ohr frei lassen und schräg über das Schädeldach zum Hinterhaupt weitergeführt werden. Beide Touren kreuzen sich über der Nasenwurzel. Der Verband muß mit einer Kreistour beginnen und enden.

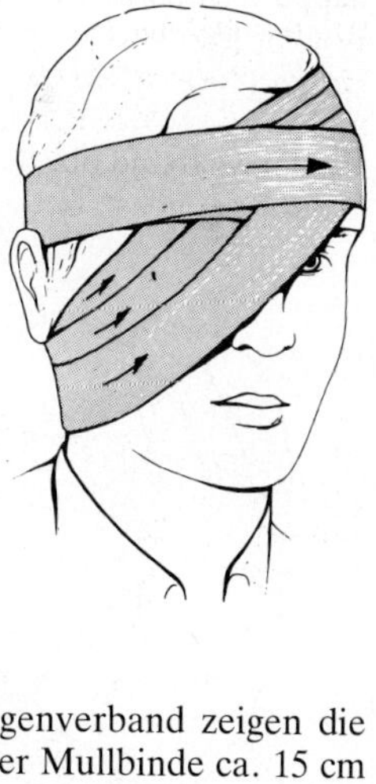

Abb. 10.17 Einseitiger Augenverband

Einen modifizierten und besser sitzenden Augenverband zeigen die Abb. 10.18a–c. Hier wird zunächst das Ende der Mullbinde ca. 15 cm hängengelassen (Abb. 10.18a), dann folgen zwei Kreistouren zum Festlegen des Anfangs, dabei muß das freie Ende festgehalten werden; mit der dritten und fünften Tour (evtl. noch ein bis zwei mehr) kann bereits die Augenkompresse angewickelt werden. Ist die Augenkompresse sicher fixiert, wird das freie Ende nach oben geschlagen (Abb.

10.18b) und mit 1–2 Kreistouren festgewickelt (Abb. 10.18c), evtl. kann noch zusätzlich ein Verbandpflasterstreifen als Riegel aufgeklebt werden.

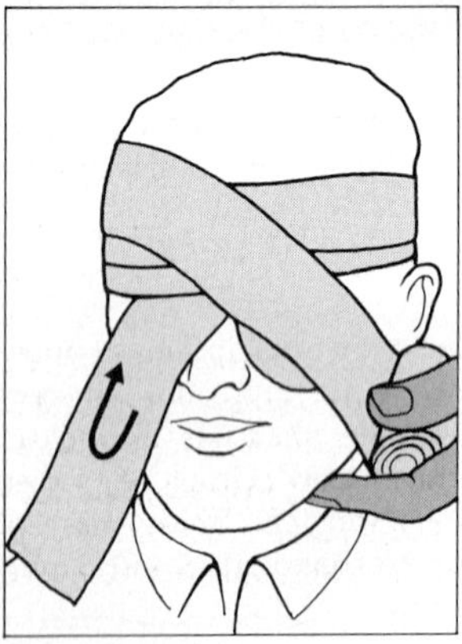

Abb. 10.18a Modifizierter einseitiger Augenverband

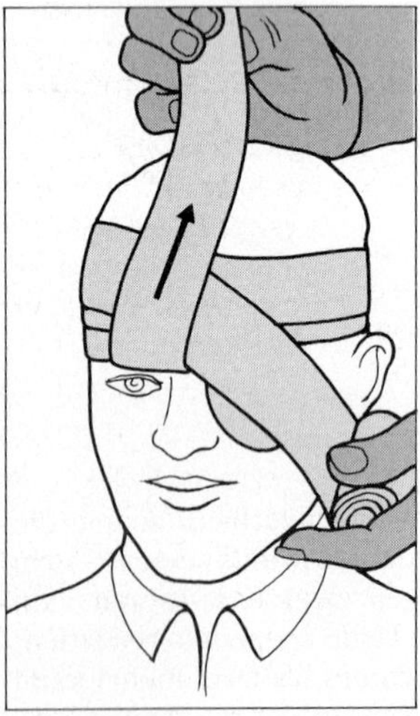

Abb. 10.18b

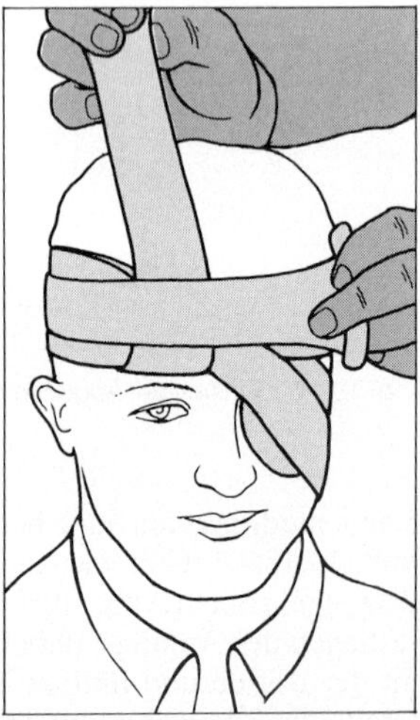

Abb. 10.18c

10.2.4. 3. Doppelseitiger Augenverband (Abb. 10.19)

Er beginnt mit Kreistouren zum Festlegen der Binde. Sie sollen in der Stirn über den Augenbrauen und im Nacken tief liegen. Dann steigt die Binde vom Nacken über den rechten Kieferwinkel und das rechte Auge auf zur Nasenwurzel, zieht eine Kreistour um Stirn-Nacken und wird dann, von der rechten Schläfe kommend, über Nasenwurzel und linkes Auge zum linken Kieferwinkel geführt. Es folgen dann abwechselnd Kreisgang, Schrägtour vom rechten Kieferwinkel kommend, Kreisgang, Schrägtour von der rechten Schläfe kommend usw., bis beide Augen sicher verbunden sind.

Bei Augenverbänden, die mit Binden gewickelt werden, wird zwangsläufig ein Teil des behaarten Schädels mit bedeckt, so daß die Pflege des Haares nur unvollständig möglich ist. Man sollte daher stets überlegen, ob ein einfacherer Augenverband mit Augenklappe, Augenbinde oder Augenpflaster auch ausreichen würde und den Bindenverband nur dann anlegen, wenn es keine Alternative gibt.

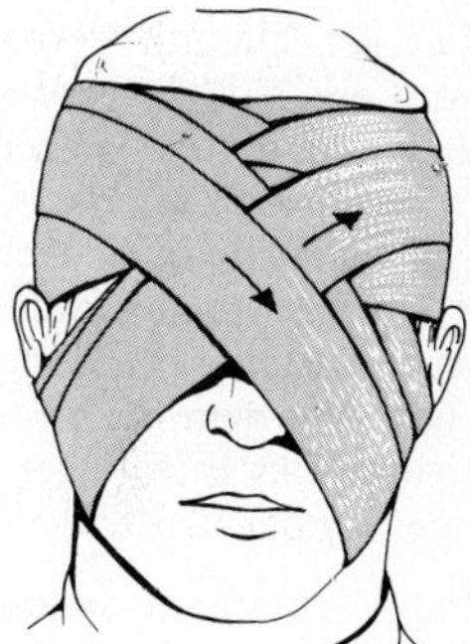

Abb. 10.19 Doppelseitiger Augenverband

10.2.4. 4. Ohr- und Nackenverbände

Verbände am Ohr und im Nacken sollte man aus Schlauchverband anfertigen, sie sitzen auf jeden Fall besser und erfordern weniger Zeit und weniger Material, es wird deshalb an dieser Stelle auf eine Beschreibung verzichtet.

10.2.5. Desault-Verband

Zum Ausbildungsprogramm der klassischen Verbandlehre gehört der Desaultsche Verband. Der Aufbau des Verbandes besteht aus drei Teilabschnitten und ist nicht ganz einfach zu wickeln. Das richtige Anlegen dieses Verbandes erfordert deshalb einige Übung. Bevor die drei Teilabschnitte dargestellt werden, soll kurz LORENZ BÖHLER aus seiner „Verbandlehre für Schwestern, Helfer, Studenten und Ärzte“

zitiert werden, er sagt 1947 über die Verwendung des derzeitigen Desaultschen Verbandes:

„*Verwendung:* 1. Als Transportverband für alle Verletzungen und Entzündungen im Bereich des Schultergürtels und des Oberarmes.

2. Als Behandlungsverband für Brüche und Verrenkungen am äußeren Ende des Schlüsselbeines, aber nur bei Leuten unter 30 Jahren, für manche Schulterverrenkungen, für Brüche im Bereich des Oberarmkopfes und -halses und mitunter auch für jene des Oberarmschaftes, dann nach Operationen im Bereich der Schulter und des Oberarmes z. B. für habituelle Schulterverrenkungen und Oberarmpseudarthrosen.

Gefahren des Desaultschen Verbandes

Wenn er bei Leuten über 30 Jahren länger als zwei Wochen liegen bleibt, treten gewöhnlich Bewegungsstörungen der Schulter auf. Deshalb muß er nach dieser Zeit entfernt und im Bedarfsfalle durch einen anderen Verband ersetzt werden."

Für den Desault-Verband verwendet man elastische Binden. Zuerst wird ein gepudertes Wattepolster, das nicht zu klein, aber auch nicht zu dick sein soll (je nach Proportion des Patienten 10–15 cm^2 groß und 0,5–1 cm dick) in die Achsel der erkrankten Seite gelegt. Die Polsterung wird mit einer Achtertour um die entgegengesetzte Schulter und mit Kreistouren um den Brustkorb festgelegt. Im zweiten Abschnitt wird der Oberarm der erkrankten Seite festgelegt. Der Oberarm liegt senkrecht dem Brustkorb an und wird mit Kreistouren am Brustkorb fixiert. Das Ellenbogengelenk ist rechtwinklig gebeugt, der Unterarm liegt vor der Brust.

Im 3. Abschnitt sollen die Bindentouren den Ellenbogen stützen, dabei den Oberarm heben und den Unterarm fixieren. Die letzte Kreistour aus dem 2. Abschnitt steigt über den Rücken und der gesunden Achsel zur kranken Schulter auf, über die sie hinabläuft zum gleichseitigen Ellenbogen, um diesen herum über die Brust zur gesunden Achsel, weiter über den Rücken zur kranken Schulter und hinab zum Ellenbogen, über den Rücken zur gesunden Achsel usw. Bei dem Verlauf der Bindentouren *A*chsel – *S*chulter – *E*llenbogen (ASCHE) wird die Binde abwechselnd über die Brust und den Rücken geführt. Das Handgelenk wird mit der letzten Tour, die vom Ellenbogen über den Rücken geführt werden muß, festgelegt (Abb. 10.20).

Der Verband kann durch breite Heftpflasterstreifen oder mit Stärkebinden stabilisiert werden.

Desault-Verbände lassen sich einfacher mit Schlauchverband (s. S. 181) anlegen. Besonders gut geeignet ist auch die Schlauchbandage, da das

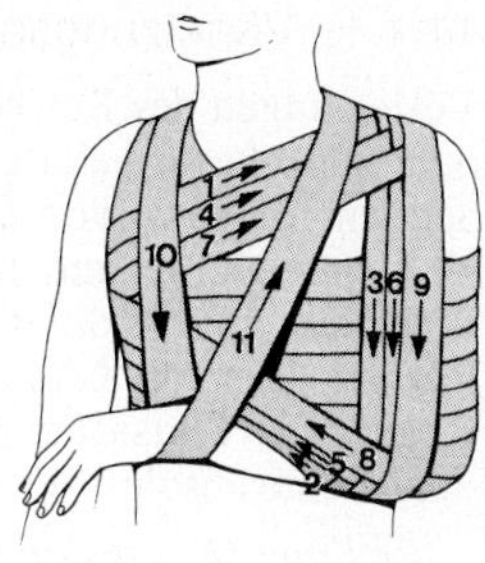

Abb. 10.20 Fertiger Desault-Verband, 3. Teil (aus: *Hellner, H., R. Nissen, K. Vossschulte:* Lehrbuch der Chirurgie, 6. Aufl. Thieme, Stuttgart 1970)

Material in der Struktur fester als Schlauchverband ist. Netzverband kann jedoch nicht verwendet werden.

10.2.6. Traditionelle Schulverbände

Es gibt eine Reihe von Bindenverbänden, die sich vorzüglich zum Üben eignen, aber in der Praxis kaum benötigt werden, weil andere Verbandtechniken sich als praktischer erwiesen haben. Zu den klassischen Übungsverbänden gehören der aufsteigende und der absteigende Schulterverband, der Brustverband, der Rucksackverband (Rückensternverband), der Hüftverband und auch der Desault-Verband. Große Körperverbände in Bindentechnik erfordern viel Material, mehr Zeit zum Anlegen und sitzen nicht zufriedenstellend. Diese Verbände lassen sich besser und preiswerter mit Schlauch- oder Netzverband anlegen. Für Körperverbände stehen zudem aus diesem Material Fertigverbände in verschiedenen Größen zur Verfügung.

11. Verbände mit elastischem Verbandmaterial

D. HAVEMANN

11.1. Allgemeines

Die Verwendung von Verbandmaterial mit elastischen Eigenschaften hat mit der Entwicklung von dehnbaren natürlichen und synthetischen Fasern eine weite Verbreitung gefunden. Berücksichtigt man allein die Häufigkeit des Auftretens von Prellungen, Quetschungen und Verstauchungen mit über 50% aller beim Sport auftretenden Verletzungen, die oft als Bagatellschäden angesehen werden und nicht immer eine optimale Behandlung erfahren, jedoch durch sachgerechte und frühzeitige Anlage eines *funktionellen Verbandes* mit *Kompressions- und Stützwirkung* zur Ausheilung gebracht werden können, so wird die Bedeutung elastischer Verbände klar.

11.1.1. Verletzungsarten

Verletzungen des Bewegungssystems, d.h. Unfallfolgen durch direkte oder indirekt fortgeleitete Gewalteinwirkungen an der Muskulatur, an Sehnen, Bändern von Gelenken und am Knochen stellen sich häufig als schmerzhafte und funktionsbehindernde Ereignisse dar. Für die Wahl des Verbandmaterials, der Art und Weise des anzulegenden Verbandes ist die Kenntnis der je nach Art, Umfang und Richtung der verletzungsverursachenden Gewalt unterschiedlichen Verletzungszustände eine absolute Voraussetzung.

1. *Prellung (Kontusion)* (Abb. 11.1). Die Einwirkung einer stumpfen Gewalt auf den Weichteilmantel einer Gliedmaße, der Muskeln, Sehnenplatten, Sehnen, Band- und Kapselstrukturen von Gelenken, Gefäße und Nerven enthält, führt zu einer durch lokale und sprunghaft ansteigende Druckwirkung zur Zerreißung von Gefäßen, Zerstörung von Muskelfaserbündeln und je nach Lage der Schädigung zu Dehnung von Sehnenplatten (Aponeurosen) und Muskelbinden (Faszien). Hervorstechendes Zeichen derartiger Verletzungen ist neben der erheblichen *Schmerzhaftigkeit* das Auftreten eines *Blutergusses* (Hämatom), der in der Frühphase die *Schwellung* verursacht, bevor ca. 6–8 Stunden später die *Gewebsschwellung* (posttraumatisches Ödem) als Ausdruck eines entzündlichen Prozesses beobachtet wird.

Die Wirkung eines elastisch-komprimierenden Verbandes beruht auf einer lokalen Ruhigstellung und Unterbrechung von Blutungen im Verletzungsgebiet. Die Kompression vermindert die Ausbildung der posttraumatischen Gewebsschwellung.

2. *Verstauchung (Distorsion)* (Abb. 11.2). Durch gewaltsam einwirkende Kräfte, meistens im Sinne einer Abknickung, Drehung oder axialen Druckwirkung, wird der normale Bewegungsspielraum des

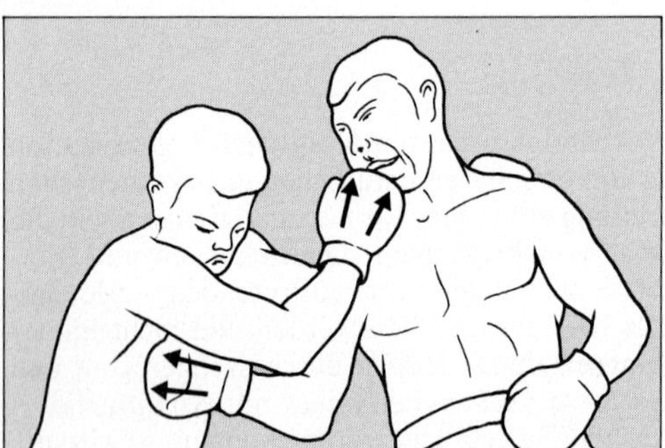

Abb. 11.1 Stumpfe Gewalteinwirkung: Prellung

Gelenkhalteapparates überschritten. Dabei kann es zur *Dehnung* oder *Lockerung* von Bändern, aber auch zu Rissen oder Ausrissen unter Mitnahme eines Knochenstückes am Bandansatz kommen. Unter Dehnung versteht man die über das physiologische Maß hinausgehende Streckung des parallelfaserigen Bindegewebes, unter Lockerung den Eintritt von Rißbildungen in den Bindegewebsfasern. Fast stets kommt es auch bei der Distorsion zu einer Blutung an dem betroffenen Gelenk.

Nur nach sorgfältiger Analyse des Verletzungsfolgezustandes ist die definitive Behandlung der Distorsion mit einem elastischen Verband erlaubt. Ein Knochenbruch ist ebenso durch eine entsprechende ärztliche Untersuchung auszuschließen wie das Vorliegen eines Gelenkkapselbandschadens.

Abb. 11.2 Gewaltsame Abknickung, Drehung: Verstauchung

Merke:
Eine Distorsionsverletzung bedarf vor der endgültigen Einleitung einer Verbandbehandlung mit elastischen Verbänden einer ärztlichen Untersuchung!

3. *Verrenkung (Luxation)* (Abb. 11.3). Kennzeichnendes Merkmal der Verrenkung ist die Trennung gelenkbildender Knochen, die am bis dahin gesunden Gelenk nur unter Rißbildung am Kapselbandapparat oder mit Knochenausrissen eintreten kann. Merkmal der frischen Verletzung ist eine „federnde" Bewegungsblockade des Gelenkes in Fehlstellung mit starken, bei Bewegungsversuchen maximal zunehmenden Schmerzen. Bei tiefliegenden Gelenken (Hüftgelenk!) ist die Feststellung einer Luxation nicht selten schwierig. Eine Röntgenuntersuchung ist unerläßlich.

Ruhigstellende Verbände sind zur Erstbehandlung angezeigt, die Weiterbehandlung unter Verwendung elastischer Verbände unterliegt der strengen Anzeigestellung durch den Arzt.

Merke:
Eine Verrenkung ist eine schwere Gelenkverletzung mit möglichen Schäden an allen gelenkbildenden Strukturen und bedarf in jedem Fall ärztlicher Behandlung.

4. *Zerrungen und Muskelrisse, Sehnenschäden* (Abb. 11.4). Zerrungen der Muskulatur entstehen durch Überdehnungen der Muskelfasern in Längsrichtung. Sie manifestieren sich bei der Untersuchung

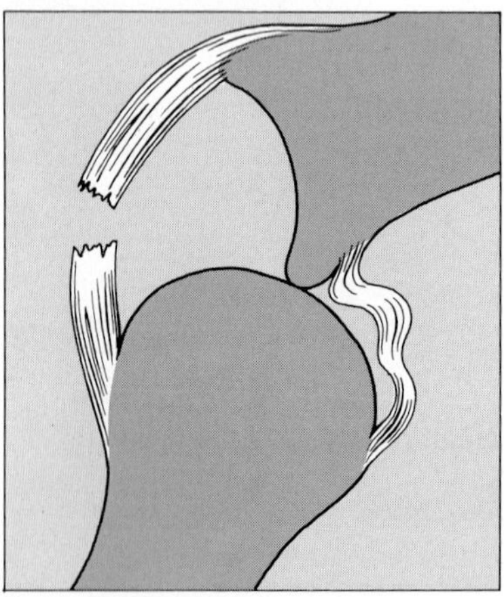

Abb. 11.3 Trennung gelenkbildender Knochen: Verrenkung

durch schmerzhafte Spannungszunahme des betroffenen Muskelabschnittes. Da Einblutungen in die Umgebung vorkommen, kann vermutet werden, daß es zu Mikrorissen der Muskelfasern kommt. Die Unterscheidung zum echten Muskelfaserriß ist schwierig. Der vollständige Abriß eines Muskels stellt sich durch tast- und sichtbare, schmerzhafte Verdickung des abgelösten Muskelbauches dar.

Komplette Muskelabrisse verlangen fast stets eine Ruhigstellung (im Gips- oder Kunststoffstützverband) oder auch eine operative Behandlung. Muskelfaserrisse sind dagegen gut einer funktionellen elastischen Verbandbehandlung zugänglich, da die, wenn auch begrenzte, erhaltene Beweglichkeit die Stoffwechselleistung des Gewebes steigert.

Sehnenrisse sind in der überwiegenden Mehrheit bedingt durch unfallunabhängig ablaufende Degenerationsprozesse am Sehnengleitgewebe und an der Sehne selbst. Sie treten nicht selten bei normalen Bewe-

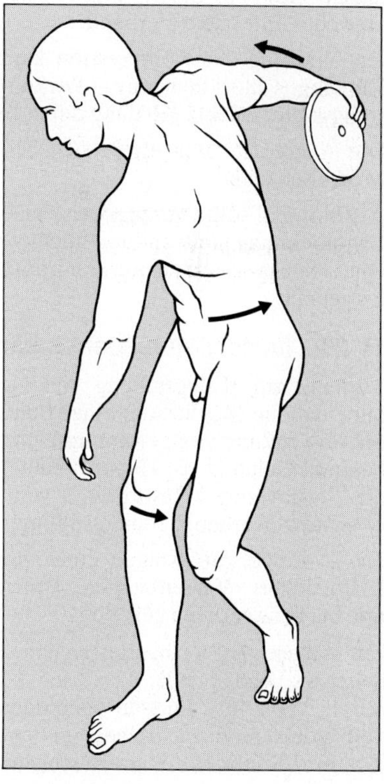

Abb. 11.4 Überdehnung von Muskeln und Sehnen: Zerrung

gungsabläufen auf. Bevorzugt sind die Achillessehne, die Sehne des langen Kopfes des zweiköpfigen Oberarmmuskels, die Sehne des vierköpfigen Oberschenkelstreckers und des Kniescheibenbandes.

Die endgültige Behandlung besteht meistens in der Operation, elastische Verbände sind bei der Erstversorgung hilfreich.

11.2. Verbandarten

Für die folgenden Verbandarten werden die Aufgabe und Funktion, die Anzeigestellung und das zu verwendende Material angegeben.

11.2.1. Kompressionsverband (Abb. 11.5.–11.10)

Durch Ausübung eines kräftigen, auf breiter Fläche einwirkenden Druckes wird die Ausbildung von Hämatomen unterdrückt.

Stützwirkung durch äußere Festigkeitsvermehrung, Ruhigstellung verletzten Gewebes durch verminderte Gleitbewegungen des verletzten Gewebes unter dem Verband.

Die Wirkung der Kompression kann verstärkt werden durch lokale Kühlung (Chloräthylspray – Wirkung durch Entstehung von Verdunstungskälte; direkte Kühlung durch Eiskompresse).

Die Anzeigestellung ergibt sich bei Kontusionen, Distorsionen und Muskelschäden.

Als Material sollte vorzugsweise eine querelastische Pflasterbinde mit Längsdehnung Verwendung finden (z. B. Tricoplast), weil die Anlage von Gelenkverbänden auch an kritischen Zonen weitgehend problemlos gelingt.

11.2.2. Immobilisierender Verband

Verband zur Ruhigstellung von Gelenken und Muskelabschnitten, ohne daß die Möglichkeit einer Belastung ausgeschlossen wird. Unter Mitverwendung von gerinnungshemmenden, lokal aufgebrachten Salben und Gelen (z. B. Heparin-Salbe, Thrombophob-S-Gel o.ä.) kann die Aufsaugung (Resorption) von bereits gebildeten Hämatomen unterstützt werden. Schmerzstillung!

Die Anzeige zur Anlage eines ruhigstellenden Verbandes ist bei Distorsionen, Verrenkungen, Brüchen ohne sichtbare Fehlstellung und bei Sehnenrissen gegeben.

Zur Anlage des Verbandes eignen sich sowohl längs- als auch querdehnbare Binden (z. B. Acrylastic, Elastoplast, Tricoplast und andere, s. Tab. 3.6, S. 40), für sehr feste und nicht dehnbare Immobilisationsverbände kann unelastisches, reißbares Tapepflaster aus Zellwolle mit Zinkoxid-Kautschuk-Harz-Beschichtung benutzt werden.

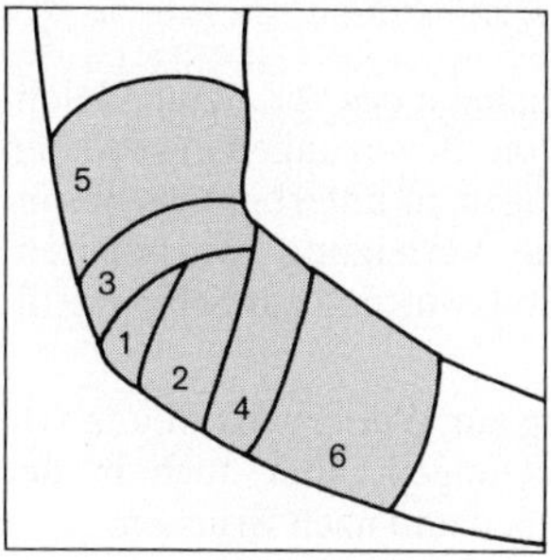

Abb. 11.5 Elastischer Pflastergelenkverband am Ellenbogen

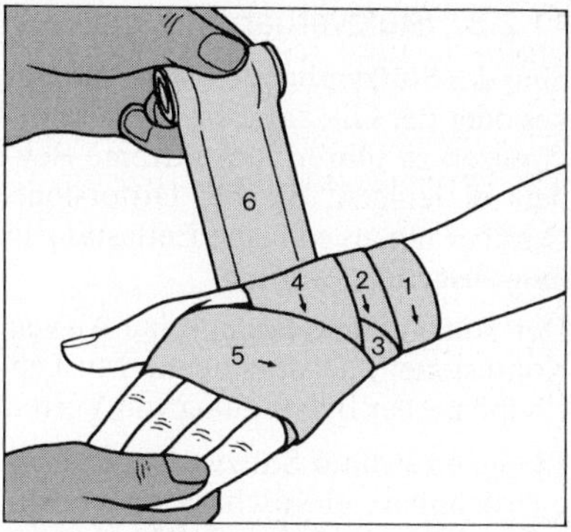

Abb. 11.6 Elastischer Pflastergelenkverband am Handgelenk

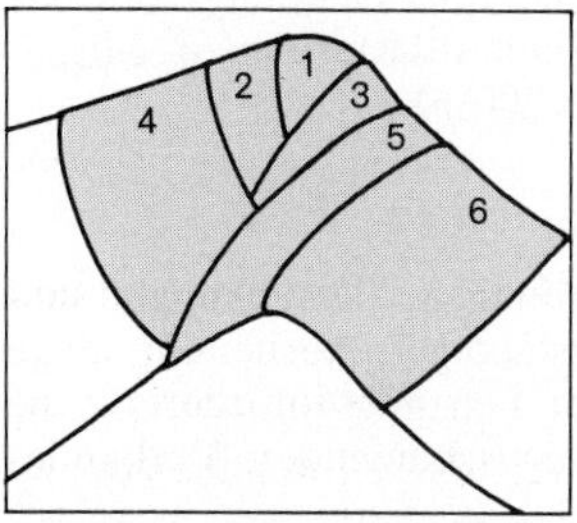

Abb. 11.8 Elastischer Pflasterverband am Knie

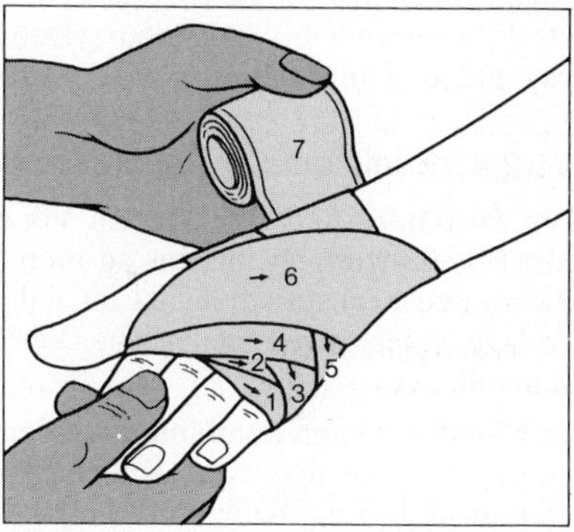

Abb. 11.7 Elastischer Pflasterverband am Handgelenk, andere Form

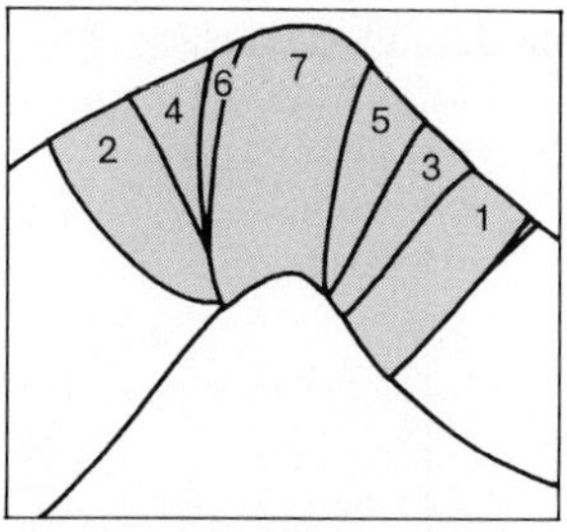

Abb. 11.9 Elastischer Pflasterverband am Knie, andere Form

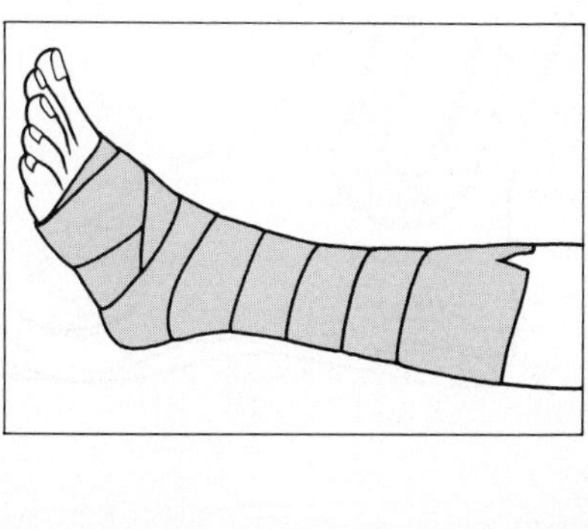

Abb. 11.10 Elastischer Pflasterverband für den Unterschenkel einschließlich Fuß

11.2.3. Stützverband

Sinn des Stützverbandes ist es, die Beweglichkeit des verletzten Gelenkes oder der Gliedmaße zu erhalten, aber die Bewegungen in gewissen Grenzen zu führen, um extreme Bewegungen zu unterbinden, besonders diejenigen, die bei Distorsionen die Verletzung verursachten. Darüber hinaus soll eine Entlastung und Stützwirkung zur Schmerzstillung ausgenutzt werden.

Der Stützverband findet seine Anwendung zur Weiterbehandlung von Kontusionen, Distorsionen, Muskelverletzungen, aber auch in der Endphase der Behandlung von Verrenkungen und nach Brüchen.

Es eignen sich für Stützverbände an Gelenken und Muskeln längs- und querdehnbare elastische Klebeverbände, deren Sitz zuverlässig erhalten bleibt, jedoch bei den Verletzten Unbequemlichkeiten, z. B. bei der Körperpflege, bedingen. Als Wechselverbandmaterial (für Tagesverbände) sind auch Mittel- und Langzugbinden (s. Tab. 3.5, S. 37) aus Baumwoll-Polyurethan-Textilgewebe mit höherer Dehnungsfähigkeit als Pflasterbinden verwendbar (Dehnbarkeit Pflasterbinden : Mittelzugbinden : Langzugbinden = 60% : 100% : 200%).

11.2.4. Funktioneller Schutzverband

Bei Zuständen nach Prellungen, Verstauchungen, Verrenkungen und Muskelverletzungen, die bis zu ihrer vollständigen Ausheilung lange Zeiträume beanspruchen, ist im Falle der Leistungsanforderung die Anlage eines gegen neuerliche Verletzung schützenden Verbandes sinnvoll.

Der Verband kann kombiniert werden mit sparsamen Polsterungen an unter der Haut liegenden Knochenstrukturen (Kniescheibe, äußerer Oberarmknorren, Außenknöchel) (Abb. 11.11). Das Material ist je nach Verwendungszweck (Verletzungsgefahr durch Stoß, Schlag, Dre-

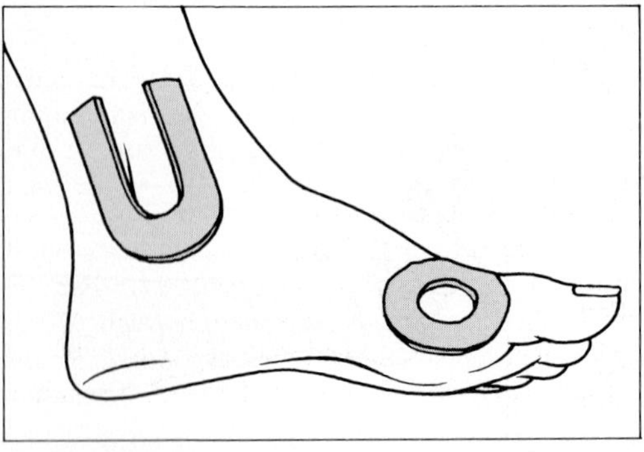

Abb. 11.11 Sparsame Polsterung an unter der Haut liegenden Knochenstrukturen

hung, Abknickung) zu wählen. Es kommen zur Anwendung längs- und querdehnbare Heftpflasterverbände, z. B. Panelast oder Tricoplast, nicht dehnbare Heftpflaster (z. B. Leukotape).

11.3. Hinweise für das Anlegen von elastischen Klebeverbänden

Die Wirkung von elastischen Klebeverbänden läßt sich aufteilen in folgende Einzelkomplexe (Grundwirkungen nach L. und M. Rütten):

Kompression = Druckwirkung
Stützung = Halten einer Stellung
Stabilisation = Teilersatz verletzter Strukturen
Einschränkung der Maximalfunktion = Schutzwirkung
Distraktion = Auseinanderziehung, Verbandzugwirkung
Stauchung = Aufeinanderbringen von Gewebsteilen
Zusammenziehung von Gewebsteilen
Fixation eines Körperteils mit anderen Gegenständen (z. B. Schienen bei Knochenbrüchen)
Kombination mit anderen Behandlungsmethoden = simultane Anwendung mechanischer Wirkung mit pharmakodynamischen Effekten.

Nach den Grundwirkungen richtet sich das Anlegen von elastischen Klebeverbänden. Diese Hinweise beziehen sich auf die praktische Anwendung.

Entgegen früheren Empfehlungen soll die Haut vor der Anlage *nicht* rasiert werden, da unter dem liegenden Verband Entzündungen der Haarbälge auftreten können. Die Haut sollte jedoch fettfrei sein. Hierzu kann sie mit fettlösenden organischen Flüssigkeiten abgewaschen werden (Waschbenzin, Waschäther, Spiritus – Vorsicht! Entflammbar!). In Gebieten geringer Weichteilpolsterung kann die Unterpolsterung mit Schaumstoff zur Komfortabilität des Verbandes erforderlich sein. Die Bindentouren müssen sich mindestens bis zur Hälfte überdecken, um Schnürungen zu vermeiden.

Der Patient muß darauf hingewiesen werden, daß beim Auftreten von Stauungen (Erklären!) der Verband abzuwickeln ist. Zur Vermeidung von Druckstellen sind entstehende Zipfelbildungen abzuschneiden. Bei Schwellungszuständen ist die Regel zu beachten, daß der Verband von körperfern nach zentral gewickelt werden sollte. Die notwendige Kompressionswirkung, die der Verband erreichen soll, kann durch Überprüfung der Durchblutungsverhältnisse abgeschätzt werden: Ist nach der Anlage eine leicht bläuliche Verfärbung an den Zehen sichtbar und verschwindet diese nicht nach Durchbewegung des Beines (Gehen!), so ist der Verband zu fest angezogen und sollte erneuert werden.

11.4. Verbände mit nichtklebenden elastischen Binden

Zur Versorgung frischer Verletzungen am Bewegungsapparat – wie unter 11.1. S. 123) beschrieben – eignen sich prinzipiell auch nichtklebende Binden, deren physikalische Eigenschaften sich vor allem durch verminderte Adhäsion an der Hautoberfläche auszeichnen.

Elastische *Fixierbinden* dienen entweder als Unterlage für Klebeverbände bei Überempfindlichkeit der Haut gegen Klebstoffe oder als Festhalter von Mullkompressenverbänden. Wird dieses Material gewissermaßen als Isolierschicht verwendet, so ist der verminderten Adhäsion des Verbandes Aufmerksamkeit zuzuwenden. In der Regel vermögen elastische Fixierbinden, die aus einem geschrumpften Baumwoll-Viskose-Polyamid-Textilgewebe hergestellt wurden, allein keine wesentlichen Stütz- oder Druckwirkung zu erzeugen. Erst die Präparation eines Baumwoll-Polyamid-Gewebes mit Latex erhöht die Haftung auf der Haut. Mit Binden dieser Art können daher wirkungsvollere Effekte erzielt werden.

Sogenannte *„Idealbinden"* aus Baumwolle nach DIN-Vorschriften hergestellt eignen sich als Verbände, die vom Kranken selbst nach Anleitung angelegt und gewechselt werden können. Sie sind waschbar.

Kurzzugbinden weisen bei überwiegendem Baumwollgehalt höhere Kompressionskraft auf und können wie Idealbinden zu Wechselverbänden benutzt werden.

11.5. Spezielle Verbände

Durch Kombination verschiedener Verbandmaterialien lassen sich bei einer Reihe von Verletzungszuständen funktionell angepaßte Verbände herstellen.

11.5.1. Verband am Schultereckgelenk (Abb. 11.12a–f)

Zur Stützung des verletzten Schultereckgelenkes als Notfall- und Nachbehandlungsmaßnahme wird ein zügelförmiger Verband verwendet, der die Abspreizung, Rück- und Vorhebung des Schultergelenkes einschränkt.

Das benötigte Material: *unelastische Pflasterbinde*, die in Längs- und Querrichtung reißbar ist und eine feste und dauerhafte Klebkraft aufweist. *Polstermaterial* (textilkaschierte Schaumstoffplatte, Filz) dient zur Vermeidung von Druckwirkungen des unelastischen Pflasters auf das nur wenig mit Unterhautfettgewebe ausgestattete seitliche Schlüsselbeinende. Die Fixation von Polstermaterial kann mit *Hautklebern* erfolgen.

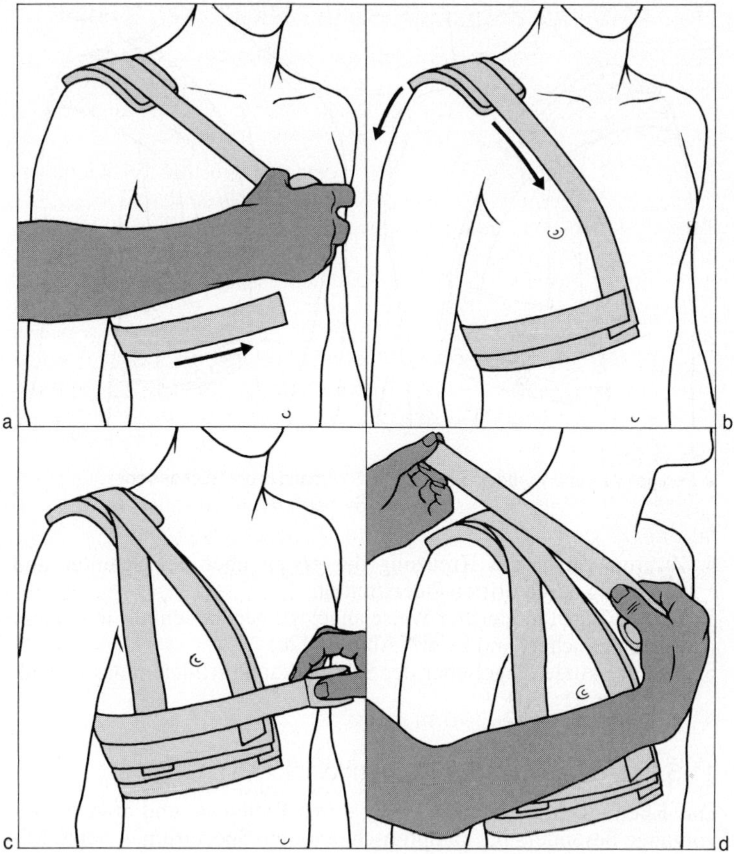

Abb. 11.12a–d

Technik:

1. Anlage des Druckpolsters über dem Schultereckgelenk und Fixation mit Hautkleber (Abb. 11.12a)
2. Ankleben eines quer über die unteren seitlichen Brustkorbpartien gezogenen Pflasterstreifens zur Verankerung des ersten Zügels, der über das Schultereckgelenk geführt wird. Kräftiger Zug! (Abb. 11.12b).
3. Sicherung des Zügels durch zweiten Querstreifen am Brustkorb.

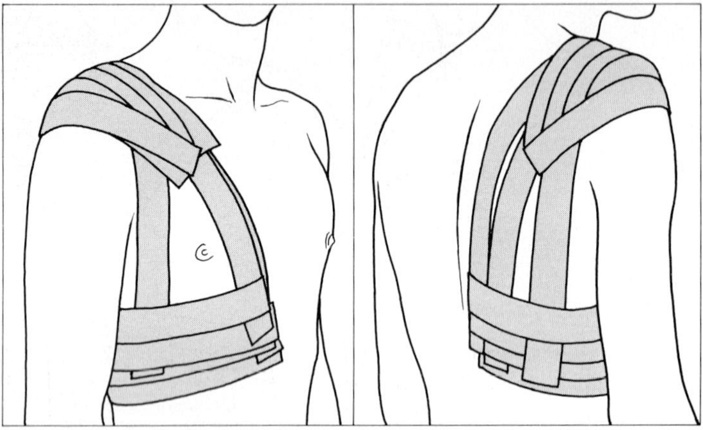

Abb. 11.12e, f
e Fertiger Verband Vorderansicht f Verband in der Rückansicht

4. Zweiter Zügel mit Kreuzung des ersten über der Schulter und Sicherung durch dritten Querstreifen.
5. Dritter Zügel in gleicher Weise angelegt, gegebenenfalls mit einem vierten gesichert und fixiert (Abb. 11.12c).
6. Weitere kurze Zügel über der Schulterkappe schließen das Gelenk ein (Abb. 11.12d).

11.5.2. Verband am Ellenbogengelenk (Abb. 11.13a–e)

Das Ellenbogengelenk wird häufig durch Prellungs- und Stauchungsvorgänge besonders bei kämpferisch betonten Sportarten verletzt. Mit dem Ellenbogengelenk-Stützverband kann eine schützende Führung und eingeschränkte Beweglichkeit erzielt werden, ohne daß Funktionsunfähigkeit die Folge ist.

Das benötigte Material: *Fixierbinden* mit kohäsiven und elastischen Eigenschaften (z. B. Gazofix), *unelastische Pflasterbinde* (Tapepflaster) und Hautkleber.

Technik:

1. Auf die mit Hautkleber versehene Haut wird die Fixierbinde unter leichter Vordehnung zirkulär – am Ellenbogen in Schildkrötenform – knapp oberhalb des Handgelenkes beginnend und im oberen Drittel des Oberarmes endend angewickelt, die oberen und unteren Enden mit einem nicht voll zirkulär geführten Pflasterstreifen abgeschlossen (Abb. 11.13a).

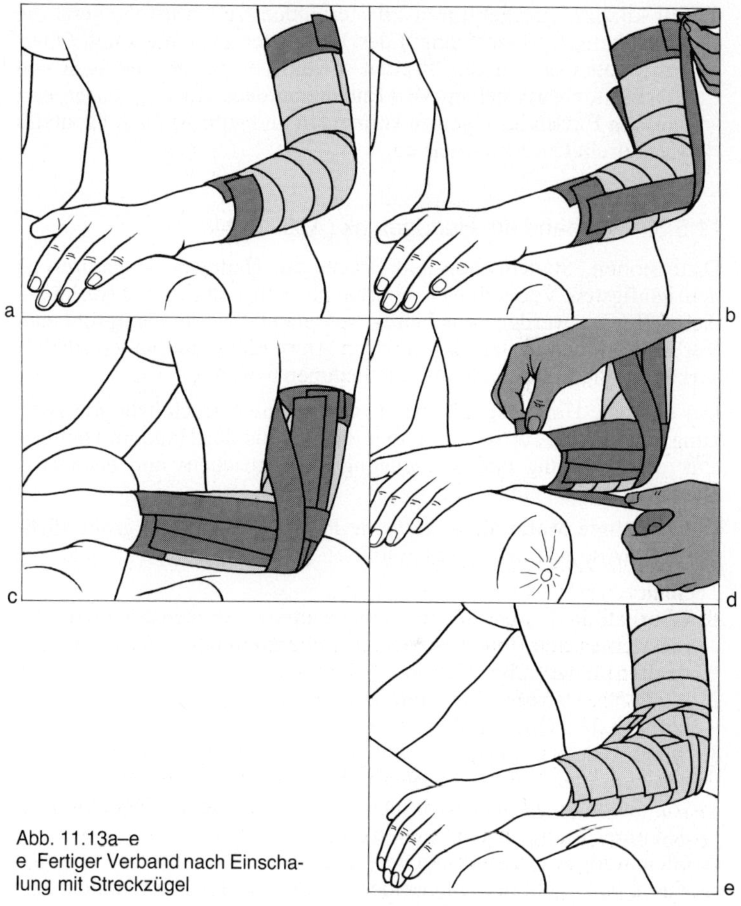

Abb. 11.13a–e
e Fertiger Verband nach Einschalung mit Streckzügel

2. Anlage eines U-förmigen Zügels am Handgelenk beginnend, den Ellenhaken umfassend und auf der entgegengesetzten Seite des Handgelenkes abschließend geführt. Es wird Pflasterbinde verwendet (Abb. 11.13b).
3. Je zwei Zügel werden nach handgelenkwärts und vom Ellenhaken nach körperwärts als U-Schlinge auf den Oberarm aufgebracht (Abb. 11.13c).

4. Mit kurzen, quergeführten Pflasterbindenstreifen erfolgt jetzt die Abdeckung („Verschalung“) des Verbandes am Unter- und Oberarm, wobei die kurzen Streifen sowohl von beuge- als auch von streckseitenwärts sich mit den Enden überdeckend angebracht werden, um Einschnürungen zu vermeiden und gute Anpassung an das Muskelrelief zu gewährleisten.

11.5.3. Verband am Handgelenk (Abb. 11.14a–f)

Distorsionen, Stauchungen und Brüche am Handgelenk gehören zu den häufigsten Verletzungen überhaupt. Stütz- und Schutzverbände dieser Region werden sehr häufig verwendet. Die hier empfohlenen Verbände finden in der Sportmedizin Anwendung und haben sich als wirkungsvolle Erstbehandlungsmaßnahmen bewährt.

Der einfache Handgelenkverband vermag eine beträchtliche Stützwirkung zu entfalten, er schränkt aber die Hebung der Hand im Handgelenk, die Beugung und Seitbeugung nach speichen- und ellenwärts nicht unerheblich ein.

Das benötigte Material: *unelastische Pflasterbinde*, wenn größtmögliche Stützwirkung erzielt werden soll.

Technik:

1. Oberhalb und unterhalb des Handgelenkes wird jeweils ein zirkulärer, sich an den Enden kurzstreckig übergreifender Pflasterbindenstreifen gelegt (Abb. 11.14a).
2. Längszügel streckseitig vom körperfernen queren Streifen zum körpernahen Querstreifen (Abb. 11.14b).
3. Streckseitiger Längszügel von innen körperfern nach außen körpernah zum oberen Querstreifen und zweiter Zügel in Längsrichtung von außen körperfern nach innen körpernah. Beide Zügel kreuzen den unter 2. angelegten Streifen (Abb. 11.14c).
4. Gleichartiges Vorgehen auf der Beugeseite.
5. Zusätzliche äußere – ellenseitige – Längszügelung des Handgelenkes durch einen weiteren Längsstreifen (Abb. 11.14d).
6. Bei erwünschter Stützung des Daumens im Grundgelenk kann ein in der Mitte eingerissener Pflasterstreifen, durch den der Daumen bis zur Basis hindurchgesteckt wird, angebracht werden.

Soll jedoch keine so hohe Stützwirkung, sondern mehr eine Druck-Stütz-Wirkung erzielt werden, wenn Prellungsverletzungen behandelt werden sollen, kann der Handgelenkverband mit elastischem Bindenmaterial gefertigt werden.

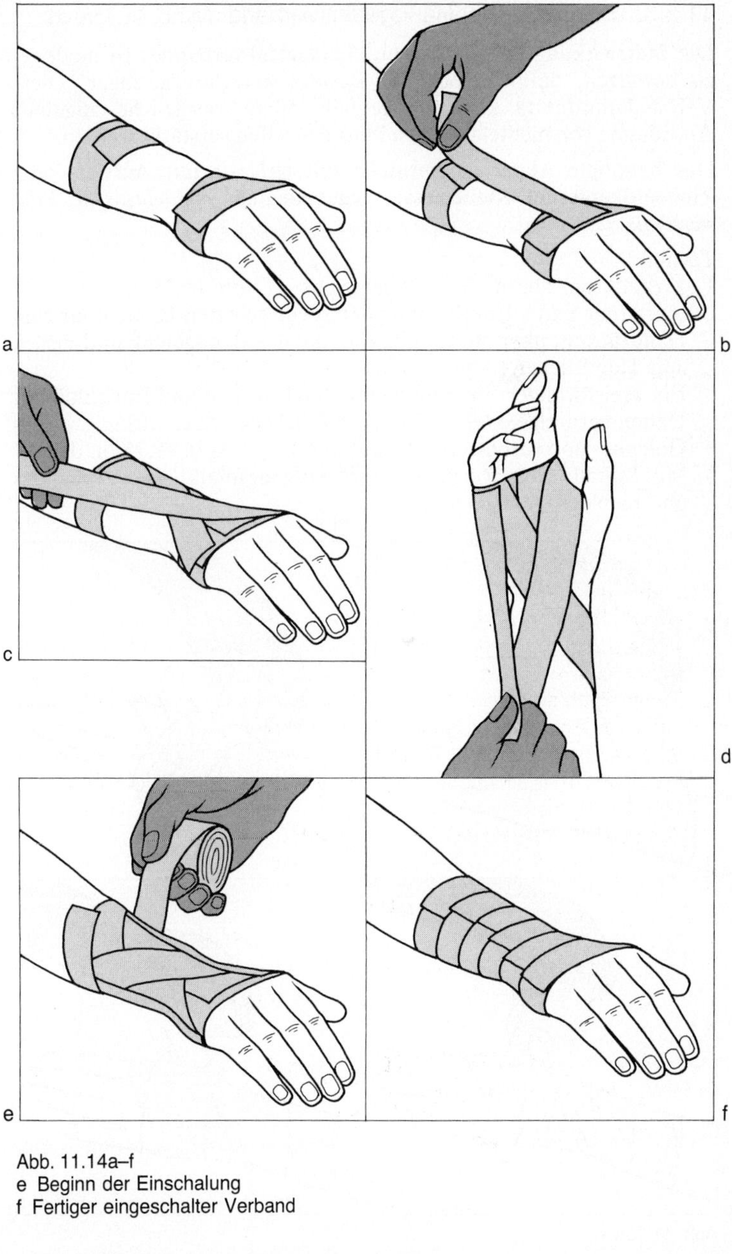

Abb. 11.14a–f
e Beginn der Einschalung
f Fertiger eingeschalter Verband

11.5.3. 1. Elastischer Handgelenkverband (Abb. 11.15a–d)

Die Stützwirkung des elastischen Handgelenkverbandes ist niedriger zu bewerten, dafür jedoch der Bewegungsverlust geringer. Diese Verbandanordnung kann nötigenfalls durch zusätzliche zügelnde Anordnung von nichtelastischen Pflasterstreifen verstärkt werden.

Das benötigte Material: *elastische Pflasterbinde* mit Acrylat- oder Zinkoxidkautschuk-Klebemasse, gegebenenfalls *nichtelastische Pflasterbinde*.

Technik:

1. Zirkulärtour oberhalb des Handgelenkes (Abb. 11.15a).
2. Spiraltour unter Überlappung der zuvor gelegten Bindentour zum Handrücken, über die Handfläche, um das Handgelenk und zurück zum Handrücken (Abb. 11.15b).
3. Ein kreisförmiger Einschnitt zum Durchstecken und Einschluß des Daumengrundgelenkes führt zu zusätzlicher Stützwirkung dieses Gelenkes und verbesserter faltenfreier Lage (Abb. 11.15c u. d).
4. Mit Spiraltouren Rückkehr zum Ausgangspunkt des Verbandes oberhalb des Handgelenkes.

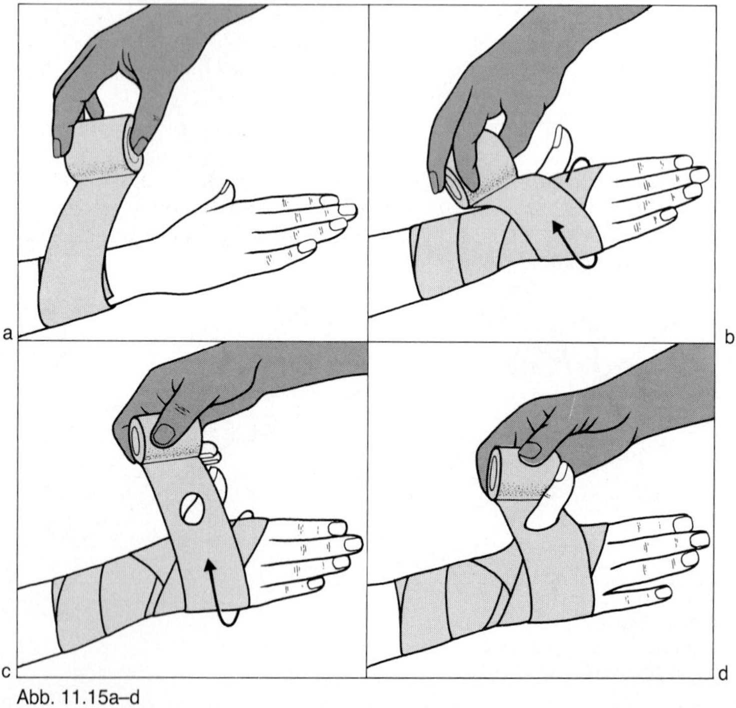

Abb. 11.15a–d

11.5.4. Verband des Daumengrundgelenkes (Abb. 11.16a–h)

Das Daumengrundgelenk wird bei einer Reihe von Sportarten bevorzugt verletzt (sogenannte „Skistockverletzung“, Volleyball, Handball), die funktionelle Vielseitigkeit des wichtigen Gelenkes und seine Beanspruchung prädestinieren es jedoch auch im Arbeitsleben für Verletzungen und Verschleißerscheinungen, bei deren Behandlung bzw. Nachbehandlung der Stützverband gute Dienste leisten kann.

Das benötigte Material: *nichtelastische Pflasterbinde*.

Technik:

1. Beginn mit je einer Kreistour am Handgelenk und Daumengrundglied zur Verankerung nachfolgender Zügel (Abb. 11.16a).
2. Längszügel über der Daumenstreckseite bis zur Kreistour und diese überlappend. Zweiter Längszügel in gleicher Richtung, jedoch auf der Beugeseite (Abb. 11.16b).
3. Zirkuläre Tour vom Daumenballen über den äußeren – ellenseitigen – Handrücken zur Daumenstreckseite (Abb. 11.16c).
4. Ankleben eines in Längsrichtung geschlitzten Zügels, der an seinem Ende über die Länge des Daumengrundgliedes ungeteilt bleibt. Dieses Ende wird an der Daumeninnenseite angeklebt (Abb. 11.16d). Die freien Pflasterschenkel umfassen das Handgelenk von innen (speichenseitig) und außen (ellenseitig) und enden auf dem körpernahen zirkulär angebrachten Querstreifen (Abb. 11.16e)
5. Hohlhandseitig angelegter Streifen vom Daumen zum Handgelenk (Abb. 11.16f).
6. Fixation des wichtigen letzten Längszügels durch einen halben Streifen am Daumengrundglied und Handgelenk (Abb. 11.16g).
7. Abschluß des Verbandes mit verstärkenden und fixierenden Dachziegelverschalungsstreifen (Abb. 11.16h).

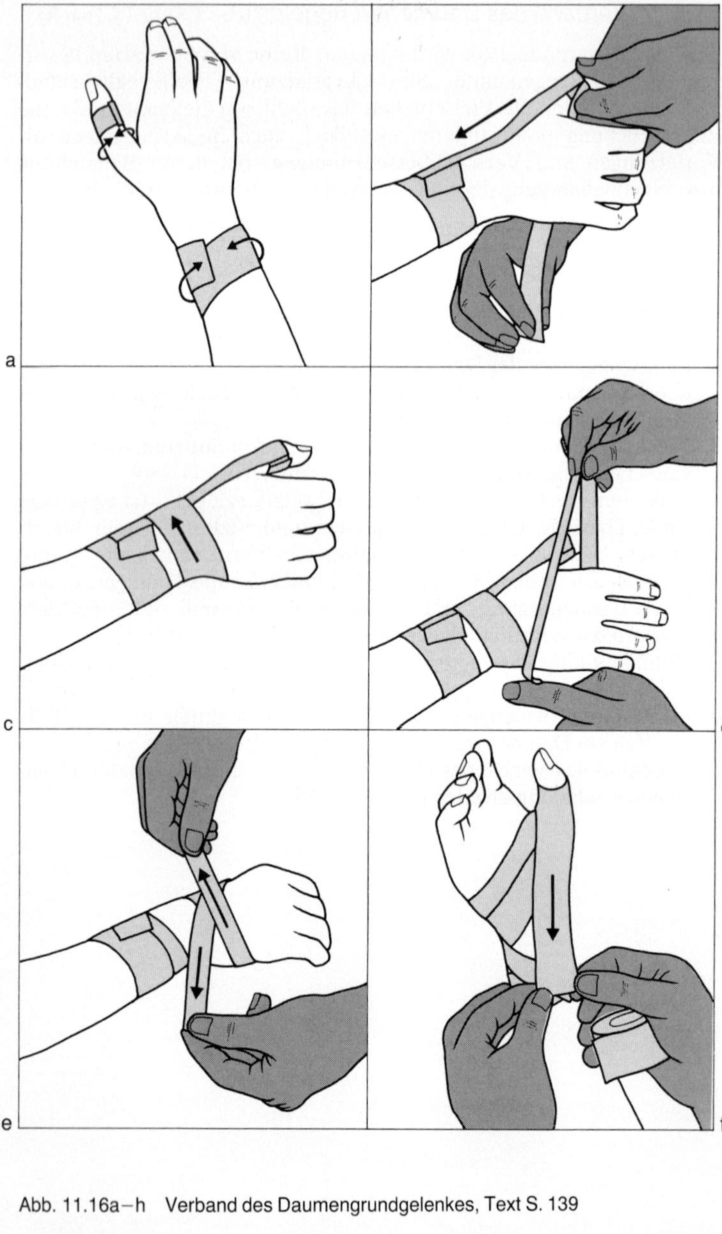

Abb. 11.16a–h Verband des Daumengrundgelenkes, Text S. 139

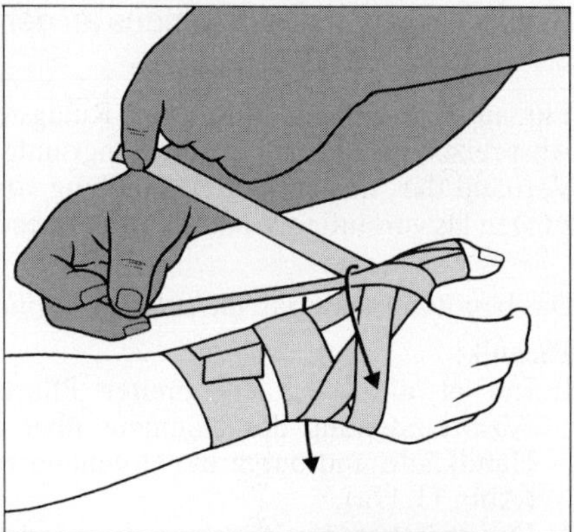

g

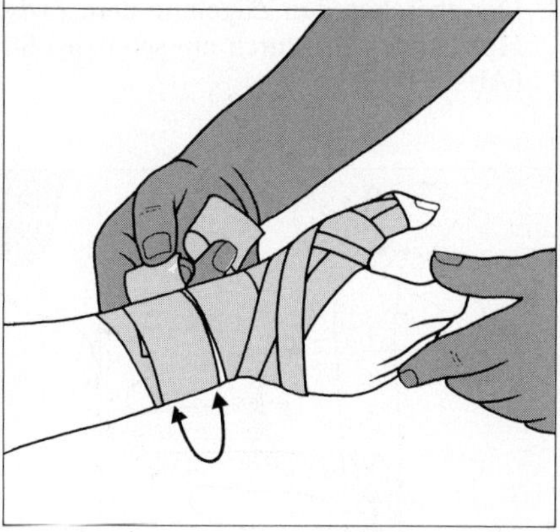

h

11.5.5. Fixation des Daumens an der Mittelhand (Abb. 11.17a u. b)

Ein ausgezeichnetes Mittel zur Ruhigstellung des Daumens gegen Abspreizbewegungen im Daumengrundgelenk stellt dieser einfache Verband dar, der bei der Behandlung von Daumenkapselbandverletzungen als vorläufige Versorgung Verwendung finden kann.

Das benötigte Material: *nichtelastische Pflasterbinde*.

Technik:

1. Ein etwa 2,0–2,5 cm breiter Pflasterstreifen wird in leichter Abspreizstellung des Daumens über den Handrücken, über die Handkante und durch die Hohlhand zurück zum Daumen geführt (Abb. 11.17a).
2. Der zwischen den Zügeln in dem Zwischenfingerraum entstehende Hohlraum wird durch ein schmales Streifenstück zusammengefaßt (Abb. 11.17b).

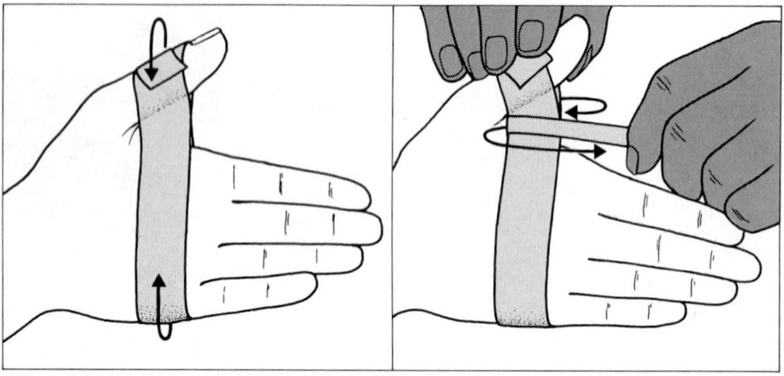

Abb. 11.17a, b

11.5.6. Verband an Fingern zur Schienung (Abb. 11.18a–c)

Stützverbände an Fingern – meistens unter Zuhilfenahme des benachbarten Fingers – dienen der Schienung des verletzten Fingers und eignen sich daher zur notfallmäßigen Erstversorgung bei Brüchen und Verrenkungen.

Das benötigte Material: *nichtelastische Pflasterbinde* und *Polstermaterial* (Schaumstoff, Filz).

Technik:

1. Einbringen des streifenförmig geschnittenen Polstermaterials zwischen dem verletzten und gesunden Finger. Die Polsterung kann mit geeignetem Hautkleber fixiert werden (Abb. 11.18a und b).
2. Beide Finger werden verbunden mit jeweils zwei kurzen, *nicht zirkulär* geführten Streifen, die von streckseitenwärts und hohlhandseitig um die Finger geführt werden (Abb. 11.18c).

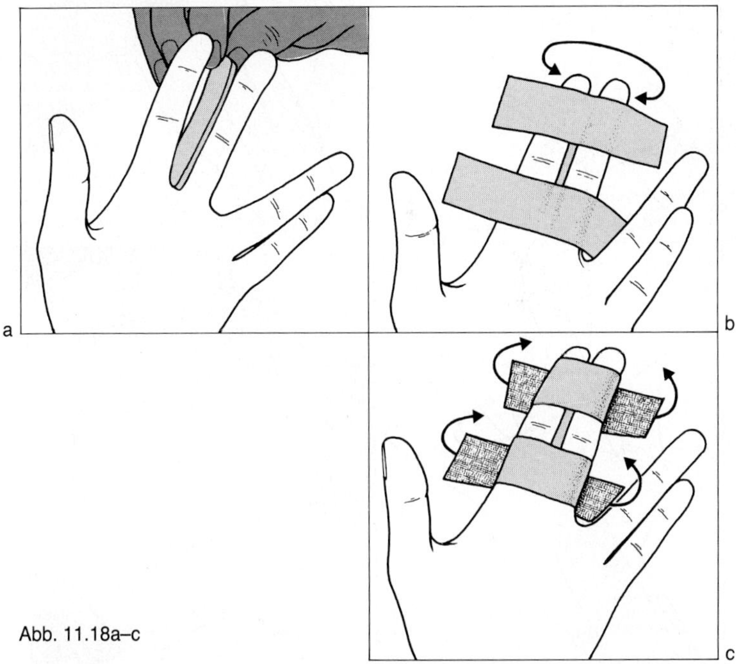

Abb. 11.18a–c

Merke:
Der Verband ist hinsichtlich der Durchblutungsverhältnisse in den körperfernen Fingerabschnitten kontrollbedürftig!

11.5.7. Verband eines Fingers zur Fixation am Handgelenk (Abb. 11.19a–d)

Der hier angegebene Spezialverband eines Fingers an das Handgelenk in Beugestellung des Grund-, Mittel- und Endgelenkes dient der Entlastung, Stützung und Fixierung beugeseitig gelegener Gewebs-

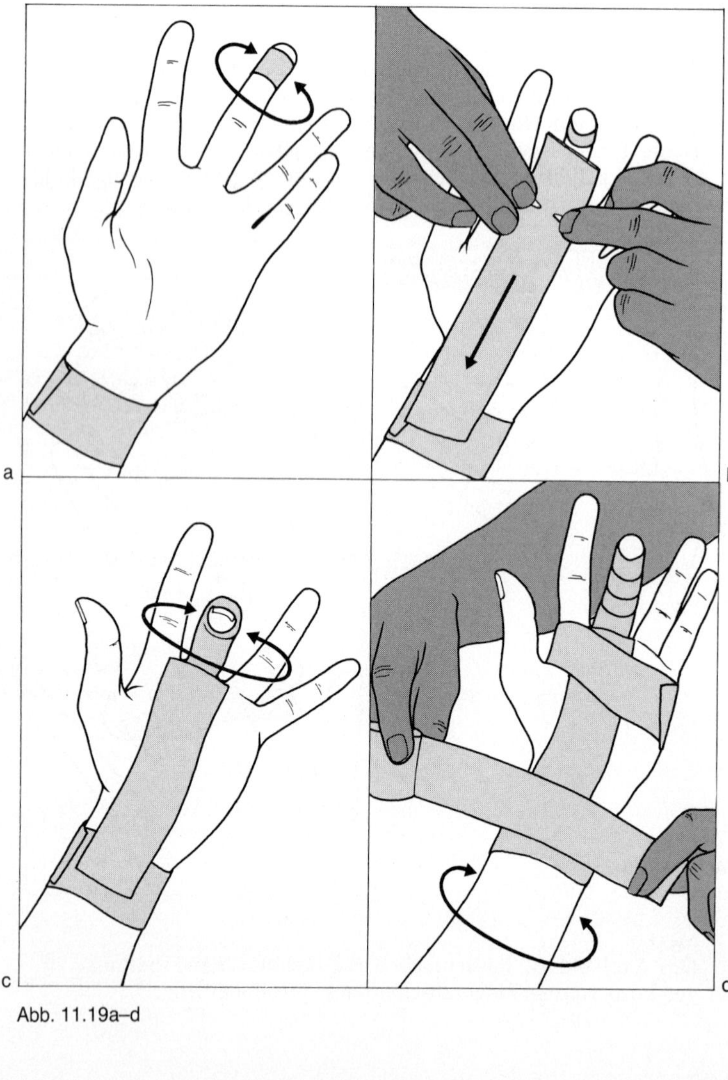

Abb. 11.19a–d

strukturen. Seine Anlage kommt daher in Betracht bei Zerrungen dieser Strukturen, auch zur überbrückenden Behandlung bis zur definitiven Versorgung von Sehnen- und Bandverletzungen und auch bei verschobenen Knochenbrüchen des betroffenen Fingerstrahls.

Das benötigte Material: *nichtelastische Pflasterbinde.*

Technik:

1. Breiter zirkulärer, d. h. querverlaufender Pflasterstreifen oberhalb des Handgelenkes und schmaler zirkulärer Streifen am Endglied des betroffenen Fingers (Abb. 11.19a).
2. Pflasterstreifen vom körpernahen bis zum körperfernen zuvorgeklebten Streifen queren. In Höhe der Beugefalte des Grundgelenkes jeweils von innen und außen Einschnitt in den Pflasterstreifen von ca. 1,0 cm Tiefe (Abb. 11.19b und c).
3. Andrücken des Streifens in mittlerer bis stärkerer Beugung des Fingers und Fixation mit je einem queren schmalen Streifen des nichtelastischen Pflasters am Finger, an der Handfläche und am Handgelenk (Abb. 11.19d).

11.5.8. Verband zur Stützung eines Fingers (Abb. 11.20a–c)

Aufgabe dieses Verbandes ist die Stützung eines Fingergelenkes. Zur temporären Fixation einer Kapselbandverletzung – nicht Zerreißung eines Seitenbandes! – stellt der Verband eine zuverlässige Schienung zur Begrenzung extremer Bewegungen dar.

Das benötigte Material: *nichtelastische Pflasterbinde* zu schmalen, der Fingerstärke angepaßten Streifen gerissen.

Technik:

1. Je ein körpernaher und -ferner zirkulärer Streifen werden um das Grund- und Endglied geführt (Abb. 11.20a).
2. Jeweils ein äußerer und innerer Längszügel verlaufen in Längsrichtung über das Mittelgelenk des Fingers (Abb. 11.20b).
3. Mit zwei halbrunden Streifen am Grund- und Endglied (semizirkulär!) von beuge- und streckseitenwärts her erfolgt die Endfixation (Abb. 11.20c).

11.5.9. Verband des Kniegelenkes (Abb. 11.21a–f)

Zerrungen – d. h. Dehnung und Lockerung – von Gelenkkapselstrukturen sind häufige Vorkommnisse. Sie treten in besonderem Maße beim Sport (Fußball, Skisport, Handball) auf und erfordern neben einer differenzierten Diagnostik eine auch der primären Situation entsprechende und wirkungsvolle Erstbehandlung.

Häufigste Form der Bandverletzung leichteren Grades am Kniegelenk, das ein im wesentlichen „bandgeführtes“ Gelenk ist, stellt die Seitenbandverletzung dar, die in der Regel kombiniert ist mit einer

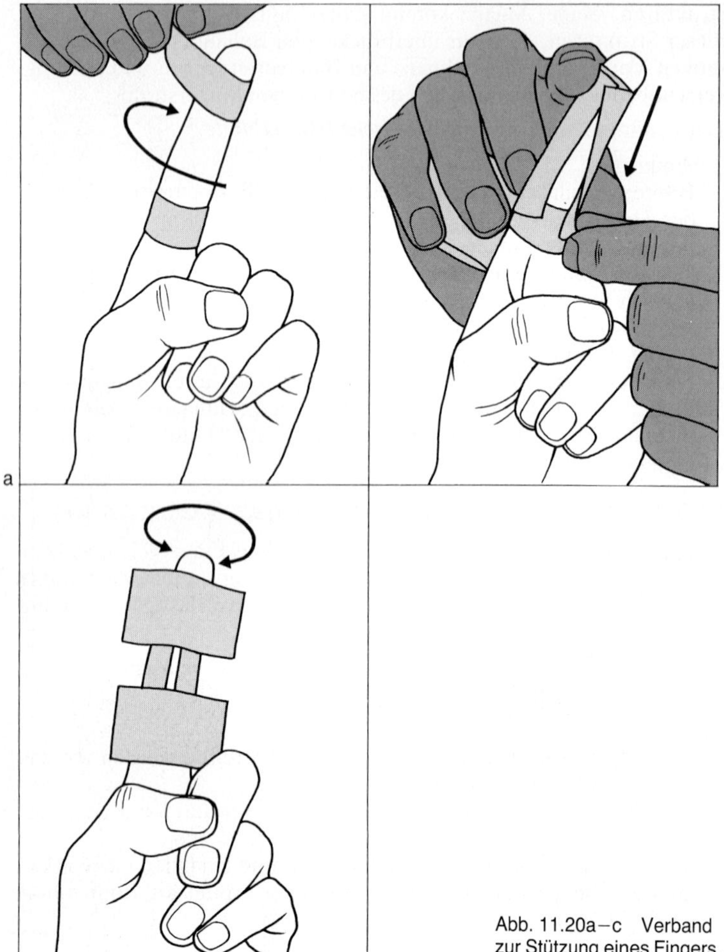

Abb. 11.20a–c Verband zur Stützung eines Fingers, Text S. 145

Beteiligung der sich im Gelenk befindlichen Kreuzbänder und halbmondförmigen Zwischengelenkkörperscheiben (innerer und äußerer Meniskus) aus Faserknorpel. Auch leichtere Verletzungen des Kniegelenkes sind daher in der Regel begleitet von mehr oder weniger starken schmerzhaften Erscheinungen und Funktionsstörungen. Die Kenntnis wirksamer primärer Behandlungsmaßnahmen kann daher im Rahmen der Soforthilfe sehr nützlich sein.

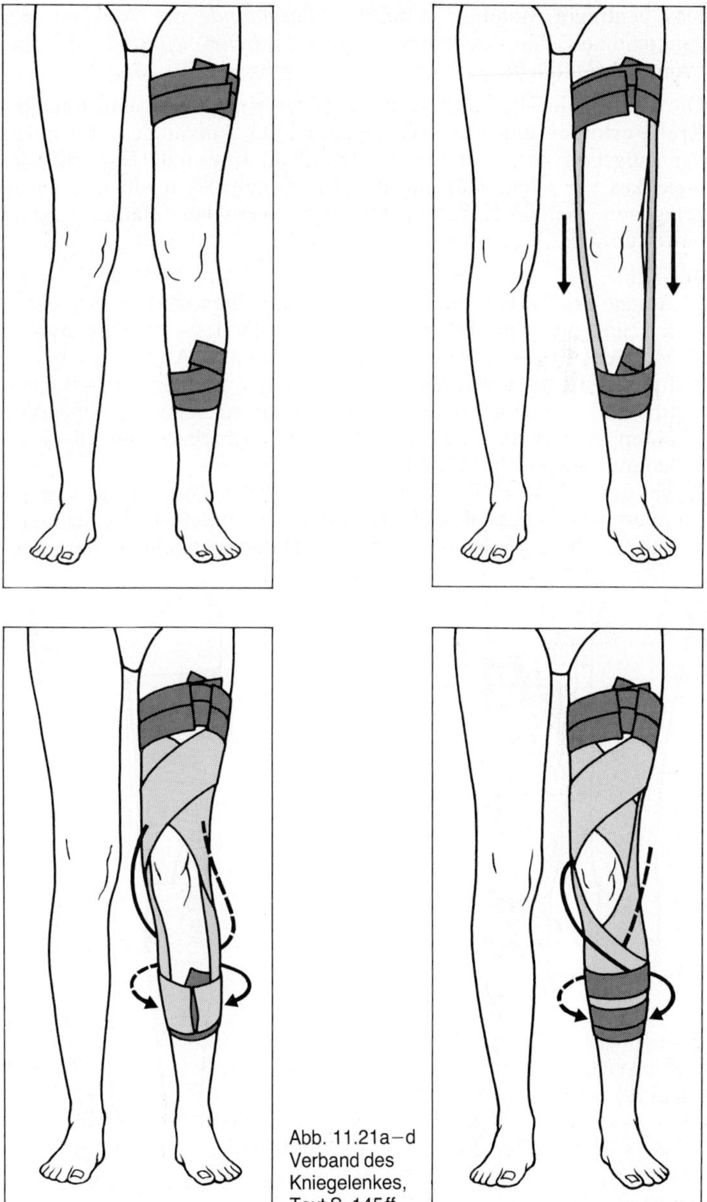

a b c d

Abb. 11.21a–d
Verband des
Kniegelenkes,
Text S. 145ff

Das benötigte Material: *elastische Pflasterbinde* mit Acrylat- oder Zinkoxidkautschuk-Klebemasse, *nichtelastische Pflasterbinde* und eventuell *Hautkleber*.

Die Stärke der bei Stützverbänden am Kniegelenk einwirkenden Kräfte erfordert einen breitflächig angelegten Aufbau des Verbandes, der aufgrund der anatomischen Konfiguration und Dynamik des Gelenkes vor allem Stützung und Entlastung des innen und außen gelegenen Seiten-(Kollateral-)bandapparates bei Bandinstabilität bewirken soll.

Technik:

1. Anlage des Verbandes vorzugsweise im Stehen. Zwei Pflasterstreifen sind zirkulär oberhalb und unterhalb des Gelenkes etwa in Mitte des Ober- und Unterschenkels anzulegen (Abb. 11.21a).
2. In Längsrichtung von der oberen zur unteren Quertour sind innen (medial) und außen (lateral) zwei Streifen zu ziehen, die oben und unten jeweils mit einer Kreistour mit nichtelastischer Binde zu fixieren sind (Abb. 11.21b).
3. Mit der elastischen Pflasterbinde werden zwei Zügel gelegt: von der inneren Seite des Oberschenkels über die äußere Kniegelenkseite und die obere Wadenmuskulatur zur Unterschenkelinnenseite bzw.

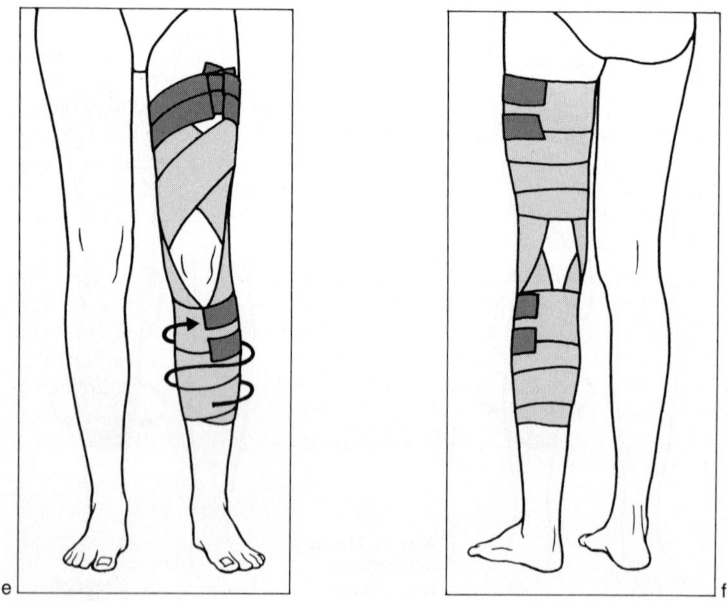

Abb. 11.21e u. f

Schienbeinvorderkante und von der äußeren Oberschenkelseite über die Kniegelenkinnenseite und Wadengegend zur Unterschenkelaußenseite bzw. Schienbeinkante von außen (Abb. 11.21c).

4. Weiterer Aufbau des Verbandes mit zwei zügelnden elastischen Klebeverbandstreifen: Zwei Zügel werden kreuzend von der Rückseite des Oberschenkels, also von körpernah nach körperfern unter Spannung angezogen und mit Fixierstreifen oben und unten befestigt (Abb. 11.21d).
5. Die Fixation an der Haut und die faltenfreie Auflage auf der Haut gewährleisten die mit elastischem Pflastermaterial gefertigten dachziegelartig sich überlappenden zirkulären Touren am Ober- und Unterschenkel und Freilassung des Kniegelenkes selbst (Abb. 11.21e und f).

11.5.10. Verband des Sprunggelenkes (Abb. 11.22a–d)

Neben den Verletzungen an Hand und Arm gehören Schäden am oberen und unteren Sprunggelenk zu den mit am häufigsten sowohl sofort als auch verzögert zu behandelnden Unfallfolgen im Sport, in der Freizeit und im Beruf. Stütz-, Schutz- und Therapieverbände mit lokal wirkenden abschwellenden und entzündungshemmenden Arzneimitteln gehören zu den festen Behandlungsrichtlinien dieser Verletzungsgruppe.

Stützverbände des oberen und unteren Sprunggelenkes verfolgen in erster Linie den Zweck, die äußeren, am häufigsten verletzten Bandstrukturen, die am Außenknöchel ansetzen, zu entlasten und sie gegen weitere Gewalteinwirkungen zu schützen. Zur Vermeidung von therapiebedingten Schäden durch Druckeinwirkung auf schlecht weichteilgepolsterte, unter der Haut liegende Knochenabschnitte am Innen- und Außenknöchel muß für eine Druckentlastung durch Verwendung von Polstermaterial Sorge getragen werden.

Das benötigte Material: *kohäsiv wirkende elastische Fixierbinde, nichtelastische Pflasterbinde* zur Verankerung und Abdeckung der Verbandgrenzen, *Polstermaterial* (textilkaschierter Schaumstoff, Filz) und *Hautkleber,* gegebenenfalls *Salbe, Gel* mit gerinnungshemmenden Substanzen (Heparin) oder antiphlogistisch (entzündungshemmend) wirksamen Stoffen (Diclofenac, Indometacin o. ä.), wodurch eine entsprechende Beeinflussung des posttraumatischen Zustandes erwartet werden kann.

Technik:

1. Anlage der Polsterungen am Innen- und Außenknöchel, die vorzugsweise mit Hautkleber fixiert werden. Das Polster wird am Innenknöchel L-förmig hinter diesem liegend, am Außenknöchel U-förmig umgreifend angebracht (Abb. 11.22a, Abb. 11.22b).
2. Schaumstoffplatten können mit Salben oder Gel beschickt werden, lassen sich dann aber verständlicherweise nicht mehr an der Haut festkleben. Für einen Therapieverband wird vom Innenrand des Vorfußes beginnend nach außen zum Fußaußenrand eine sich kohäsiv verhaltende elastische Fixierbinde gewickelt, die den Fuß seitlich hebt und damit die Außenbänder entlastet (Abb. 11.22c).
3. Abschluß des Verbandes am körpernahen und körperfernen Ende mit kurz übergreifenden nichtelastischen Pflasterstreifen (Abb. 11.22d).

Dieser Verband kann als Unterbau für einen in seiner Stützwirkung verstärkten Verband verwendet werden und eignet sich als Soforthilfsmaßnahme und als Überbrückung bis zur Einleitung spezifischer Diagnostik. Ohne Lokalbehandlung wird er auch als Nachbehandlungsmaßnahme bei Zuständen nach Operationen am Innen- und Außenknöchel verwendet.

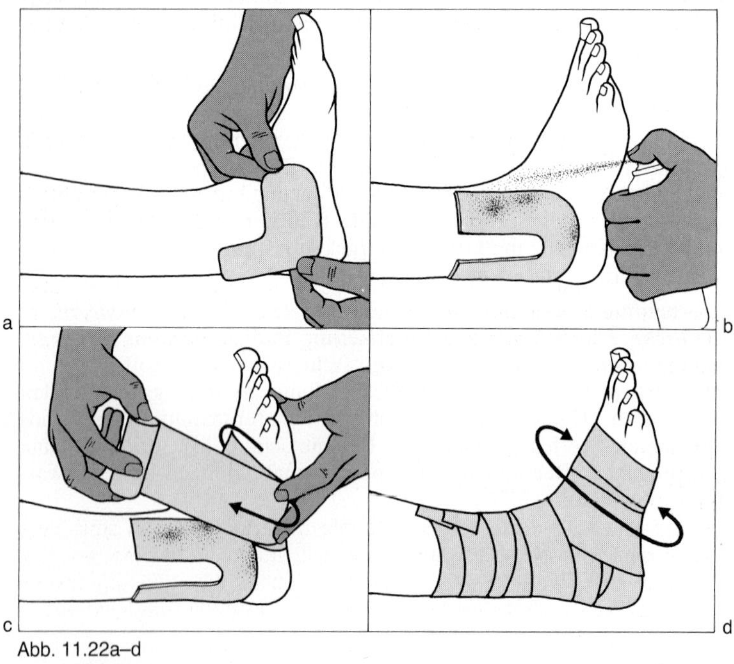

Abb. 11.22a–d

11.5.10. 1. Verband des Sprunggelenkes mit unelastischer Pflasterbinde (Abb. 11.23a–f)

Muß eine im Vergleich zu der Verbandanordnung 11.5.10. höhere Stütz- und Entlastungswirkung erzielt werden, kommt insbesondere nach eingetretener Abschwellung die nachfolgend beschriebene Technik zur Anwendung.

Das benötigte Material: *nichtelastische Pflasterbinde, Polstermaterial.*

Technik:
1. Haltung des Fußes in Mittelstellung (Neutral-0-Stellung), d. h. in Rechtwinkelstellung zur Unterschenkellängsachse. Anlage jeweils eines kurz überlappend geschnittenen Pflasterstreifens oberhalb des Knöchels und um den Vorfuß zirkulär (Abb. 11.23a).
2. Anlage eines U-Zügels von der Ferse her den Innen- und Außenknöchel nach körperwärts umgreifend. Fixation des Zügels am queren Unterschenkelstreifen (Abb. 11.23b).
3. Zweiter U-Zügel von der Rückseite des Fersenbeines, den inneren und äußeren Fußrand in Längsrichtung umfassend, Fixation des Zügels am Vorfußquerstreifen (Abb. 11.23c).
4. Dritter U-Zügel von der Fußsohle unter dem Fersenbein nach körperwärts etwas nach rückseitig versetzt, wie unter 2 (Abb. 11.23d).
5. Vierter Zügel nach körperfern versetzt, sonst wie unter 2 und 4 (Abb. 11.23e).
6. Der 4. Zügel wird sich kreuzend mit seinen Schenkeln über die Streckseite des Sprunggelenkes geführt.
7. Verschalung des Verbandes mit kurz sich überlappend geschnittenen Pflasterstreifen am Unterschenkel, am Fuß von fußsohlenwärts nach fußrückenwärts (Abb. 11.23f).

Wird eine stärkere Einschränkung der Streckung des oberen Sprunggelenkes für wünschenswert gehalten, kann der Verband mit Achtertouren von der Fußsohle her das Sprunggelenk umfassend verstärkt werden.

11.5.11. Verband des Großzehengrundgelenkes (Abb. 11.24a–e)

Distorsionen und Prellungen des Großzehengrundgelenkes sind häufige Vorkommnisse und können zur Abheilung durch eine gezielte Verbandbehandlung gebracht werden. Günstig beeinflussen lassen sich ebenfalls Verschleißerkrankungen des Großzehengrundgelenkes.

Das benötigte Material: *nichtelastische Pflasterbinde.*

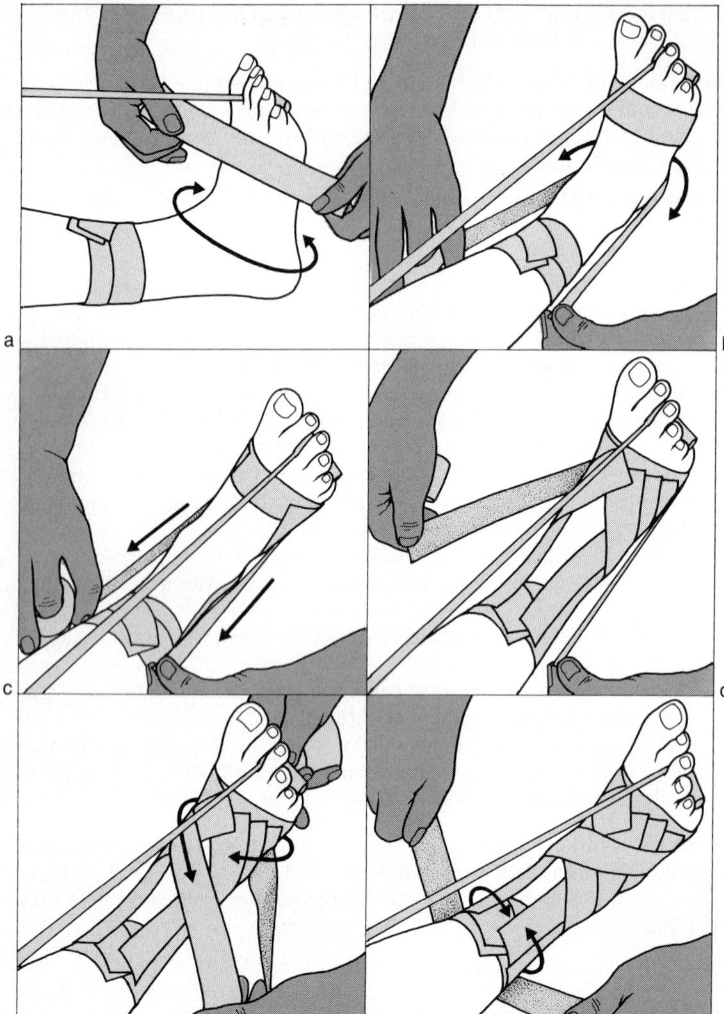

Abb. 11.23a–f Verband des Sprunggelenkes mit unelastischer Pflasterbinde, Text S. 151

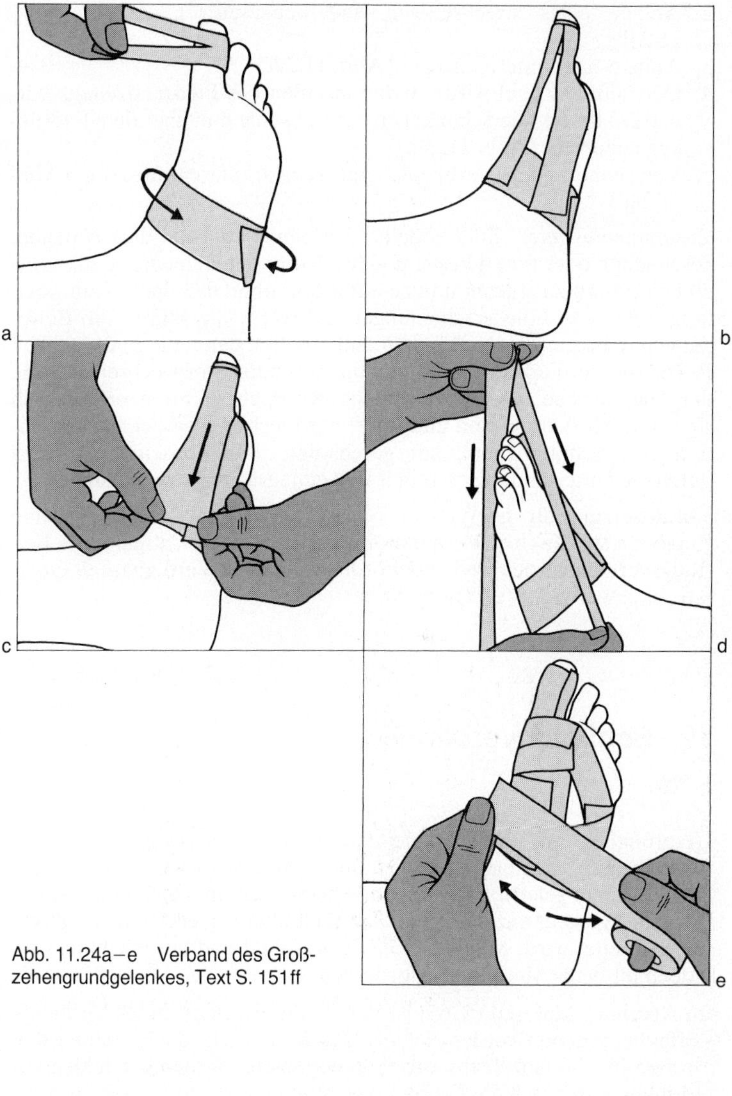

Abb. 11.24a–e Verband des Großzehengrundgelenkes, Text S. 151 ff

Technik:

1. Zirkuläre, kurz an den Enden sich überlappende Tour in Höhe der Fußwurzel, distale am Großzehengrund- und -endglied angreifende Zirkulärtour (Abb. 11.24a).

2. Anlage eines streckseitigen und beugeseitigen Zügels (Abb. 11.24b).
3. Anlage eines inneren Zügels (Abb. 11.24c).
4. Der äußere Zügel wird durch Einreißen des Pflasterstreifens körperfern fixiert, die Schenkel an der Fußsohle und über dem Fußrükken angeklebt (Abb. 11.24d).
5. Verschalung des Verbandes mit semizirkulären Streifen (Abb. 11.24e).

Zusammenfassung: Funktionelle Verbände haben die Aufgabe, geschädigte oder funktionsgeminderte Komponenten einer Funktionseinheit gezielt zu stützen und zu entlasten, ohne daß durch Ruhigstellung induzierte Folgeerscheinungen auftreten. Sie führen die Bewegungen in begrenzbaren Räumen und erhalten damit die funktionellen Reize, die für die Zirkulation und die normalen Stoffwechselvorgänge der Gleitgewebe, der Knochen und Knorpelstrukturen erforderlich sind. Die Muskelfunktion und -kraft wird nicht wesentlich beeinträchtigt. Die Schutzwirkung auf geschädigte Funktionseinheiten wird durch die Unterbindung extremer Bewegungsausschläge erzeugt.

Voraussetzung für die Wirksamkeit ist die Kenntnis der für einzelne Regionen spezifischen Verbandformen, die Berücksichtigung des Leistungsvermögens der Verbandanordnung und die Verfügbarkeit qualitativ hochwertigen Verbandmaterials.

12. Schlauchverbände

E. Most

Ursprünglich war das Schlauchmaterial so konzipiert, daß es mit Applikatoren angelegt werden mußte. Es dauerte jedoch nicht sehr lange bis man gelernt hatte, einen Schlauchverband auch ohne Applikator fachgerecht anzulegen, so daß jetzt überwiegend ohne Applikator gearbeitet wird. Manuelle Geschicklichkeit und etwas Übung sind jedoch für beide Methoden erforderlich.

Im Abschnitt Material (S. 65) ist bereits die Eigenart dieses Verbandstoffes beschrieben worden. Tab. 12.2 (s. S. 164) zeigt die Einteilung der Größen für die einzelnen Anwendungsgebiete. Wegen der fehlenden Normung lassen sich die Fabrikate nicht immer parallel setzen. Außerdem ist zu bedenken, daß bei sehr korpulenten Patienten gegebenenfalls eine größere Nummer gewählt werden muß und daß bei ganz kleinen, zierlichen Menschen eine kleinere Nummer angebrachter ist, als dies in der Tabelle ausgewiesen wird.

12.1. Handhabung der Applikatoren

Die Applikatoren sind aus gehärtetem Messing, das verchromt ist, hergestellt, sie lassen sich im Autoklaven mit und ohne Schlauchverband sterilisieren. Die Applikatoren Nr. 2–9 haben an einem Ende einen U-förmigen Ring, der das Abgleiten des Schlauchverbandes nach rückwärts verhindert, diese Seite liegt stets körperfern beim Anlegen des Verbandes, eine Ausnahme bildet nur der Kompressionsverband am Kopf. Am Applikator Nr. 1 fehlt aus technischen Gründen der U-förmige Ring, bei einiger Geschicklichkeit läßt sich der gespeicherte Schlauchverband hier mit dem Daumenballen bremsen. Man kann den Applikator auf Vorrat oder mit abgepaßten Längen für bestimmte Verbände füllen. Das Füllen des Applikators zeigt Abb. 12.1. Der Applikator wird senkrecht auf den Tisch gestellt, der

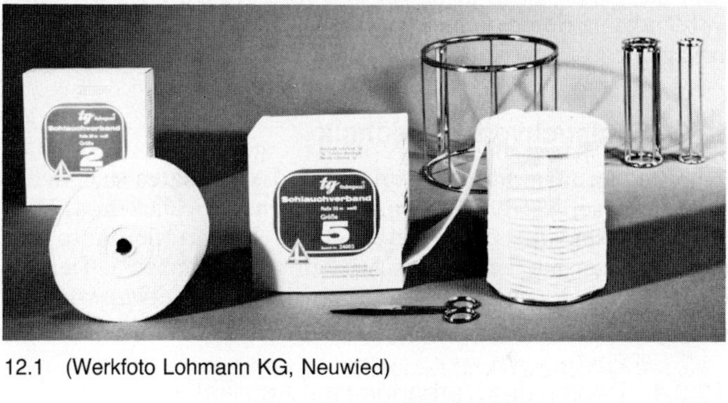

Abb. 12.1 (Werkfoto Lohmann KG, Neuwied)

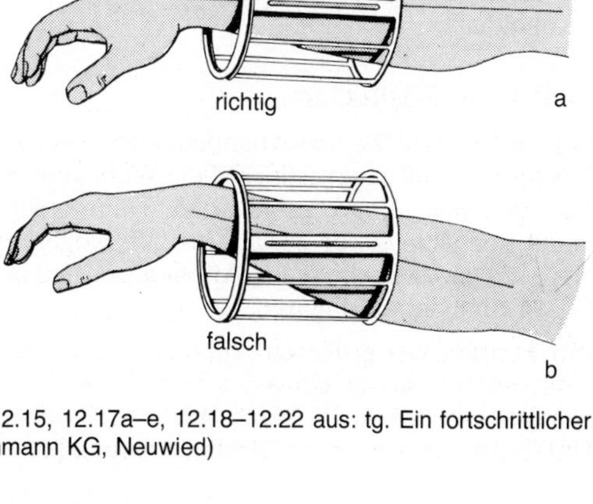

Abb. 12.2

(Abb. 12.2–12.5, 12.10–12.15, 12.17a–e, 12.18–12.22 aus: tg. Ein fortschrittlicher Verbandstoff, 3. Aufl. Lohmann KG, Neuwied)

U-Ring soll unten sein. Der Schlauchmull wird leicht gedehnt und übergestreift, man schiebt so viel Material nach, wie man benötigt, bzw. bis der Applikator gefüllt ist. Bei den Nummern 1–3 geht dies Verfahren sehr gut, ab Nummer 5 muß man beim Speichern beidseitig mit den Fingern das Gewirk weiterschieben, wegen des größeren Durchmessers sind dazu beide Hände erforderlich. Beim Anlegen des Verbandes muß der Applikator achsengerecht zur zu verbindenden Extremität geführt werden (Abb. 12.2). Ist der Verband fertig angelegt, wird der Schlauchverband entweder direkt am Applikatorrand abgeschnitten oder auf der Schneiderinne, die als breites Band mit einer Vertiefung vom U-Ring zum runden Ring verläuft, aufgeschnitten und entsprechend lang für die Verbandbefestigung abgeschnitten (z. B. beim Fingerverband).

Wird mit dem Applikator gearbeitet, so soll die Größe gewählt werden, die gerade noch über den zu verbindenden Körperteil gestreift werden kann. Sofern Schienen, Polsterungen oder auftragende Wundauflagen notwendig sind, müssen diese mit einberechnet werden.

12.2. Schlauchverbandtechnik

Zum Anlegen von Schlauchverband an Extremitäten sind vier Handgriffe erforderlich: 1. Spannen, 2. Drehen, 3. Schließen, 4. Verankerung. Sie sind für diese Verbände im Prinzip gleich, so daß die Grundfiguren nur einmal beschrieben werden müssen. Der Anfang eines Verbandes *mit* Applikator weicht jedoch etwas vom Anfang *ohne* Applikator ab, das ist zu beachten.

12.2.1. Beginn des Verbandes mit Applikator

Der Schlauchverband muß zunächst am Körper fixiert werden. Es bieten sich zwei Möglichkeiten an, erstens „Festhalten" und zweitens „Abbinden".

12.2.1. 1. Festhalten

Bei Finger- und Zehenverbänden wird vom gefüllten Applikator ca. 2–3 cm Material abgezogen, auf die Wundabdeckung gelegt und beides mit der linken Hand festgehalten. Dann zieht man mit der rechten Hand den Applikator zurück bis zur Fingerkuppe und schließt den Verband durch Drehung des Applikators um 180 Grad (Abb. 12.3). Es folgen dann die vier Figuren.

Zur Führung der größeren Applikatoren benötigt man beide Hände, so daß der Anfang entweder vom Patienten oder einer Hilfskraft gehalten werden muß. Man schiebt z. B. den Applikator über den Unterarm und zieht etwas Schlauchverband ab, das Ende wird festge-

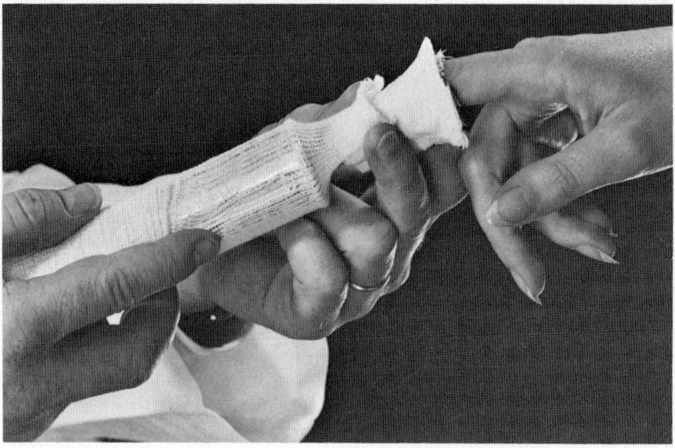

Abb. 12.3

halten, und zwar so lange, bis die erste Verankerung erfolgt ist. Es folgen dann je nach Erfordernis drei oder alle vier Figuren (Figur 3 = „Schließen“ entfällt gegebenenfalls).

Eine andere Möglichkeit zum Festhalten bietet sich bei den größeren Applikatoren noch durch Festkleben des Endes mit einem Pflasterstreifen, er darf aber nicht zirkulär geklebt werden. Dabei muß der Schlauchverband glatt angelegt werden, bei zu großer Weite wird eine *glatte* Falte eingeschlagen, die mit Pflaster zu befestigen ist.

12.2.1. 2. Abbinden

Vom gefüllten Applikator wird in genügender Länge Schlauchverband abgezogen und durch den Applikator geführt, hier kann das Ende verknotet oder abgebunden werden. Für die Abbindung schneidet man sich von der Schlauchverbandrolle einen schmalen Streifen ab, zieht ihn auseinander und erhält so ein kleines Band. Dann zieht man die Schlauchverband-Länge wieder zurück auf den Applikator, der nun vorn verschlossen ist, die Knotung liegt auf der körperabgewandten Seite. Das durch die Knotung verschlossene Ende des Applikators wird jetzt auf die Fingerspitze gesetzt und unter Spannung und leichter Drehung vorwärts geschoben. Wenn die erste Deckschicht verankert ist, kann die Abbindung wieder gelöst (oder abgeschnitten) werden. Wird ein Knoten nicht geöffnet, ist darauf zu achten, daß er nicht drücken kann.

12.2.2. Beginn des Verbandes ohne Applikator

Schlauchverband kann ohne Applikator angelegt werden. Die Meterware muß deshalb etwas anders für den einzelnen Verband vorbereitet werden. Es wird zunächst nur so viel Material abgeschnitten, wie für einen Verband erforderlich ist. Man kann entweder dieses Stück locker zusammenraffen oder aufrollen, das Aufrollen bei längeren Stücken ist praktischer, da es hierbei nicht so leicht vorzeitig auseinander geht. Damit der verhältnismäßig schmale Schlauchverband über den zu verbindenden Körperteil geführt werden kann, wird er nun mit den gespreizten Händen gedehnt und dann mit Fingerspitzengefühl über den Körperteil geführt, dabei müssen die Finger und Hände jetzt neben den 4 Figuren: Spannen, Drehen, Schließen und Verankern auch die Funktion des Applikators ausführen.

12.2.3. Spannen – Drehen – Schließen – Verankern

12.2.3. 1. Spannen

Schlauchverband ist bis zur vierfachen Breite dehnbar und kann durch Ziehen in Längsrichtung wieder in die ursprüngliche Breite gebracht werden. Durch diese Eigenschaft lassen sich die Verbände in der Regel fest und glatt, also faltenfrei anlegen. Diesen guten Sitz erreicht man nicht einfach durch Vor- und Zurückziehen des Schlauchverbandes, sondern man bremst mit den Fingerspitzen und spannt dadurch das Gewirk.

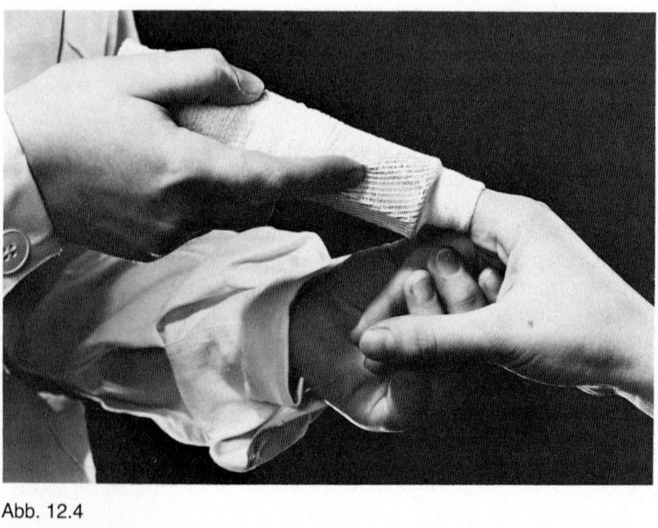

Abb. 12.4

Während des Anlegens des Verbandes spricht man vom „Vorwärtsschieben“, wenn der Schlauchverband zum Körper hingeschoben und vom „Zurückziehen“, wenn er zum distalen Teil geführt wird.

12.2.3. 2. Drehen

In vielen Fällen genügt das Spannen allein nicht, da der Verband eine bestimmte Festigkeit haben muß. Aus diesem Grund wird gleichzeitig mit dem Spannen der Schlauchverband in der Längsachse gedreht. Am Maschenverlauf ist die Drehung erkennbar (Abb. 12.4). Die Drehung erfolgt immer in der gleichen Richtung. Bei zu starker Drehung kann es zu einer Stauung oder Blutleere kommen, es ist deshalb auf die richtige Dosierung zu achten.

12.2.3. 3. Schließen

Soll die Fingerkuppe mit eingeschlossen werden, so wird dies an der Fingerspitze dadurch erreicht, daß der Schlauchverband sehr nahe der Kuppe um 180 Grad gedreht wird, danach wird der Verband durch Vorwärtsschieben fortgesetzt.

12.2.3. 4. Verankerung

Sie besteht darin, daß der Schlauchverband unter nur leichter Spannung am Ende des Verbandes um ca. 180 Grad gedreht wird. Die Drehung muß so fest sein, daß beim Zurückziehen des Schlauchverbandes die vorherige Lage nicht mit zurückrutscht, aber andererseits nicht so fest, daß es zu einer Stauung im distalen Körperteil kommt. Die Verankerung ist an beiden Enden des Verbandes erforderlich, Ausnahmen bilden nur Verbände, bei denen die Finger- oder Zehenkuppen eingeschlossen sind.

Werden mehrere Lagen Schlauchverband angelegt, so führt man die Verankerung jeweils über die vorherige hinaus aus (also nicht genau auf der darunter liegenden Verankerung), dadurch wird der Verband sicherer gehalten.

12.2.4. Befestigung

Wird der Schlauchverband mit Hilfe des Applikators angelegt, dann kann man entweder auf der U-Schiene den Schlauchverband mit einer spitzen Schere aufschneiden oder ihn vor dem Ring abtrennen, technisch geht dies besser. Man kann das Ende dann auf dem Verband glattziehen und mit einem Heftpflasterstreifen, der aber nicht zirkulär liegen darf, befestigen. Bei breitem Schlauchverband muß evtl. erst eine Falte eingeschlagen werden, da eine Drehung und somit eine Regulierung auf die gewünschte Breite wegen der fehlenden Verankerung nicht möglich ist und das Pflaster nicht zirkulär geklebt werden darf.

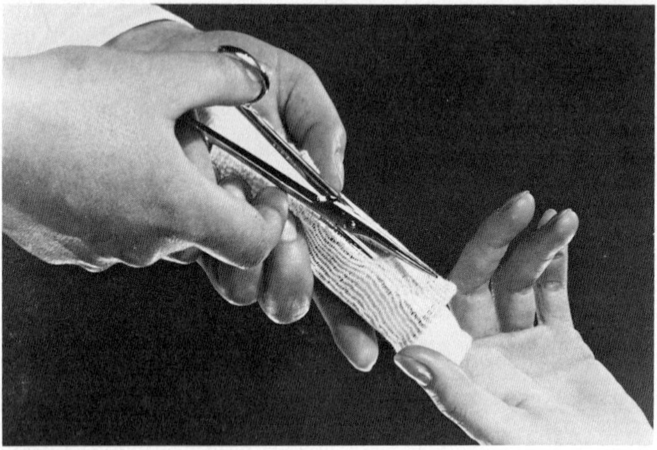

Abb. 12.5

Man kann auch das Endstück des Schlauchverbandes in Maschenrichtung einschneiden und die beiden Zipfel ausziehen, so daß sich die Enden verknoten lassen.

Beim Fingerverband ist es möglich, auf der entgegengesetzten Seite der gewünschten Bandführung ca. 3 cm Schlauchverband aufzuschneiden, dabei soll er gerade und parallel zum Applikator liegen (Abb. 12.5). Hier kann man die Schneiderinne auf dem Applikator benutzen. Durch den entstandenen Schlitz im Schlauchverband führt man jetzt den Finger und zieht vom Applikator noch so viel Schlauchverband ab, daß man damit zum Handgelenk (über den Handrücken) und um dieses herum kommt. Ist der Schlauchverband zum Handgelenk geführt, so teilt man den Rest in zwei parallele Bänder, verknotet und bindet sie am Handgelenk fest (Abb. 12.6).

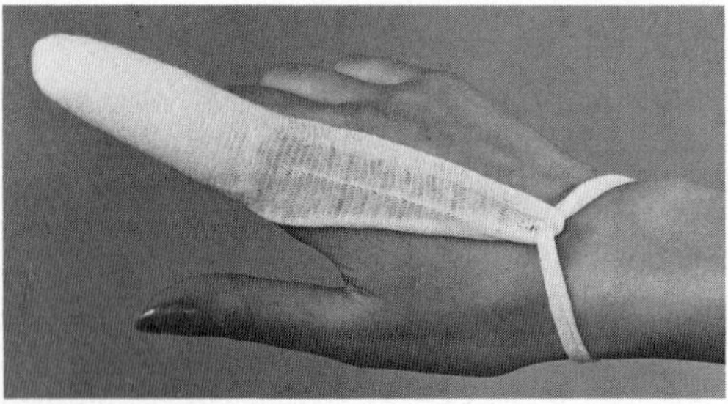

Abb. 12.6

(Abb. 12.6, 12.16b, 12.23d, 12.27d aus: Stülpa-Fibel, Hartmann AG, Heidenheim 1972)

Arbeitet man ohne Applikator, dann schneidet man nur so viel Schlauchverband von der Vorratsrolle, wie für einen Verband erforderlich ist, ab. Soll bei Fingerverbänden der Abschluß am Handgelenk liegen, muß dies bei der Länge berücksichtigt werden. Grundsätzlich wird auch bei dieser Arbeitsweise der Verband so befestigt, wie es im vorherigen Abschnitt beschrieben wurde. Erfolgt die Endbefestigung mit Heftpflaster, so darf dieses jedoch auch hier nicht zirkulär geklebt werden.

12.3. Schlauchverbände (Fertigware)

Fertigverbände aus Schlauchverband werden so angeboten, daß sie stets sofort einsatzbereit sind und ein sachgerechter Abschluß möglich ist.

Folgende Fertigverbände sind z. Z. erhältlich (Tab. 12.1):

Tabelle 12.1 Schlauchverband-Fertigware

Raucotube BW	*Stülpa*
Gr. 1 Fingerverband	Gr. 1 Fingerverband
Gr. 3 Fuß, Bein	Gr. 3 Fuß, Kinderkopf, Achselhöhlenverband
Gr. 4 Kopf, Gesicht	Gr. 4 Kopf, Bein, Achselhöhlenverband

tg

Fingerlinge
Fäustlinge (ohne Daumen) klein für Säuglinge
groß für Kleinkinder

Handschuhe: klein, Größe 6–7
mittel, Größe 7½–8½
groß, Größe 9–10
für Kinder

Kopfverband für Erwachsene
Hemd, klein und groß für Kinder
Hemd, klein und groß für Erwachsene
Hose, klein und groß für Kinder
Hose, klein und groß für Erwachsene

Bei den fertigen Fingerlingen wird als erster der nicht aufgerollte Teil des Schlauchverbandes über den Finger und die Wundkompresse gezogen (Abb. 12.7), sodann wird der gerollte Teil zum Fingergrundglied gestreift, der noch verbleibende Rest wird auf der Hohlhandseite aufgeschnitten (Abb. 12.8), so daß man jetzt auf der Handrückenseite ein Band ausziehen kann, das bis zum Handgelenk geführt wird. Hier unterteilt man den Rest noch einmal und erhält zwei schmale Bänder, die einmal miteinander verknotet und dann um das Handgelenk zur Endbefestigung geführt und geknotet werden.

Bei Mehrfingerverbänden (Abb. 12.9) wird jeder Finger, wie oben beschrieben, in den Schlauchverband eingehüllt; der Rest wird jeweils auf der Hohlhandseite aufgeschnitten, und die Bänder werden über den Handrücken zum Handgelenk geführt, hier miteinander verknotet und so aufgeteilt, daß das Handgelenk von beiden Seiten zu umfassen ist. Die Enden können dann verknotet werden.

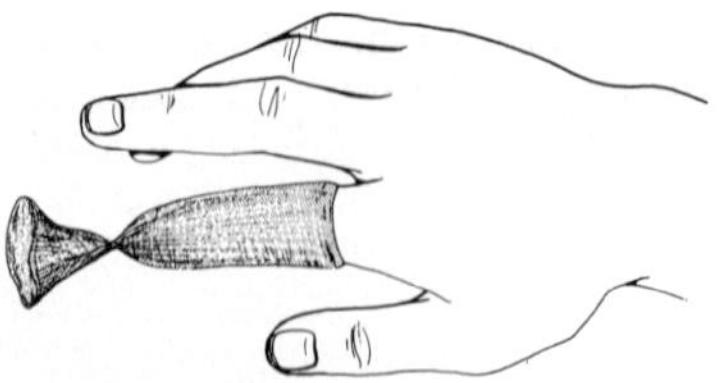

Abb. 12.7

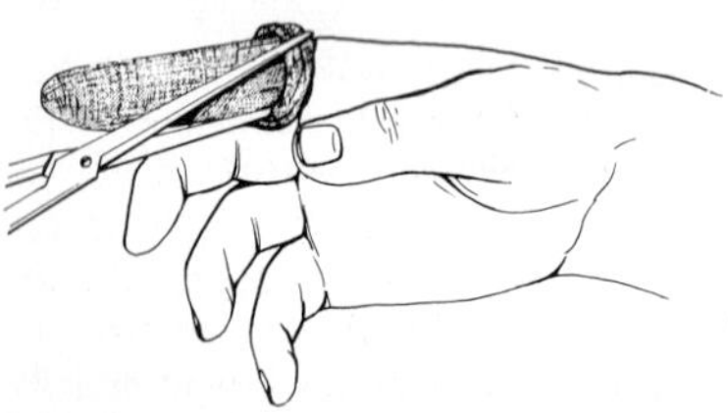

Abb. 12.8

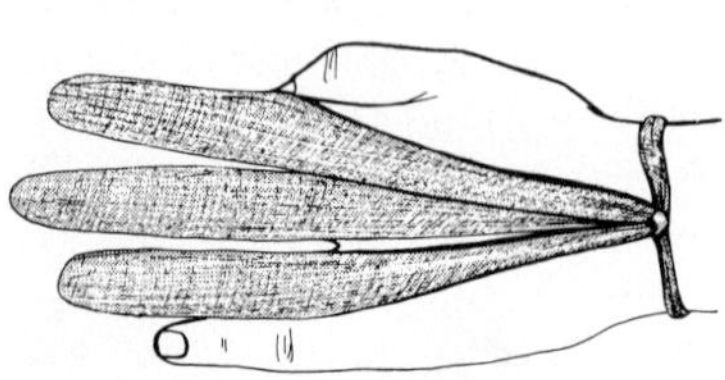

Abb. 12.9

12.4 Abnahme der Schlauchverbände

Da Schlauchverband unter Spannung und Drehung angelegt wird, läßt er sich nicht einfach abwickeln, sondern wird nach Lösen der Befestigung entspannt, indem man ihn mit den Fingern aus der Drehrichtung in einen parallelen Maschenverlauf bringt. Der Schlauchverband läßt sich dann leicht zusammenschieben. Die Verankerungen werden ebenfalls durch Aufdrehen beseitigt.

Gegebenenfalls kann der Schlauchverband natürlich auch aufgeschnitten werden. Es empfiehlt sich aber, zunächst die Verankerung sehr vorsichtig zu durchtrennen und mit einer leichten Drehung in entgegengesetzter Verankerungsrichtung die Spannung des Schlauchverbandes etwas zu lockern.

12.5 Spezielle Schlauchverbände

In Tab. 12.2 sind die Anwendungsgebiete für die einzelnen Schlauchverbandgrößen angegeben. Bei der Beschreibung der speziellen Schlauchverbände wird lediglich die *Suchzeilennummer* aus dieser Tabelle angegeben, man kann dann ablesen, welche Größe verwendet werden kann. Unterschiedliche Körpergrößen und unterschiedlicher Körperumfang kann die Verwendung von kleinerem oder größerem Schlauchverbandmaterial erforderlich machen. Die Tabelle ist nach durchschnittlich gebräuchlichen Größen zusammengestellt.

12.5.1. Armverband (Tab. 12.2; Suchzeile 3–4; Abb. 12.10–12.13)

Wird ohne Applikator gearbeitet, mißt man ca. 4mal die Länge des zu versorgenden Armabschnittes ab. Der Anfang bedeckt zur Hälfte die Wundauflage, beides wird zusammen festgehalten, bis am distalen Verbandende die Verankerung gelegt worden ist (Abb. 12.10). Der Arm kann in Streckstellung bleiben. Durch Vorwärtsschieben und Drehung des Applikators (oder nur des Schlauchverbandes) wird die Wundkompresse abgedeckt und der Schlauchverband am körpernahen Verbandende verankert. 2–3 Lagen reichen für einen Verband aus (Abb. 12.11). Der Verbandabschluß soll möglichst an der dünneren Körperseite liegen. Vom Applikator wird der Schlauchverband, wie Abb. 12.12 zeigt, abgetrennt und mit einem Heftpflasterstreifen, der nicht zirkulär liegen darf, festgeklebt (Abb. 12.13). Läßt sich die Schnittkante nicht glatt anlegen, so schlägt man in Längsrichtung vor dem Festkleben eine Falte.

12.5.2. Armschienenverband
(Tab. 12.2, Suchzeile 6; Abb. 12.14a u. b)

Die Schiene wird fachgerecht angelegt. Für den Verbandanfang benötigt man eine Hilfsperson, die den Anfang des Schlauchverbandes und die Schiene festhält. Der Anfang liegt etwa in der Mitte des Unterarmes. Der Applikator bzw. Schlauchverband wird zunächst zurückgezogen und durch eine Drehung um 180 Grad am *Handgelenk* verankert. Es folgen Vorwärtsschieben bis kurz vor den Ellenbogen und

Tabelle 12.2 Die handelsüblichen Schlauchverbandstoffe

Such-zeile	Anwendungsgebiete	delta-tube Breite	Rauco-tube	Stülpa	tg Größe / Applikator	Tricofix	Tubiton	Tubinette
1	Finger klein Zehen normal	1,5 cm	0 R	0 R	1 / 1	A, B	00	00
2	Finger- und Zehenverbände mit größeren Wundauflagen, Rucksackverband	2,5 cm	1 R	1 R	2 / 2	B	01	03
3	Verbände an mehreren Fingern: Kinderhände und Kinderarme	4 cm	2 R	2 R	3 / 3	C	12	12
4	Hand- und Armverbände; Fuß- und Kinderbeinverbände	6 cm	2 R	2 R (3 R)	5 / 5 (6 / 6)	C, D	34	34
5	Unterschenkel-, Zinkleimverbände; Streckverbände bei Kindern, Oberschenkelverbände bei Kindern	8 cm	(2 R) 3 R	3 R	(5 / 5) 6 / 6	C, D (E)	56	56
6	Beinverbände, Armschienenverbände; Männerarmverbände; Kinderkopfverbände	(8 cm) 10 cm	3 R	(3 R) 4 R	7 / 7	E, F	56 (78)	56 (78)
7	Achselhöhle, Gesichtsmaske; Kopfverbände; Körperverbände bei kleineren Kindern	10 cm	(3 R) 4 R	4 R 5 R	9 –	E, F	78	78
8	Körperverbände bei größeren Kindern; Oberschenkel und große Kopfverbände	16 cm	5 R	6 R	9	F, G	78	78
9	Körperverbände bis Konfektionsgröße Nr. 40		7 R	7 R	K 1	K	T 1	T 1
10	Körperverbände ab Konfektionsgröße Nr. 42		8 R	8 R	K 2	L	T 2	T 2

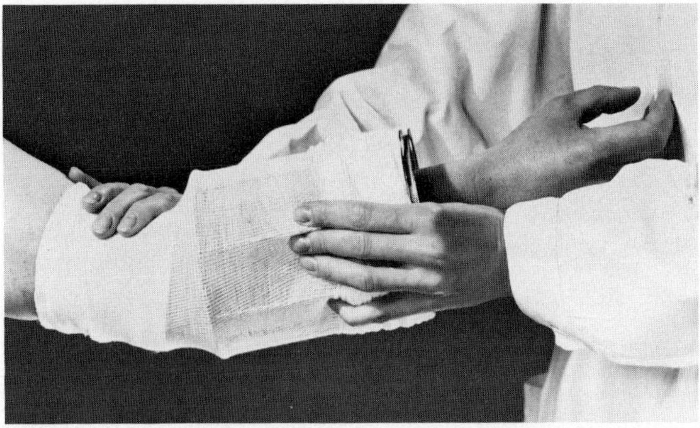

Abb. 12.10

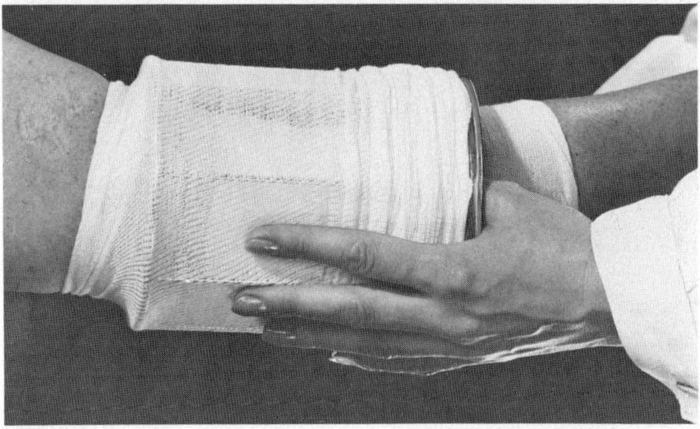

Abb. 12.11

Verankerung des Schlauchverbandes. Unter Spannung wird der Schlauchverband bis zum Daumen zurückgezogen und ein Loch für den Daumen geschnitten. Wenn man mit dem Applikator arbeitet, dann trennt man bei gespanntem Schlauchverband in der Höhe des Daumenendgliedes ein paar Maschen auf; der Daumen kann dann durch das Loch gesteckt werden. Dann erfolgt durch Drehung des Applikators die Verankerung an den Fingergrundgelenken und um die Schiene herum. Bevor die nächste Schicht übergezogen werden kann, muß wieder erst ein Einschnitt für den Daumen erfolgen, und zwar schneidet man jetzt (bei gespanntem Schlauchverband) dort ein, wo

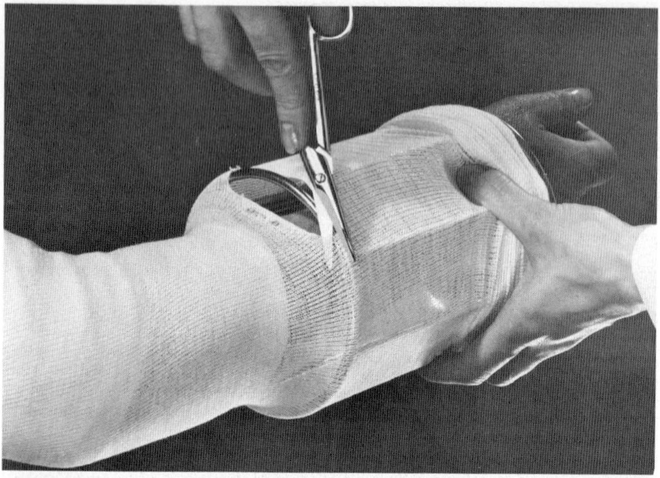

Abb. 12.12

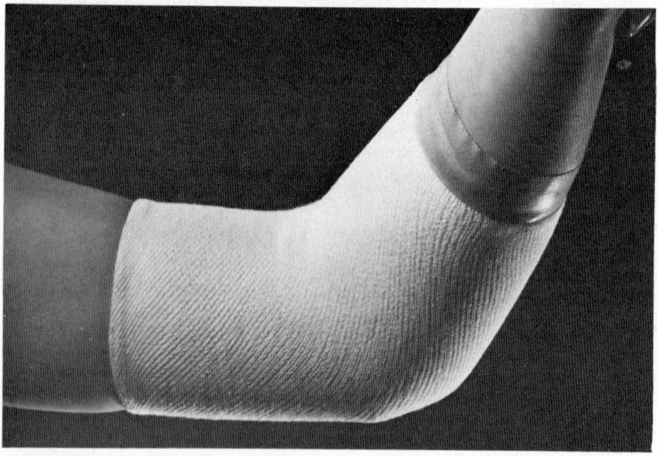

Abb. 12.13

die Daumenkuppe hinzeigt, der Daumen kann dann durchgesteckt werden. Unter leichter Spannung und Drehung werden weitere Lagen bis zum körpernahen Schienenende aufgelegt. Der Abschluß beim Armschienenverband liegt am körpernahen Schienenende. Man kann entweder das Schlauchverbandende leicht einschneiden, daraus zwei Zipfel ziehen und miteinander verknoten, oder man legt den Verband-

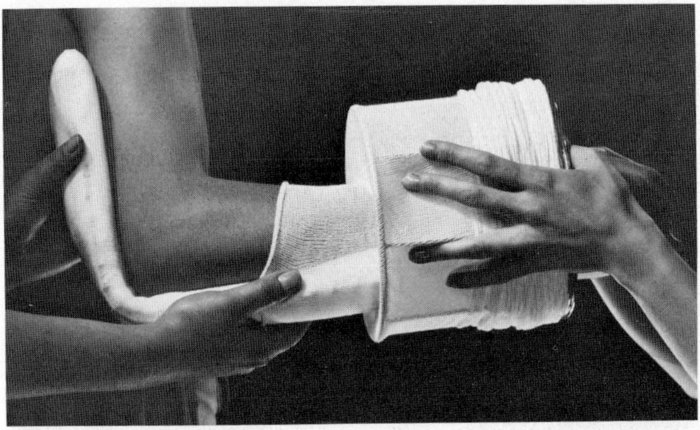

Abb. 12.14a

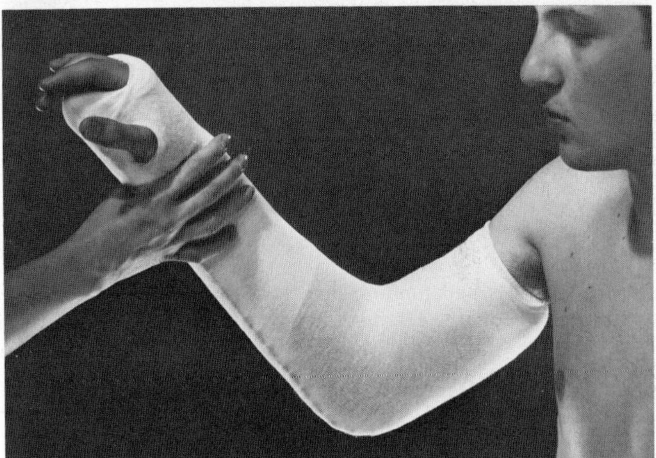

Abb. 12.14b

stoff glatt an, schlägt gegebenenfalls noch eine Längsfalte und klebt alles mit einem Heftpflasterstreifen fest.

12.5.3. Fäustling ohne Applikator
(Tab. 12.2, Suchzeile 4; Abb. 12.15a u. b)

Die Technik entspricht der beim Fußverband beschriebenen, nur wird in Höhe des Daumengrundgelenkes zunächst ein Loch für den Dau-

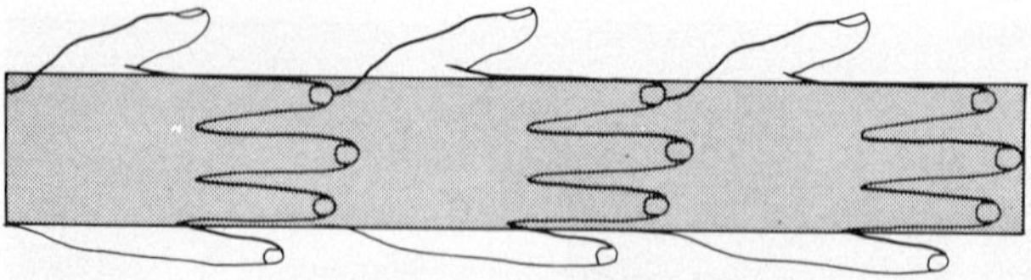

Abb. 12.15a

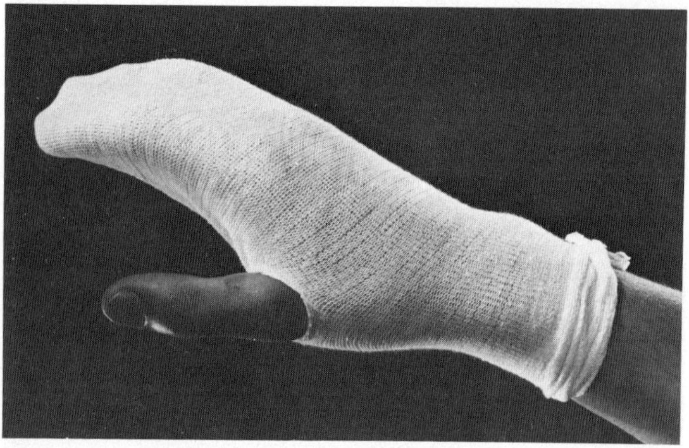

Abb. 12.15b Fäustling

men geschnitten. Sodann führt man den Schlauchverband weiter bis zu den Fingerspitzen; die Drehung kann vor den Fingerkuppen erfolgen. Die 2. Lage wird zum Handgelenk gestreift und in Höhe der Daumenkuppe die Öffnung für den Daumen geschnitten. Die Befestigung am Handgelenk kann durch Heftpflaster oder seitliche Einschnitte in den Verbandstoff und Verknoten dieser Zipfel erfolgen.

12.5.4. Fußverband ohne Applikator
(Tab. 12.2, Suchzeile 4; Abb. 12.16a u. b)

Für den Fußverband benötigt man ca. die dreifache Fußlänge Schlauchverband, wenn der Verband doppeltschichtig liegen soll. Der Schlauchverband wird leicht zusammengerafft und gedehnt, sodann bis kurz über das Fußgelenk gezogen. Hier wird der Anfang festgehalten und der Rest des Materials bis zu den Zehenspitzen hinuntergezogen; durch Drehung des Schlauchverbandes (etwas in Richtung Fußsohle) kann hier der Verband geschlossen werden. Der jetzt noch verbleibende Rest wird wie eine Socke zum Fußgelenk hoch- und

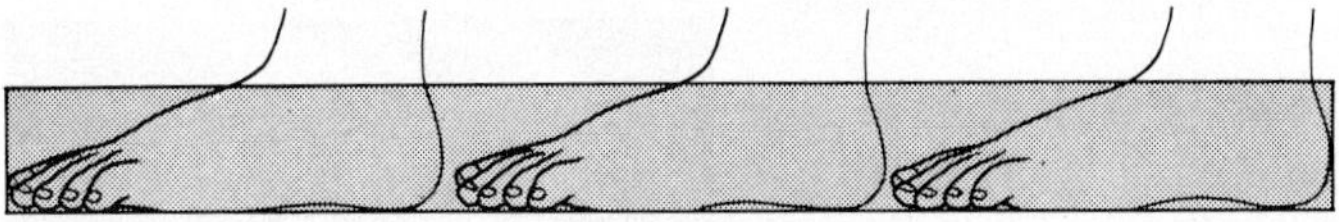

Abb. 12.16a

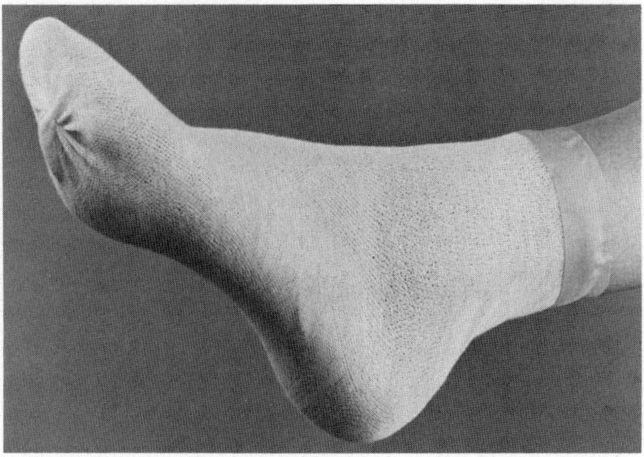

Abb. 12.16b Fußverband

glattgezogen. Der Sockenrand kann durch kurzes Einschneiden und Ausziehen von Zipfeln verknotet werden, oder man klebt mit Heftpflaster einen Teil des Randes fest.

Will man an den Zehenspitzen eine Drehung vermeiden, kann man vorher den Schlauchverband ungefähr in der Mitte mit einem Bändchen unterteilen.

12.5.5. Kopfverband (Tab. 12.2, Suchzeile 6–7; Abb. 12.17a–e)

Die Abb. 12.17a–e zeigen einen Kopfverband, der ohne Applikator angelegt wird. Man benötigt 3mal die Kopflänge Schlauchverband (a) und unterteilt diese zwischen dem ersten und zweiten Drittel mit einem Bändchen (b). Das kurze Ende wird zuerst über den Kopf gezogen (c), das lange Ende zusammengeschoben und darübergesetzt, und zwar so, daß es bis Stirnmitte und Hinterhaupt reicht. Dann erfolgt je ein Einschnitt (Stirn und Hinterhaupt) in den überschüssigen, leicht zusammengeschobenen Rest, so daß zwei Zipfel entstehen. Es folgen jetzt je ein kleiner Einschnitt in die untere Lage (in Höhe der Ohren), durch die dann die Zipfel gezogen werden (d). Zum Schluß werden beide Zipfel unter dem Kinn miteinander verknotet (e).

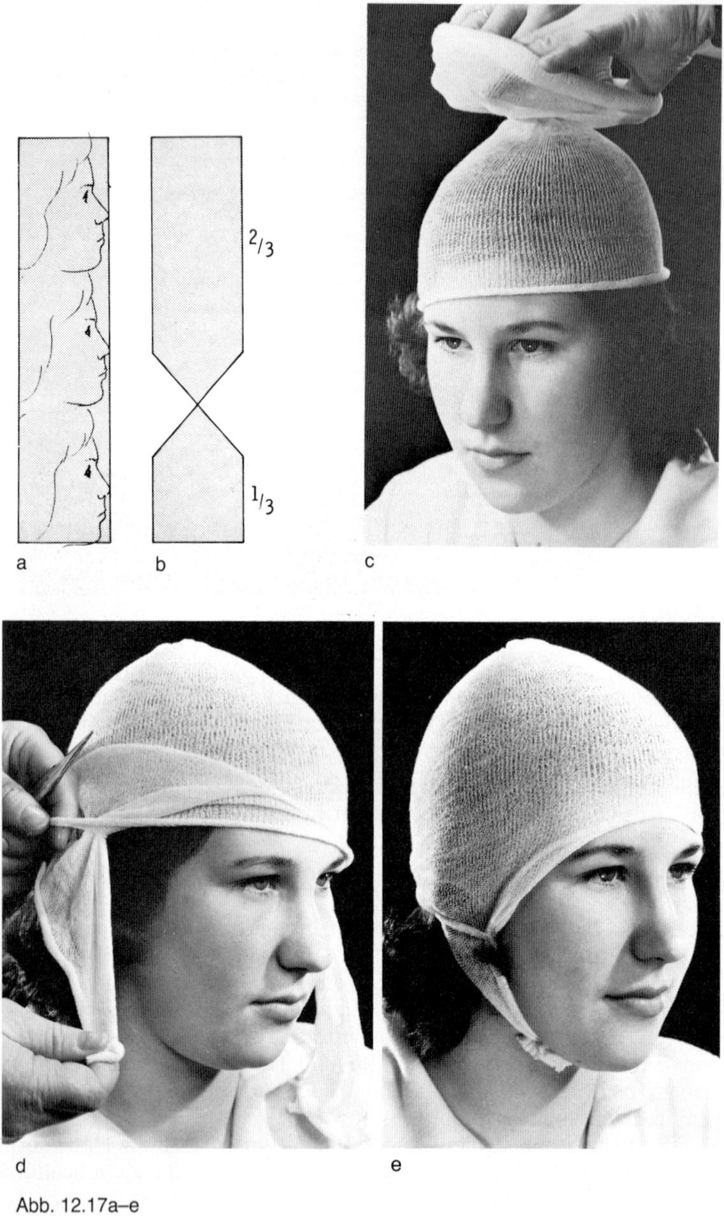

Abb. 12.17a–e

12.5.5. 1. Kopfverband, andere Ausführung

Die Technik ist dieselbe wie bei dem zuvor beschriebenen Verband, jedoch erfolgt hier der Einschnitt nur in den Schlauchverband über der Stirnmitte. Die entstehenden beiden Zipfel werden ausgezogen und seitlich zum Kinn geführt. Dort werden sie verknotet. Bei dieser Technik werden die Ohren breitflächig mitbedeckt (Abb. 12.17f).

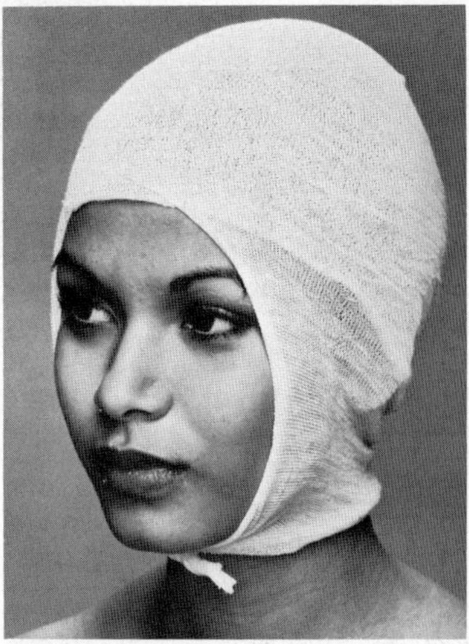

Abb. 12.17f Kopfverband mit anderem Abschluß (Foto: Beiersdorf AG, Hamburg)

f

12.5.6. Kleiner Nackenverband

(Tab. 12.2, Suchzeile 6–7; Abb. 12.18a–d)

Für den kleinen Nackenverband benötigt man 2mal "Kopflänge" Schlauchverband, das unterste Drittel dieser Länge wird, wie Abb.

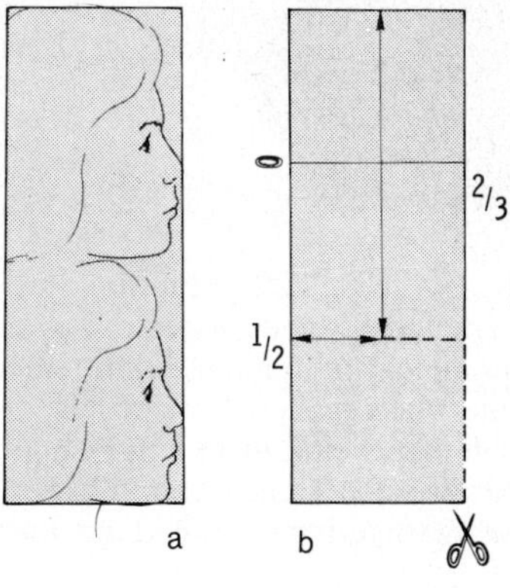

Abb. 12.18a u. b Kleiner Nackenverband

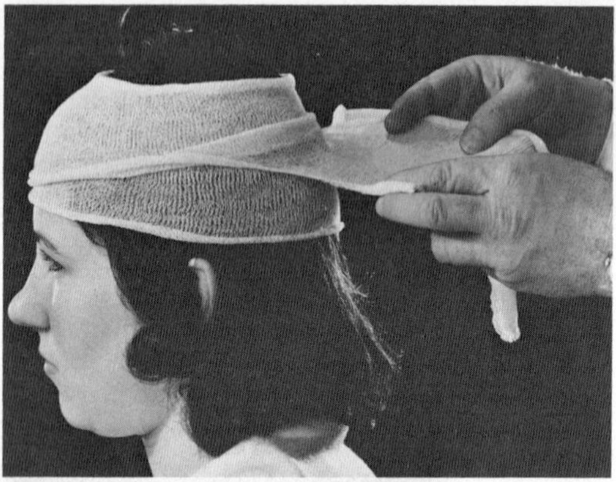

c

d

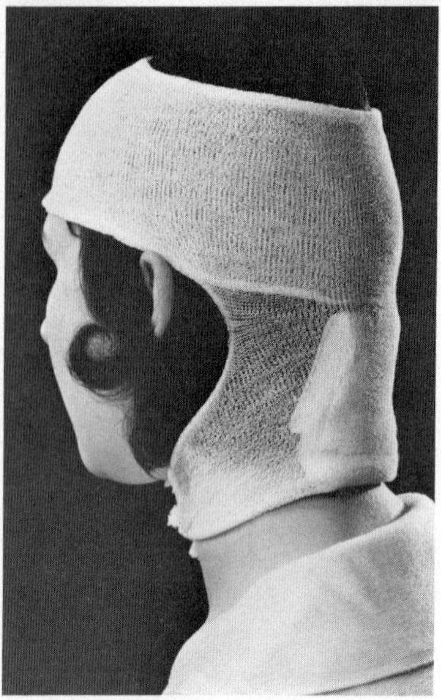

Abb. 12.18c–d
Kleiner Nackenverband

12.18b zeigt, aufgeschnitten, das oberste Drittel über den Kopf gezogen und spätestens jetzt von derselben Schlauchverbandgröße ein schmaler Streifen abgeschnitten, zu einem doppelten Ring ausgezogen und über den noch nicht festgelegten Schlauchverband gezogen, so daß das zweite, nicht aufgeschnittene Drittel darüber stirnwärts gezogen werden kann (Abb. 12.18c). Das letzte, aufgeschnittene Drittel Schlauchverband muß dann im Nacken liegen und kann jetzt die

Wundkompresse überdecken. An jeder Nackenseite befinden sich zwei Zipfel, die nach vorn gezogen und unter dem Kinn und am Hals verknotet werden (Abb. 12.18d).

12.5.7. Ohrenverband (einseitig)
(Tab. 12.2, Suchzeile 6–7; Abb. 12.19)

Für den einseitigen Ohrenverband benötigt man genausoviel Schlauchverband wie für den kleinen Nackenverband. Er wird mit derselben Technik angelegt, jedoch mit dem Unterschied, daß das aufgeschnittene Drittel des Schlauchverbandes seitlich über dem Ohr liegen muß (s. auch Abb. 12.18a–c).

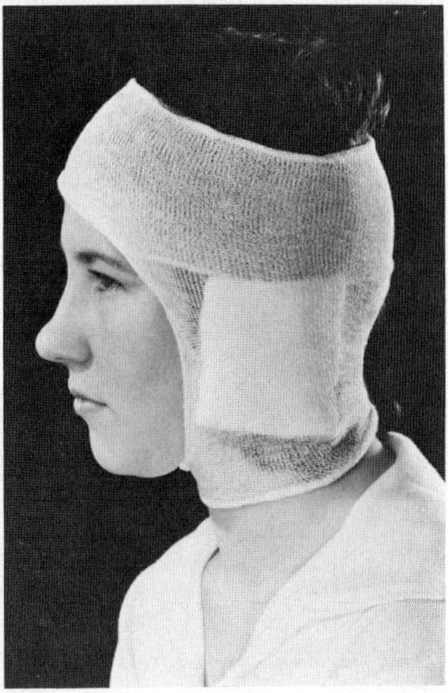

Abb. 12.19 Ohrenverband

12.5.8. Großer Nackenverband
(Tab. 12.2, Suchzeile 6–7; Abb. 12.20a–c)

Man benötigt für den großen Nackenverband drei „Kopflängen" Schlauchverband, bzw. wenn die obere Schulterpartie mit eingeschlossen werden soll, vier „Kopflängen" (Abb. 12.20a). Der Schlauchverbandstreifen wird, wie Abb. 12.20b zeigt, aufgeschnitten. Die vierte Kopflänge für die Schulterpartie wird als Extralänge (s. Einteilung Abb. 12.20b) bei Bedarf in das untere Viertel einbezogen. Über die Mitte des nicht aufgetrennten Schlauchverbandes zieht man einen gedoppelten Ring, dann zieht man den oberen, nicht aufgeschnittenen Teil über den unteren, so daß man ein doppellagiges Stirnband erhält. Dabei liegen dann beide aufgeschnittenen Schlauchverbandstreifen übereinander. Man streift das doppelte Stirnband so über den Kopf, daß die offenen Lagen im Nacken liegen und die Wundkompressen sicher überdecken können. Die Zipfel werden nach vorn gezogen und unter dem Kinn verknotet. – Ist die vierte Kopflänge mit zugeschnitten worden, so muß beim Überstreifen des gedoppelten Stirnbandes darauf geachtet werden, daß der längere Teil der Nackenabdeckung obenauf liegt. Der kurze Teil der Nackenabdeckung wird wie beschrieben verknotet, der längere Teil wird tiefer auf die Schulterpartie über die Wundkompressen gezogen und vom unteren Ende her in der Mitte aufgeschnitten (bis Höhe Achselhöhle); die Zipfel zieht man zu Bändern aus, sie werden unter den Achselhöhlen zur Brust geführt und dort verknotet.

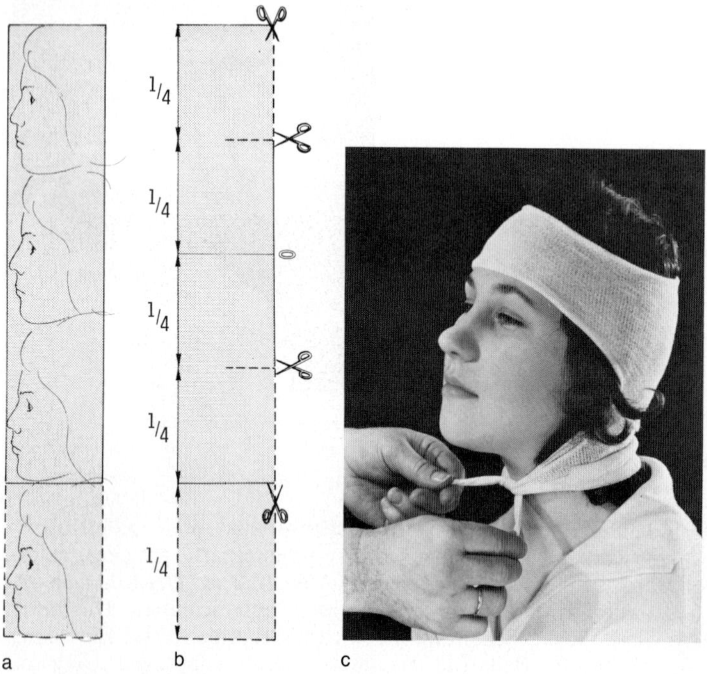

a b c

Abb. 12.20 Großer Nackenverband

12.5.9. Kinnschleuder (Tab. 12.2, Suchzeile 7; Abb. 12.21a–d)

Für diesen Verband genügen zwei „Kopflängen" Schlauchverband, der, wie Abb. 12.21b zeigt, aufgeschnitten wird. Der nicht aufgeschnittene Teil wird so um das Gesicht gelegt, daß er über dem Scheitel und unter dem Kinn liegt. Der aufgeschnittene Teil muß dabei halsnah liegen (Abb. 12.21c), die kurzen, oberen Zipfel dieses Teils werden

Abb. 12.21a–d Kinnschleuder

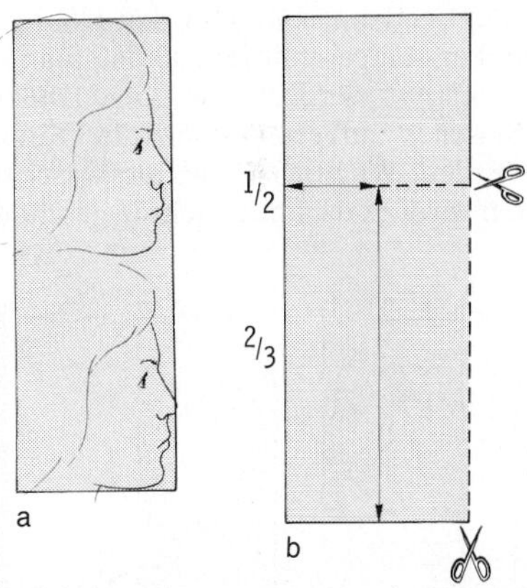

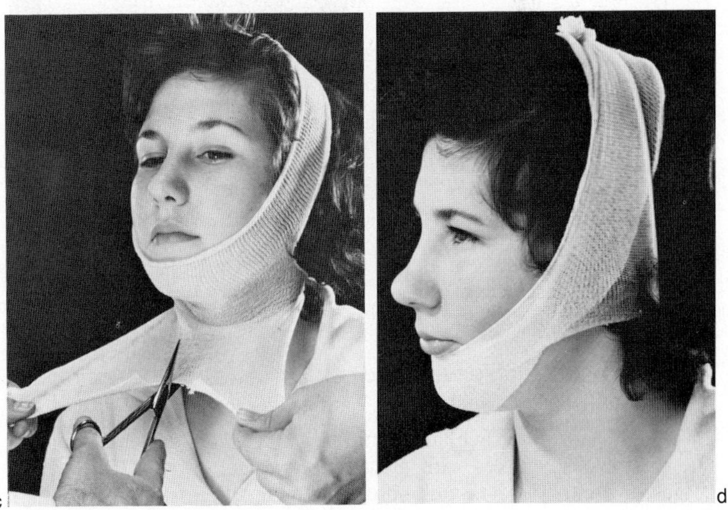

ausgezogen und im Nacken miteinander verknotet. Die unteren Ecken werden gefaßt und nach vorn gezogen, sodann schneidet man in der Mitte bis zum Kinn den Schlauchverband ein und zieht jetzt beide Zipfel hoch zum Scheitel, dort werden sie verknotet (Abb. 12.21d).

12.5.10. Gesichtsmaske (Tab. 12.2, Suchzeile 6–7; Abb. 12.22a–c)

Hier benötigt man reichlich zwei „Kopflängen" Schlauchverband, der an einem Ende mit einem Bändchen zugebunden oder verknotet wird. Der Schlauchverband wird dann von der offenen Seite her gerafft, leicht gedehnt und über den Kopf gestreift. Auf der Rückenseite wird er kurz eingeschnitten, so daß man zwei Zipfel erhält, die miteinander verknotet werden. Für Augen und Mund werden vorsichtig je drei Maschen aufgetrennt, für die Ohren müssen einige mehr aufgetrennt werden. Wichtig ist, daß die Maschenrichtung beim Trennen eingehalten wird, es darf nicht schräg geschnitten werden.

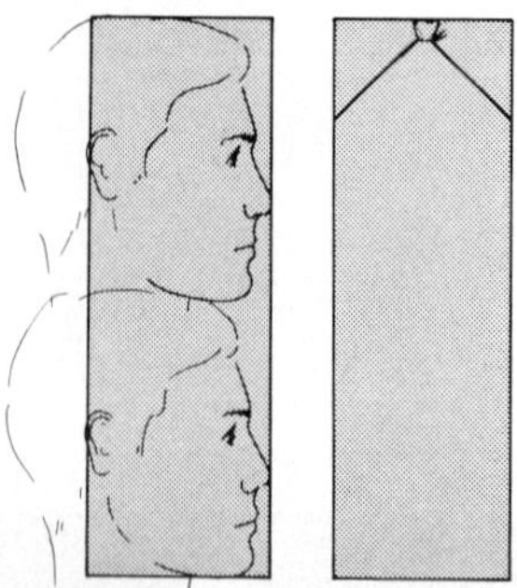

a b

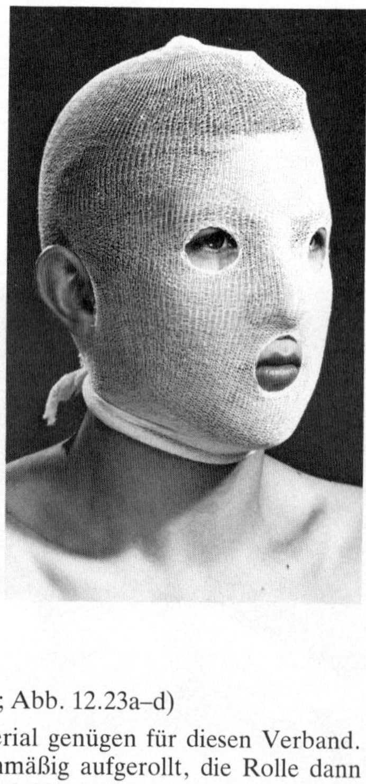

c

Abb. 12.22a–c Gesichtsmaske

12.5.11. Achselhöhlenverband (Tab. 12.2, Suchzeile 6–7; Abb. 12.23a–d)

Zwei Schulterbreiten Schlauchmaterial genügen für diesen Verband. Die Hälfte des Stückes wird gleichmäßig aufgerollt, die Rolle dann aufgeschnitten, wie dies auf Abb. 12.23b zu sehen ist. Es entstehen

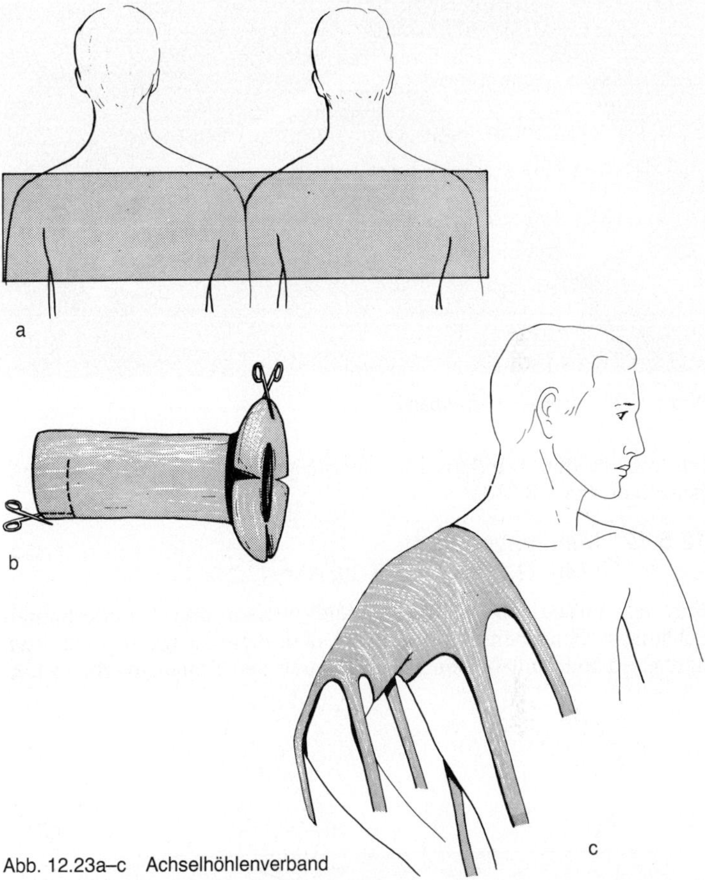

Abb. 12.23a–c Achselhöhlenverband

dadurch vier Bänder. In das untere, geschlossene Ende wird jetzt ein T-Schnitt gelegt, und zwar schneidet man den Schlauch bis zur Hälfte durch (gestrichelte Linie Abb. 12.23b) und trennt die darunterliegende Umbruchkante bis zu diesem Einschnitt auf. Dadurch entstehen zwei kurze Bänder. Nun zieht man den Schlauchverband so über den Arm der erkrankten Seite, daß die langen Bänder vorausgehen (Abb. 12.23c). Die Wundkompresse wird jetzt in die Achselhöhle gelegt und die beiden untersten Bänder so gezogen, daß die Kompresse gut vom Schlauchverband gehalten werden kann. Anschließend führt man alle vier Bänder zur gegenüberliegenden Achselhöhle und verknotet sie auf der vorderen Thoraxhälfte. Der Schlauchverband wird am Arm

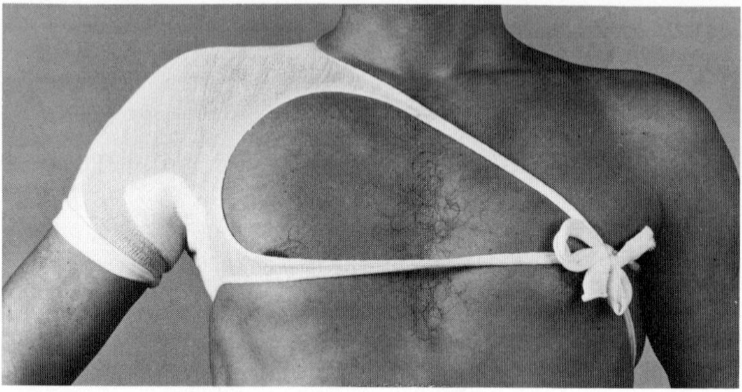

Abb. 12.23d Achselhöhlenverband

mit den beiden Bändern, die ausgezogen und verknotet werden, befestigt (Abb. 12.23d).

12.5.12. Mammaverband

(Tab. 12.2, Suchzeile 9–10; Abb. 12.24a–e)

Für den einseitigen Mammaverband werden drei Schulterbreiten Schlauchverband benötigt. Nachdem man diese Länge zugeschnitten hat, greift man mit beiden Händen durch den Schlauchverband hin-

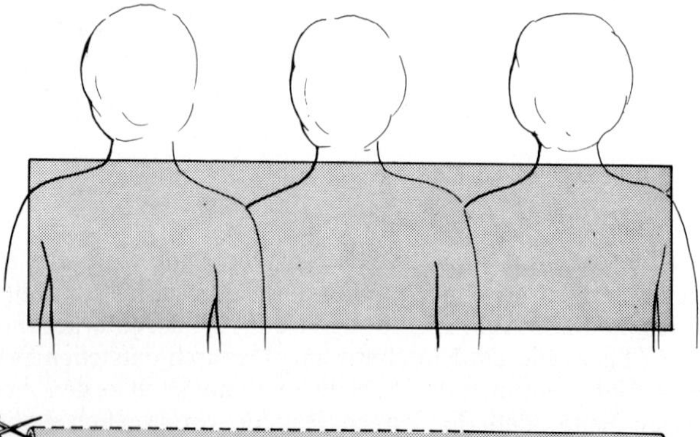

a

b

Abb. 12.24

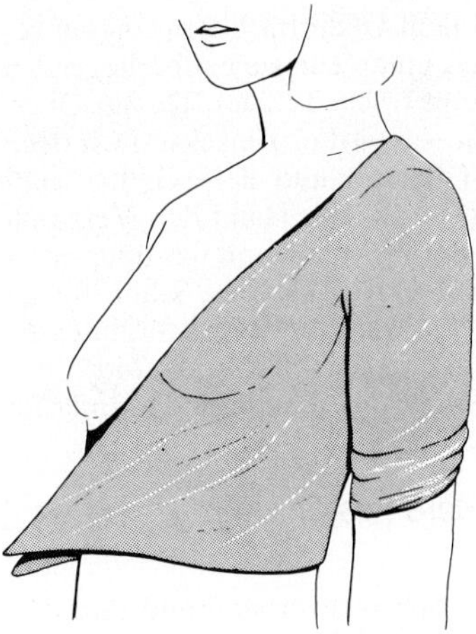

c

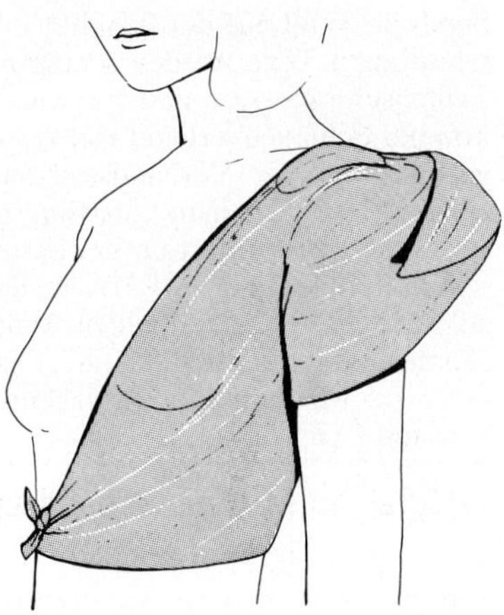

d

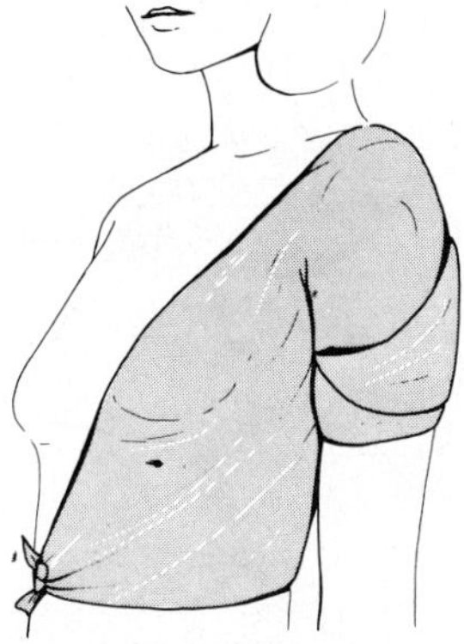

12.24a–e Mammaverband

e

durch, faßt das andere Ende und zieht es bis an den Anfang hindurch. Dadurch entsteht ein doppelter Schlauch, bei dem innen und außen die Maschen jetzt rechts liegen. Der doppellagige Schlauchverband wird an einer Kante (Abb. 12.24b) bis zu 2/3 der Gesamtlänge aufgeschnitten, zu beachten ist aber, daß die Schnittführung von dem offenen Ende aus erfolgen muß. Die Umbruchkante am anderen Ende darf auf keinen Fall zerstört werden. Dann rafft man den noch geschlossenen Schlauchverband leicht zusammen und zieht ihn über den Arm und die Schulter der erkrankten Seite, dabei geht der aufgeschnittene Teil voraus. Die kurze, geschlossene Schlauchverbandseite muß auf der Schulter und dem Oberarm liegen, die aufgeschnittenen Teile werden schräg nach unten zur gegenüberliegenden Taillenseite gezogen und hier verknotet (Abb. 12.24c). Da am Oberarm der Schlauchverband viel zu weit ist, wird er zunächst nach oben gezogen, bis der Verbandstoff am Oberarm und der Schulter glatt anliegt. Jetzt hält man vorsichtig mit der linken Hand den Verbandstoff am Oberarm fest und zieht mit der rechten Hand das überschüssige Material schräg vorwärts um den Oberarm. Um eine Schnürfurche auf der Schulter zu vermeiden, kann ein kleines Wattepolster unter die Schnittkante (auf der Schulter) gelegt werden (Abb. 12.24d). Am Oberarm wird der umgeschlagene Schlauchverband mit Heftpflaster befestigt (Abb. 12.24e).

12.5.12. 1. Mammaverband, andere Ausführung (Abb. 12.25a–e)

Man benötigt 3mal die Schulterbreite Schlauchverband und rafft diesen bis zur Hälfte auf. Nun wird der geraffte Schlauchverbandabschnitt über den Arm hochgeschoben, das obere Schlauchverbandende bis zum Hals hochgezogen und etwa 20 cm tief eingeschnitten. Die dabei

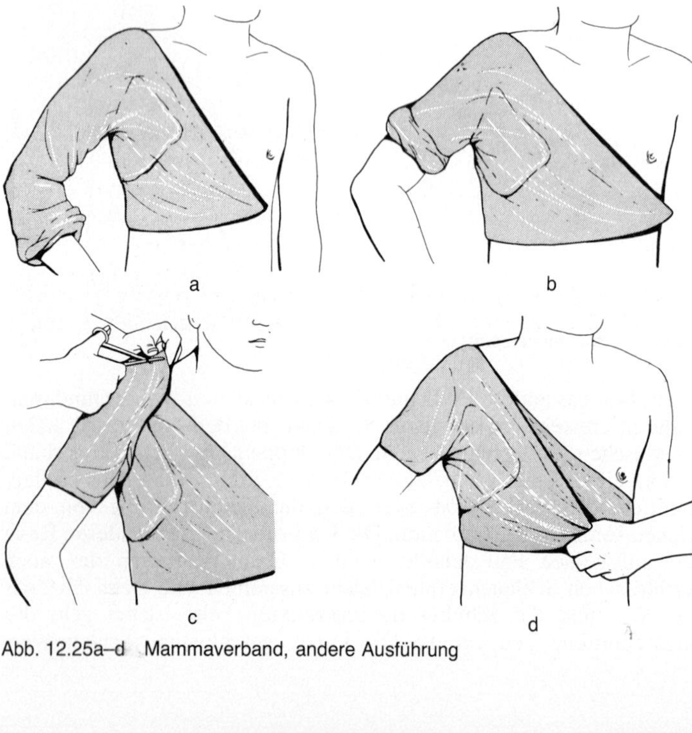

Abb. 12.25a–d Mammaverband, andere Ausführung

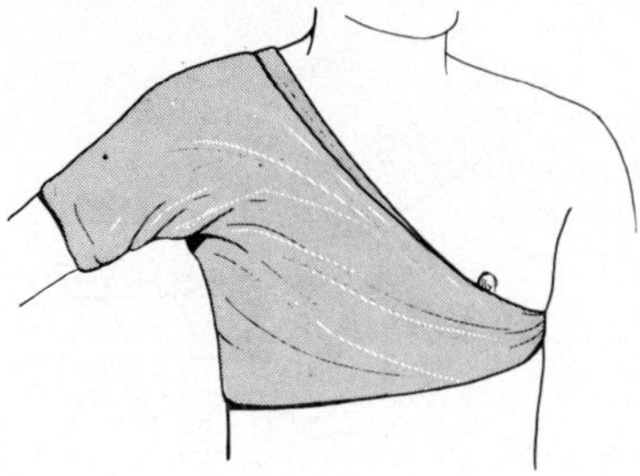

Abb. 12.25e Mammaverband, andere Ausführung

entstehenden Enden werden über Brust und Rücken schräg zur gegenüberliegenden Taillenseite nach unten geführt und verknotet, die nicht eingeschnittene Seite wird nach unten bis zum Beckenkamm gezogen. Hierdurch ist die 1. Lage des Verbandes fertiggestellt (Abb. 12.25a u. b). Der noch am Oberarm verbleibende, nicht geraffte Schlauchverband wird gedreht und verankert, zur Schulter hochgezogen und eingeschnitten. Wie bei der 1. Lage wird nun die 2. Lage ebenfalls nach unten und über Brust und Rücken zur Gegenseite in Taillenhöhe gezogen und verknotet (Abb. 12.25c–e).

12.5.13. Desault-Verband

(Tab. 12.2, Suchzeile 9–10; Abb. 12.26a–g)

Die vier Schulterbreiten Schlauchverband (Abb. 12.26a) werden zunächst gedoppelt, indem man das Material so ineinanderzieht, wie dieses bereits beim Mammaverband beschrieben wurde. Dann rafft man den doppelten Schlauch leicht zusammen und zieht ihn so über den Kopf und dann über den gesunden Arm, daß die Umbruchkante später in Taillenhöhe liegen kann (Abb. 12.26b). Unter die Achsel und zwischen Ellenbogen und Thorax der erkrankten Seite legt man ein dickes, in Mull eingeschlagenes Wattepolster. Man zieht den Schlauchverband soweit über die erkrankte Seite, daß der rechtwinklig ange-

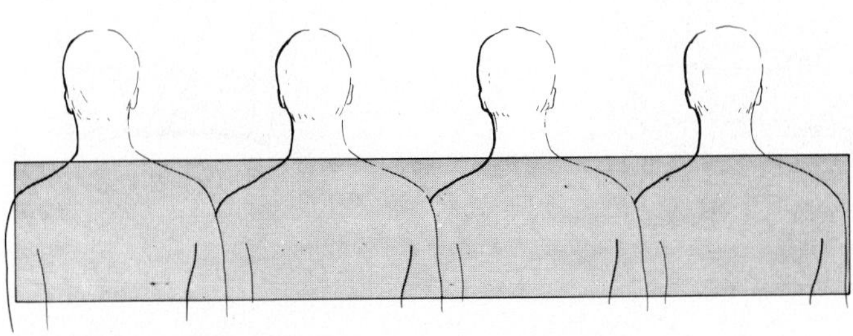

Abb. 12.26a Desault-Verband

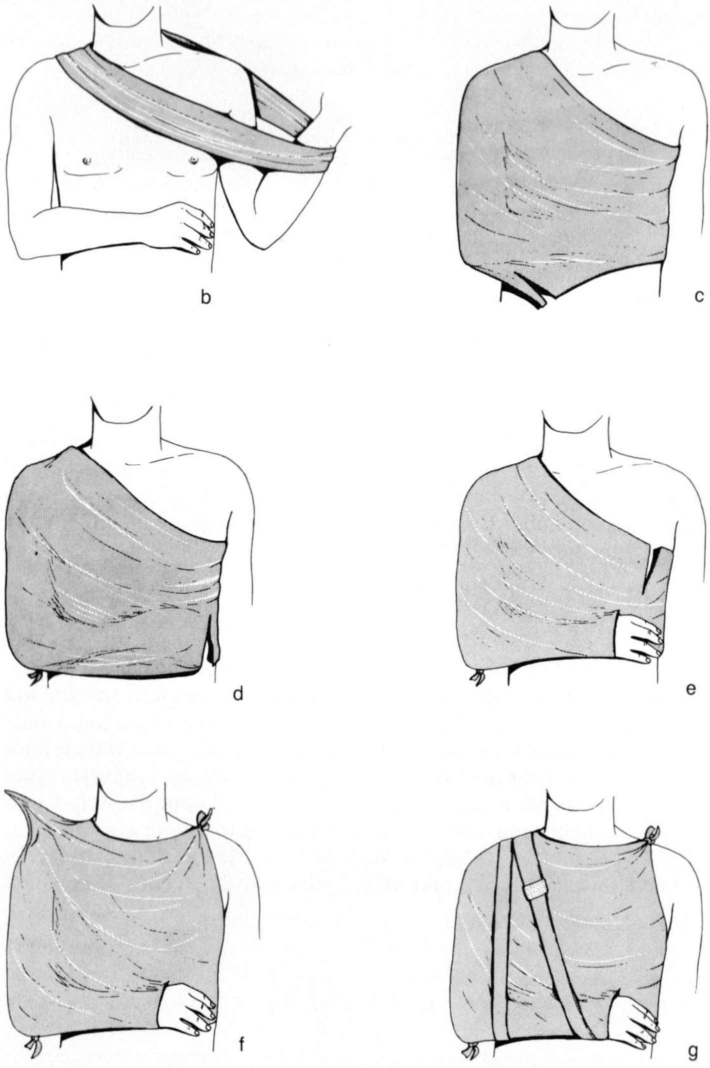

Abb. 12.26b–g Desault-Verband

legte Unterarm gut bedeckt wird. Unterhalb des Ellenbogens zieht man den Schlauchverband etwas aus und legt einen Einschnitt, zieht die Zipfel aus und verknotet sie miteinander (Abb. 12.26c).

Für die Hand schneidet man anschließend vor den Fingerspitzen bis zur Höhe des Zeigefingers den Schlauchverband ein. Ein Zipfel wird um die Hand gelegt und mit dem anderen verknotet, die Hand ist dann sichtbar (Abb. 12.26d u. e). Am oberen Rand schneidet man in der Nähe der gesunden Schulter den Schlauchverband etwas tiefer ein (Abb. 12.26e) und zieht dann je einen Zipfel auf der Brust- und Rückenseite straff zur gesunden Schulter. Dort werden beide miteinander verknotet. Der Schlauchverband auf der Seite der erkrankten Schulter wird jetzt angezogen, dabei wird durch den Zug der Arm etwas angehoben. Der entstehende Überschuß kann entweder aufgeschnitten, überkreuzt und mit Heftpflaster auf Brust und Rücken festgeklebt werden, oder er wird umgeschlagen und mit zwei Streifen Heftpflaster, die vom Ellenbogen und Handgelenk über die Schulter zum Rücken geführt werden, festgeklebt (Abb. 12.26f u. g). – Eine glattere Überkreuzung dieser Zipfel läßt sich herstellen, wenn man mit der Schere in den einen Zipfel ein Loch schneidet und den zweiten Zipfel dort hindurchsteckt. An beiden Zipfelenden zieht man den Verband fest und fixiert die Zipfel mit breiten Pflasterstreifen.

12.5.14. Höschenverband

(Tab. 12.2, Suchzeile 9–10; Abb. 12.27a–d)

Der Schlauchverband (1½mal Leibumfang) wird aufgeschnitten, und zwar so, wie dies auf Abb. 12.27a zu sehen ist. Dadurch entsteht ein kurzer, nicht aufgeschnittener Teil, ein schmaler und ein breiter Streifen. Der Verband wird mit dem unaufgeschnittenen Teil voraus übergezogen, dabei muß der schmale Streifen vorn und der breite hinten vor dem Schritt liegen (Abb. 12.27b). Der schmale Streifen wird etwas eingekürzt und in den Schritt gelegt, der breite nach vorn durchgezogen. Die Zipfel werden nach rechts und links zur Oberkante des Schlauchverbandes gezogen. Die Oberkante des unaufgeschnittenen Materials muß an der rechten und linken Körperseite „auf Figur" gezogen werden, so daß zwei Zipfel entstehen, die man jeweils mit dem breiten, durch den Schritt geführten Streifen verknotet (Abb. 12.27c). Den fertigen Höschenverband zeigt Abb. 12.27d.

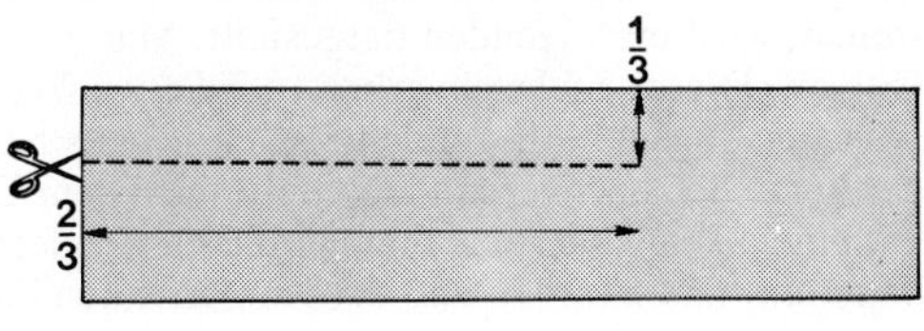

Abb. 12.27a
Höschenverband

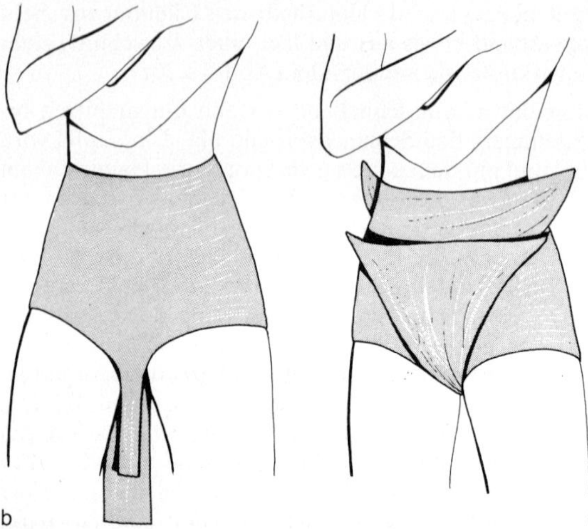

b c

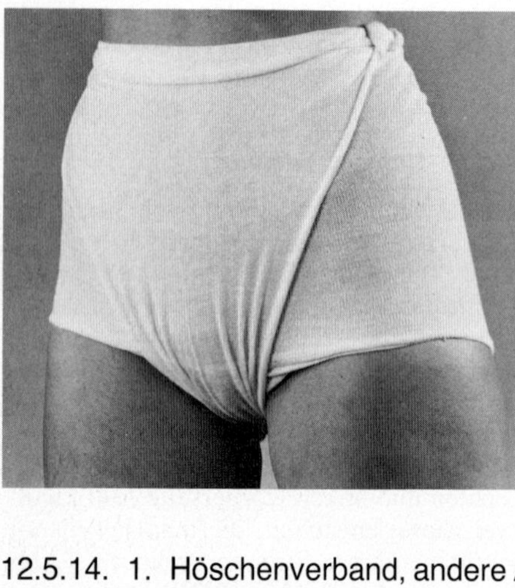

d

Abb. 12.27b–d
Höschenverband

12.5.14. 1. Höschenverband, andere Ausführung

Eine andere Möglichkeit, sich eine Hose aus Schlauchverband herzustellen, wird im folgenden dargestellt. Man mißt einmal den Hüftumfang ab. Dieser Schlauchverband wird etwa 20 cm von einem Ende an zwei sich gegenüberliegenden Stellen jeweils 5 cm eingeschnitten und der kurze Schlauchverbandabschnitt nach dem Einschneiden am Ende mit einem Bändchen zugebunden. Dann wendet man den Schlauchverband um, und zwar so, daß der Knoten innen liegt. Die Beine werden durch die Einschnitte gesteckt und die Schlauchverbandhose nach oben gezogen. Nun wird die Hose in der Taille rechts und links soweit eingeschnitten und geknotet, daß sie nicht mehr nach unten rutschen kann. Sind die Beinlöcher zu weit, so können sie an der Außenseite nach oben (kopfwärts) eingeschnitten und geknotet werden.

12.5.15. Rumpfverband (Tab. 12.2, Suchzeile 9–10)

Man benötigt für einen einfachen Rumpfverband ca. die doppelte Länge des beabsichtigten Verbandes. Der Schlauchverband wird gerafft und über den Körper bis zur Achsel hochgezogen. Hier schneidet man etwas seitlich der Achsel rechts und links senkrecht den Schlauchverband ein und zieht jeweils einen Zipfel von vorn und hinten zur Schulter hoch, wo beide miteinander verknüpft werden.

12.5.15. 1. Rumpfverband, andere Ausführung

Man benötigt zweimal die Länge Schulter bis zur Leistengegend Schlauchverband der entsprechenden Größe. Ca. 12 cm vom oberen Rand schneidet man den Schlauchverband auf beiden Seiten 3–5 cm ein, und zwar quer zur Kante. Diese Einschnitte stellen die Armlöcher dar. Nun wird der Schlauchverband wie ein Hemd übergezogen und die Arme werden durch die beiden Löcher gesteckt. Anschließend wird der Schlauchverband am Körper nach unten bis zum Oberschenkel gezogen. Durch Einschnitte vorn und hinten in der Mitte zwischen den Beinen entstehen Zipfel, die jeweils auf der Innenseite des Oberschenkels zu knoten sind.

12.5.16. Rucksackverband
(Tab. 12.2, Suchzeile 2; Abb. 12.28a–c)

Man benötigt Schlauchverband in der Länge der 4fachen Schulterbreite. Zunächst wird in den Schlauchverband ein Wattestrang, der die Länge von ca. 2 Schulterbreiten hat, eingezogen. Wird mit dem Applikator gearbeitet, so zieht man den abgemessenen Schlauchver-

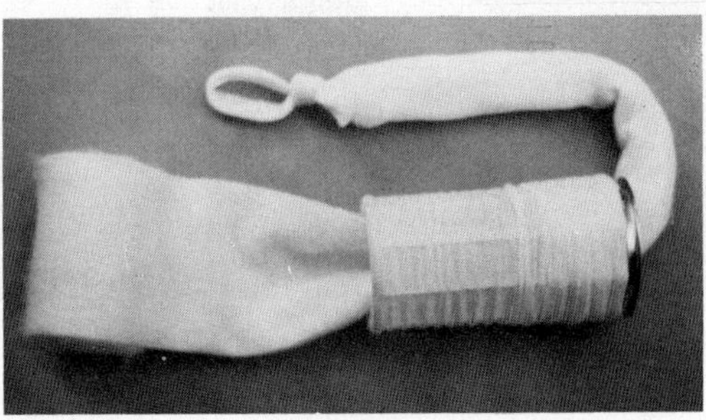

Abb. 12.28a
Herstellung des Watteschlauches mit tg

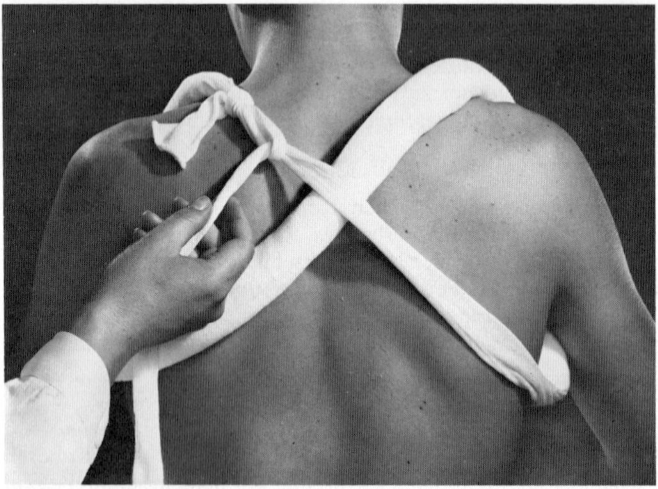

Abb. 12.28b Anlegen eines Rucksackverbandes (Abb. 12.28b u. c aus: tg, ein fortschrittlicher Spezialverbandstoff, eine moderne Verbandtechnik, 3. Aufl. Lohmann, Neuwied)

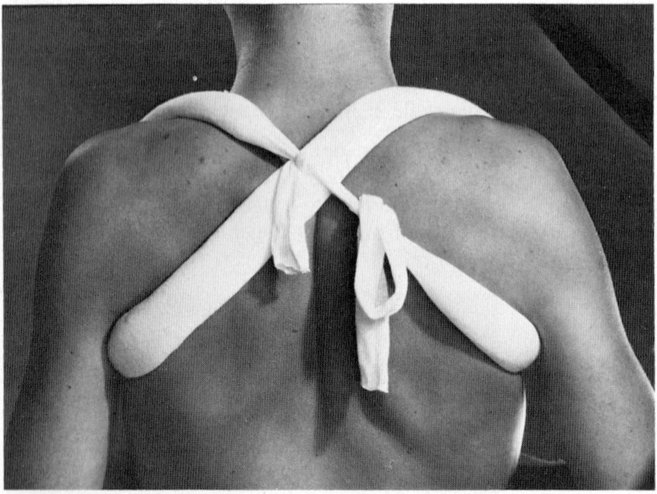

Abb. 12.28c Anlegen eines Rucksackverbandes

band von „links“ auf, d. h. der Schlauch wird zuerst durch den Applikator gezogen und dann von innen über das Gestell gestreift; es liegen die linken Maschen außen. Bevor das letzte Ende im Applikator verschwindet, knotet man eine Schlaufe hinein und zieht erst dann den Rest auf den Applikator, der nun verschlossen ist. Es wird jetzt der vorbereitete Wattestrang angelegt und zusammen mit dem Schlauchverband durch den Applikator gezogen (Abb. 12.28a). Der Wattestrang soll nicht bis zum Ende des Schlauchverbandes reichen, die Verknotung selbst muß möglichst flach gehalten werden. Man führt den gepolsterten Schlauch von der linken Schulter durch die linke gepuderte Achselhöhle über den Rücken zur rechten Schulter und durch die gepuderte rechte Achselhöhle zur Schlaufe zurück. Nachdem man das wattelose Schlauchende durch die Schlaufe geführt hat (Abb. 12.28b), verknotet man den Schlauchverband unter gleichmäßigem kräftigen Zug (Abb. 12.28c).

Auch eine etwas andere Führung des Rucksackverbandes ist üblich. Der Schlauchverband erhält am Anfang keine Schlaufe sondern bleibt ca. 2 Hände breit leer (es sind immer nur ungepolsterte Schlauchenden miteinander zu verknoten). Der gepolsterte Schlauch wird vom Nakken kommend durch die gepuderten Achselhöhlen zum Rücken geführt und unterhalb der Schulterblätter verknotet. Dann führt man ein Schlauchende um den gepolsterten Schlauch im Nacken und zieht damit den Nackenschlauch zum zweiten Schlauchende hinunter, die Enden werden miteinander verknotet. Der Verband zeigt die Figur einer liegenden Acht.

Das Verbandmaterial steht beim fertigen Rucksackverband unter Spannung, es dehnt sich daher langsam und muß gegebenenfalls nachgespannt werden. Im Bereich der Verknotung kann dieser Verband unterpolstert werden.

12.6. Verbandtechnik mit Netzschlauch

Das Netzschlauchmaterial ist nicht genormt, so daß jeder Anbieter seine eigene Numerierung hat. Zur besseren Übersicht werden in Tab. 12.3 die Anwendungsgebiete aufgeführt und diesen dann die unterschiedlichsten Produktnummern zugeordnet. Surgifix bekommt man in 13 verschiedenen Breiten, hier wird darauf hingewiesen, daß die richtige Breite nicht nur von dem Umfang des zu behandelnden Körperteils abhängt, sondern sich auch nach dem gewünschten Andruck, mit dem die Wundauflage fixiert werden soll, richten muß.

Für Surgifix gilt folgende Regel:

a) Ein geringer Abstand der Kettfäden (ca. 7 mm) ergibt einen geringen Andruck, der z. B. in der Dermatologie erwünscht ist;

Tabelle 12.3 Verwendung der Netzverbandstoffe

Such-zeile	Anwendungsgebiete	Binda-netz	Internetz + Elastofix	Rauco-flex	Kal-fix	Stülpa-fix	Surgi-fix	tg-fix
1	Finger- und Zehenverbände	0	A		0	1	0	
2	Finger- und Zehenverbände mit größeren Wundauflagen; Fingerschienenverbände	0 (1)	A	A	0	1	0,5	B
3	Kinderfüße; zwei und mehrere Finger; Kinderhände und -arme	1	A	A / B	0 (1)	1 (2)	1 (2)	B
4	Hände, Füße; Kinderunterschenkel, Kinderarme	1	A	B	1	2	2 (3)	C
5	Hand-, Arm- und Fußverbände; Kinderbeinverbände	2	A (B)	B / C	1	2 (3)	2 + 3 (4)	C (D)
6	Arm- und Unterschenkelverbände	2	B	C	2	3	2 + 3 + 4	D
7	Rumpfverbände bei kleinen Kindern; Kopf-, Oberarm- und Knieverbände	3 + 4	B	C / D	3	3 + 4	4 + 5	E
8	Kopfverbände, Oberschenkelverbände	5 (4)	B (C)	D	4	4 (3)	5	E (F)
9	Rumpfvrbände bei größeren Kindern; Oberschenkel- und große Kopfverbände	5	C	E	4	4	5 + 5,5 (6)	F
10	Körperverbände bis Konfektionsgröße Nr. 40	6	C (d)	F	5	5	6 + 7	G
11	Körperverbände ab Konfektionsgröße Nr. 42	7	D	F	5	5	7 + 8	H
12	Rumpf, Hüfte, Unterleib (Übergröße und extragroß)						9 + 10	

b) ein mittlerer Abstand der Kettfäden (ca. 10 mm) ergibt einen mittleren Andruck, der für einen normalen Wundverband angebracht ist;
c) ein großer Abstand der Kettfäden (ca. 15 mm) ergibt einen stärkeren Andruck, der nur dann zu wählen ist, wenn eine leichte Kompression erforderlich ist.

Aus Tab. 12.3 ist ersichtlich, daß die Produkte in unterschiedlicher Vielzahl angeboten werden, so daß die Regel für den Abstand der Kettfäden nicht ohne weiteres auf alle Produkte Netzschlauch zu übertragen ist. Je weniger Größen eines Produktes angeboten werden, um so größer muß die Spannkraft der Querfäden sein, denn alle Netzschlauchprodukte haben nur die Aufgabe, Verbandstoffe sicher zu fixieren, und zwar so, daß der Verband nicht zu locker, aber auch nicht zu fest sitzt. Netzschlauch darf niemals so stramm sitzen, daß sich Schnürfurchen bilden können. Mit „Kettfäden" werden die stärkeren, in Längsrichtung verlaufenden Maschen bezeichnet. Die feinen Fäden ermöglichen die Querdehnung bis zum 10- bis 15fachen der ursprünglichen Breite. Durch die Dehnfähigkeit ist das Anlegen äußerst einfach, es werden weder Applikatoren noch die bekannten Grundfiguren der Schlauchverbände benötigt. Lediglich bei Fuß- und Fingerverbänden schließt man durch Drehung des Netzschlauches den Verband an den Zehen- oder Fingerkuppen. Für wenig auftragende Verbände benötigt man die einfache Verbandlänge Netzschlauch; soll der Verband doppelt übergezogen werden, entsprechend mehr. Bei stark auftragenden Körperverbänden muß man die doppelte Länge für einen einfachen Verband abmessen. Das Netzverbandmaterial kann an jeder beliebigen Stelle eingeschnitten werden, Laufmaschen entstehen nicht.

Netzschlauch ist auch als Fertigverband erhältlich. Für die jeweiligen Anwendungsgebiete werden bereits von der Industrie maßgerechte Stückchen Netzschlauch einzeln in Papierbeutel verpackt, die fest verschlossen werden. Die Anwendungsgebiete sind deutlich auf den Verpackungen angegeben, so daß die richtige Länge und die richtige Breite zur Verfügung steht. Tab. 12.4 gibt eine Übersicht.

Bei Bindanetz wird mit der ersten Zahl der zu verbindende Körperteil gekennzeichnet und mit der zweiten die Bindanetz-Größe. Es werden zwar mit Größe 2 Fuß- und auch Arm- und Beinverbände angelegt, aber bei Nr. 13-2 handelt es sich um ein an beiden Enden offenes Stück Netzschlauch und bei Nr. 14-2 ist ein Ende zugesteppt, so daß nur ein einschichtiger Überzug für einen an den Zehenspitzen geschlossenen Fußverband benötigt wird.

Tabelle 12.4 Netzschlauch-Fertigverbände

Anwendungsgebiete	Bindanetz Nr.	Sugifix Nr.
Fingerverband	10–0*	
Handverband	11–1*	
Handgelenkverband	12–1	
Arm- und Beinverband	13–2	
Fußverband	14–2*	
Knie- und Oberschenkelverband	15–4	
Kopfverband	16–5*	F
Nackenverband	17–6	
Verband für das ganze Bein	18–5*	
Brust- und Rückenverband	19–6	B
Achselhöhlen- und Schulterverband	20–6	E (einseitig) A (beidseitig)
Unterleibverband	21–6	H
Oberschenkelverband	22–6	
Perineumverband	23–6	G
Oberschenkel-Gesäß-Bereich (einseitig)		C
Unterleib-Genital-Bereich		D
Druckverband für den Kopf (Befestigung von Elektroden)		FC

* ein Ende verschlossen

Ein weiterer Fertigverband ist *Bindanetz-Nasenverband*, hier ist bereits eine ca. 7 cm lange, gerollte Watteeinlage in den Netzschlauch eingelegt. Der Verband ist so lang gearbeitet, daß er zum Hinterkopf geführt und dort verknotet werden kann. Im Bereich der Ohrmuschel ist der Netzschlauch geteilt, er wird ober- und unterhalb vorbeigeführt.

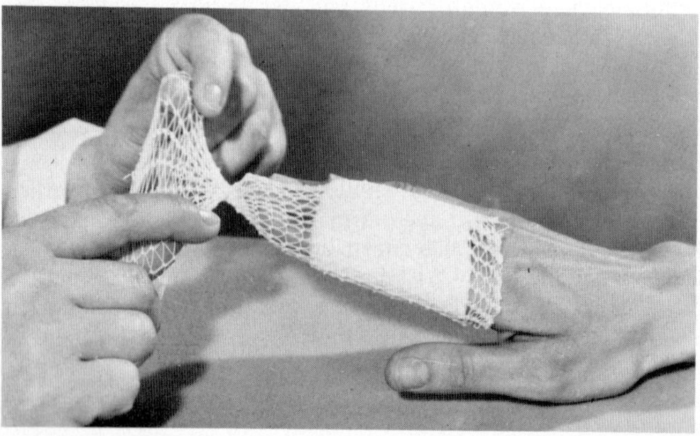

Abb. 12.29a Finger-Netzverband (Abb. 12.29–12.33 Werkfoto Lohmann KG, Neuwied)

12.6.1. Netzverband an den Fingern
(Tab. 12.3, Suchzeile 2–3; Abb. 12.29a–c)

Wie Abb. 12.29a zeigt, wird das Netz über die Finger und Wundauflage gezogen und an den Fingerspitzen durch Drehung geschlossen.

Sodann muß das Netz bis zu den Fingergrundgliedern gestreift und auf der Innenhandseite leicht ausgedehnt werden. Kurz unterhalb der Fingergrundglieder trennt man vorsichtig ca. 2–3 Maschen im Netz auf (Innenhandseite!), dehnt das Netz aus und steckt die übrigen Finger durch die Öffnung, so daß der Rest des Netzes zum Handgelenk geführt werden kann (Abb. 12.29b u. c). Eine Verbandbefestigung ist nicht mehr nötig.

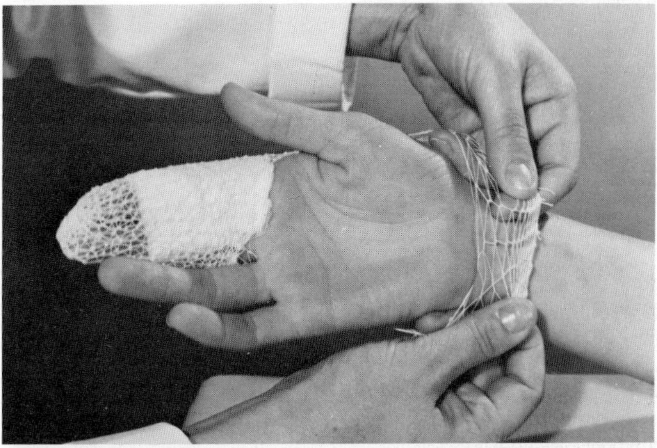

b

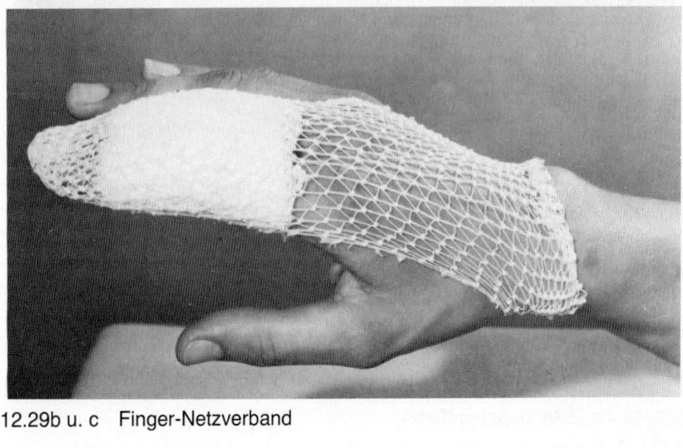

c

Abb. 12.29b u. c Finger-Netzverband

12.6.2. Handverband (Tab. 12.3, Suchzeile 3–5; Abb. 12.30)

Für den einschichtigen Verband genügt einmal die Verbandlänge Netzschlauch. Das Netz wird übergezogen, und nur für den Daumen muß man zwei Maschen aufschneiden.

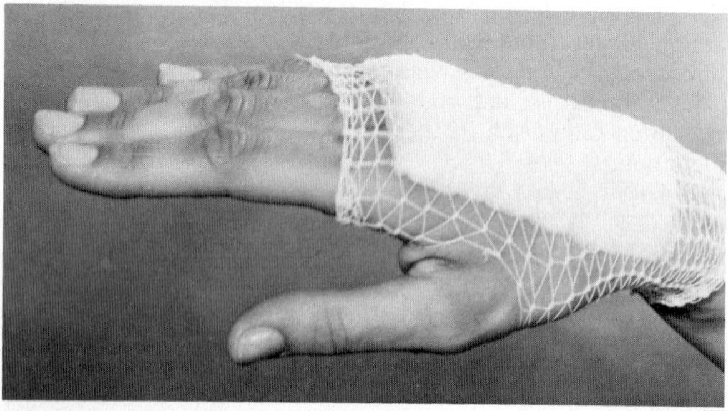

Abb. 12.30 Handverband

12.6.3. Ellenbogenverband (Tab. 12.3, Suchzeile 4–5; Abb. 12.31)

Die einfache Länge Netzverband wird abgeschnitten und übergestreift.

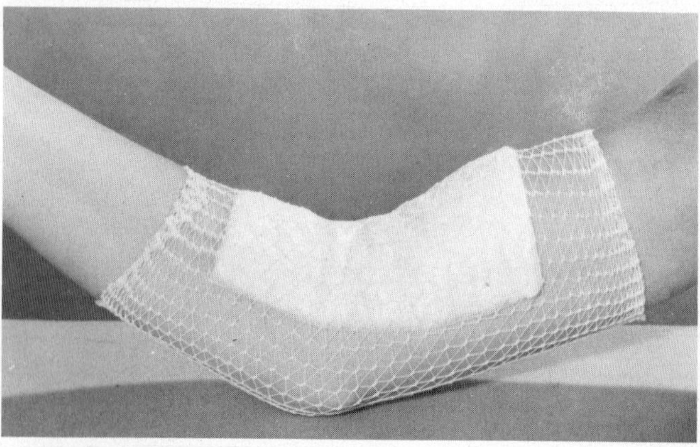

Abb. 12.31 Ellenbogenverband

12.6.4. Fußverband (Tab. 12.3, Suchzeile 3–5; Abb. 12.32 a u. b)

Die doppelte Länge Netzschlauch wird benötigt und, wie Abb. 12.32a zeigt, übergezogen, geschlossen und zum Fußgelenk zurückgeführt (Abb. 12.32b). Muß die Ferse aus medizinischer Sicht nicht in den Verband mit einbezogen werden, trennt man im Fersenbereich einige Maschen Netzschlauch auf, die Ferse liegt dann frei.

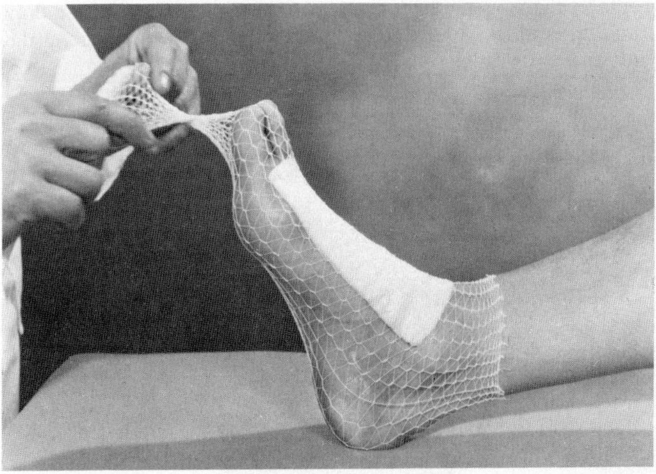

a

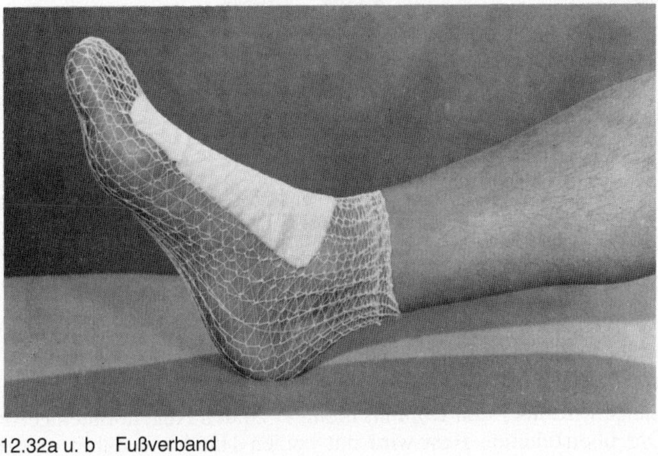

b

Abb. 12.32a u. b Fußverband

12.6.5. Hüftverband (Tab. 12.3, Suchzeile 10–11; Abb. 12.33)

Auch hier wird die doppelte Länge Netzschlauch benötigt. Man legt diesen Streifen kurz zusammen, um die Hälfte zu ermitteln. Etwas oberhalb der Hälfte erfolgt quer ein ca. 2–3 cm langer Einschnitt in den Netzschlauch. Man zieht das Netz so über die Beine, daß das etwas kürzere Stück vorangeht. Durch den Einschnitt wird das gesunde Bein geführt, und über das kranke zieht man das etwas längere Stück des Netzschlauches. Der Netzschlauch wird bis zur Taille hochgezogen und dort etwas eingeschlagen, so daß ein doppelter Rand entsteht. Das Netz wird dann so zurechtgezogen, daß der Verbandstoff von diesem gut gehalten werden kann.

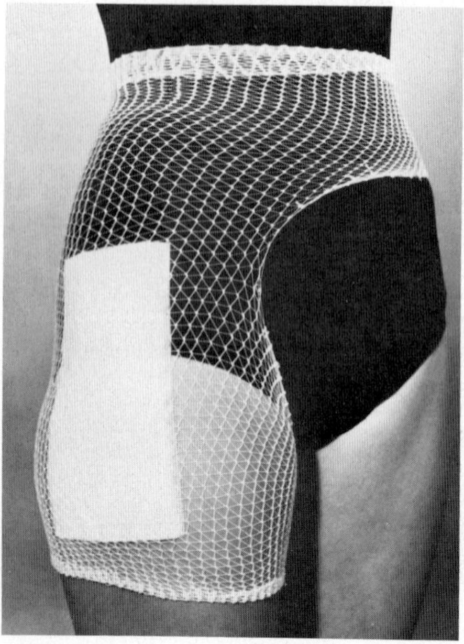

Abb. 12.33 Hüftverband

12.6.6. Kopfverbände (Abb. 12.34a–d u. 12.35)

Kopfverbände lassen sich vorzüglich mit Netzschlauch anlegen. Verschiedene Verbände werden dargestellt.

Methode 1: Man benötigt ca. 50–60 cm Netzschlauch. Ungefähr ⅓ der Länge wird über den Kopf bis hinunter zu den Augenbrauen gezogen. Der überstehende Rest wird mit beiden Händen gedehnt und dicht

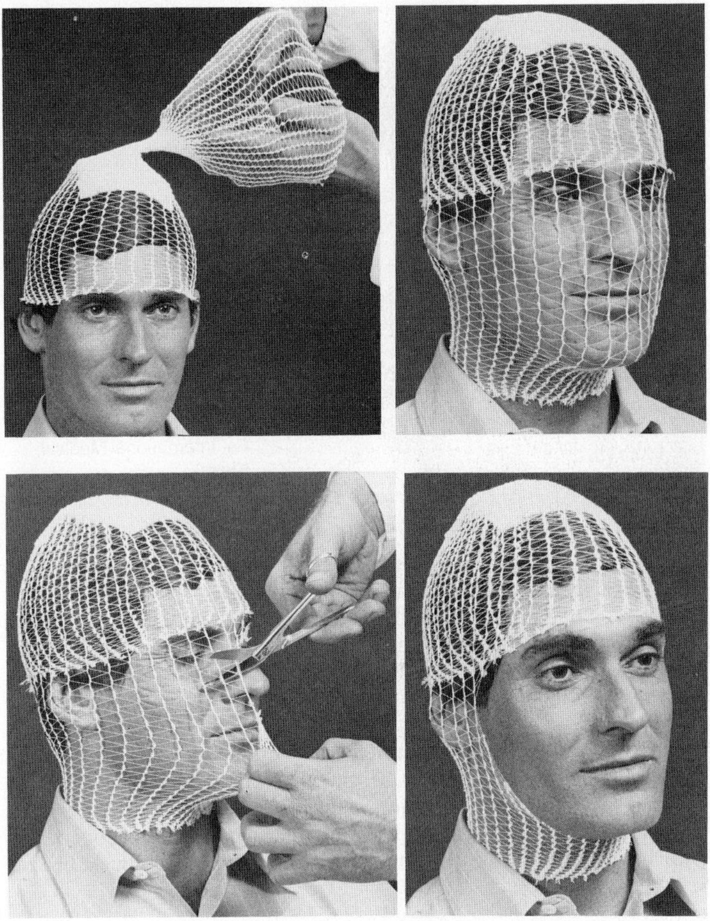

Abb. 12.34 a–d Kopfverband mit Netzschlauch (Werkaufnahmen Fa. International Medical, Kleve)

über dem Scheitel ein- bis zweimal gedreht, so daß die erste Lage Netzschlauch auf dem Kopf verschlossen ist. Dann führt man den gedehnten Netzschlauch über den Kopf hinunter zum Hals und schneidet ihn in Höhe der Augen ca. 10 cm quer auf. Der untere Netzteil wird unter das Kinn gezogen und bildet dann ein „Halsband“. Oberhalb der Augenbrauen wird das Netz etwas zurechtgezogen (Abb. 12.34a–d).

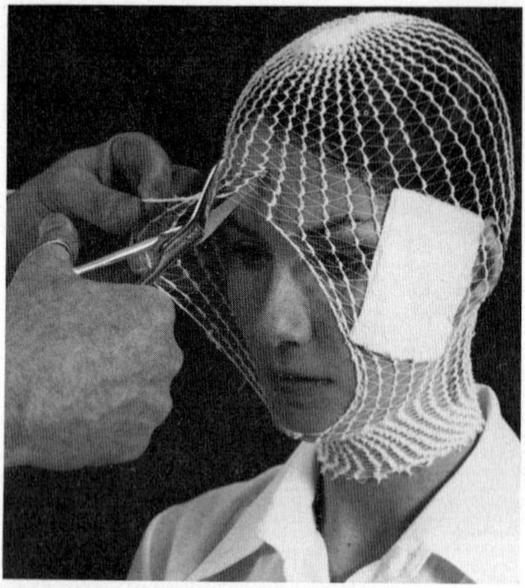

Abb. 12.35 Einschichtiger Netzschlauchfertigverband für den Kopf (Werkaufnahme Fa. International Medical, Kleve)

Methode 2: Man benötigt ebenfalls 50–60 cm Netzschlauch, der Verband wird in umgekehrter Reihenfolge angelegt, und zwar wird als 1. Lage ⅔ Netzschlauch über den Kopf bis zum Hals gezogen, für das Gesicht erfolgt wieder der Einschnitt. Das verbleibende letzte Drittel wird gedehnt, kurz über dem Scheitel gedreht und als Haube bis zum Haaransatz übergezogen.

Methode 3: Soll der Hals nicht mit in den Verband einbezogen werden, so benötigt man nur ca. 35–40 cm Netzschlauch. Die Hälfte des Materials wird bis zum Haaransatz übergezogen, die 2. Hälfte wieder in Scheitelhöhe gedreht und als Haube über die 1. Lage gezogen. Das Gesicht bleibt frei, am Hinterkopf reicht der Netzschlauch bis zur Schädelbasis.

12.7. Verbände mit Schlauchbandagen (Abb. 12.36 u. 12.37)

Das Bandagenmaterial läßt sich so leicht wie Netzschlauch anlegen, die Aufgabe dieses Verbandes liegt jedoch auf dem Gebiet der Stützung und Kompression. Es soll deshalb stets die richtige Größe verwendet werden. Im allgemeinen wird die einfache Länge für einen Verband benötigt, nur wenn eine größere Kompression erwünscht ist, werden mehrere Lagen übereinander gelegt. Normalerweise läßt sich das Bandagenmaterial ohne Applikator anlegen, sollen auch noch größere Wundauflagen mit eingeschlossen werden, so geht dies möglicherweise mit Applikator besser. Die Schlauchbandage kann eingeschnitten werden, wenn dies erforderlich ist, z. B. zur Erhaltung der funktionellen Beweglichkeit. In Tab. 12.5 sind die Anwendungsgebiete den erhältlichen Größen zugeordnet, gegebenenfalls kann die richtige Größe mit einem Spezialmaßband ermittelt werden.

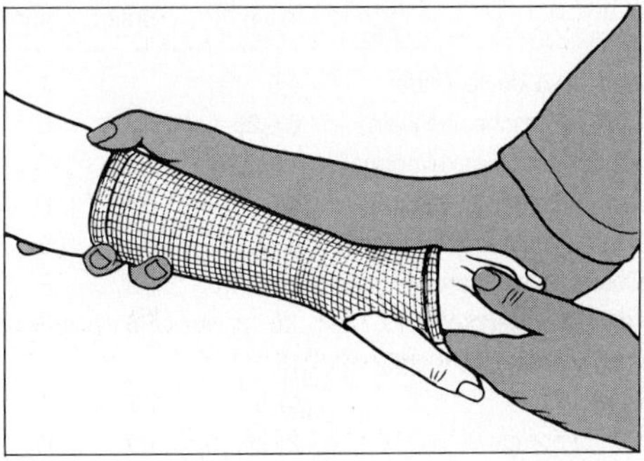

Abb. 12.36 Unterarmstützverband mit Schlauchbandage

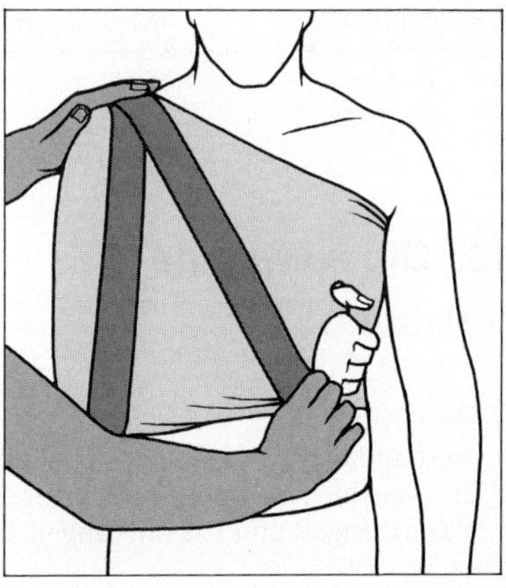

Abb. 12.37 Desault-Verband (modifiziert) mit Schlauchbandage

Abb. 12.36 zeigt einen Unterarmstützverband mit Schlauchbandage. Man benötigt etwas mehr als die einfache Länge und zieht dieses Stück bis kurz unterhalb des Ellenbogengelenkes. Die Schlauchbandage wird an den beiden Schnittseiten kurz nach innen eingeschlagen, so erhält man einen glatten Verbandabschluß. Damit der Daumen frei beweglich bleibt, öffnet man an der entsprechenden Stelle im Handbereich die Bandage.

Abb. 12.37 zeigt einen modifizierten Desault-Verband, der aus doppellagiger Schlauchbandage hergestellt und mit Heftpflasterstreifen verstärkt wurde.

Tabelle 12.5 Verwendung der Schlauchbandage

Anwendungsgebiete	Neutrale Breite in cm	Kennzeichen auf den Produkten Rauco-press	Tenso-grip	tg-grip	Trico-dur	tubi-grip
Arm, Bein/kleine Kinder	4,5		A	A		A
Arm, Unterschenkel/klein	6/6,25	R2	B	B	B	B
Arm, Unterschenkel/normal	6,5/6,75	R3	C	C	C	C
Arm, Unterschenkel/groß	7,5	R4	D	D	D	D
Bein, Oberschenkel/klein	8,75	R4Z	E	E	E	E
Oberschenkel/normal	10	R5	F	F	F	F
Oberschenkel/groß	12	R6	G	G	G	G
Oberschenkel/sehr groß	15				H	
Rumpf/klein	17,5	R7	J	J	J	J
Rumpf/normal	21,5	R9	K	K	K	K
Rumpf/groß	32,5	R10	L	L	L	L
Rumpf/sehr groß	37,5	R11	M	M	M	M

13. Gipsverbände

D. Havemann

Definition:
Verbandanordnung unter Verwendung von unter Wärmeentwicklung aushärtendem schwefelsaurem Kalk zur Ruhigstellung bei Verletzungen und Erkrankungen am Bewegungssystem.

Gipsverbände werden in zwei grundsätzlich unterschiedlichen Modifikationen angelegt:

1. Gepolsterter Gipsverband,
2. ungepolsterter Gipsverband.

Der gepolsterte Gipsverband wird unter Verwendung von Polstermaterialien zwischen Oberhaut und Gipsmantel hergestellt. Seine Hauptfunktion – nämlich die möglichst vollständige Ruhigstellung des verletzten Körperabschnittes – kann durch Polsterung eingeschränkt sein.

Der ungepolsterte Gipsverband wird direkt – höchstens mit Abpolsterung besonders druckgefährdeter Bezirke über Knochenvorsprüngen – auf die Haut aufgebracht. Die Fixation derartiger aushärtender Verbände gegenüber der Extremität ist deutlich besser als in gepolsterter Ausführung, die Gefahr der Ausbildung von Druckerscheinungen besonders bei nicht geübter Technik jedoch größer.

In neuerer Zeit kommen ebenfalls unter Wärmeentwicklung durch Polymerisation aushärtende Kunststoffverbände zur Anwendung, deren Vorteile vor allem in Gewichtsersparnis, größerer Luftdurchlässigkeit, Wasserfestigkeit, höherer Bruchfestigkeit, früherer Belastbarkeit und meistens höherer Durchlässigkeit für Röntgenstrahlen liegen. Als Nachteil muß der im Vergleich zur Zeit noch höhere Preis angesehen werden. Die Verarbeitung ist nicht immer unproblematisch, da für das Anmodellieren an die Körperoberfläche weniger streichfähige Substanz zur Verfügung steht.

> Merke:
> Gipsverbände können eine *absolute* Ruhigstellung für die Behandlung von Knochenbrüchen nicht gewährleisten!

Bei der Anlage von aushärtenden fixierenden Verbänden sind folgende *Regeln* zu beachten:

1. In den Gipsverband müssen die beiden der Verletzung benachbarten Gelenke in Funktionsstellung einbezogen werden.
   Ausnahme: Körperferner Speichenbruch, Brüche im Bereich des oberen Sprunggelenkes.
2. Druckgefährdete Vorsprünge der Knochen müssen gepolstert werden.
3. Lokale Eindrückungen der aushärtenden Substanz durch haltende Finger müssen vermieden werden, da sie örtliche Gewebsdurchblutungsstörungen (Gewebstod = Nekrose) verursachen können.
4. Bei frischen Verletzungen (ausgedehnte Wunden, Prellungsschaden, Knochenbruch) oder akuten Entzündungen muß der Verband nach der Anlage gespalten werden („bis auf den letzten Faden!"), um einer auftretenden Schwellung Raum zur Ausdehnung zu lassen

– anderenfalls drohen schwerste Durchblutungsstörungen mit der Gefahr des Gliedmaßenverlustes.

5. Über die Anlage eines aushärtenden Ruhigstellungsverbandes ist Buch zu führen, oder der Verband ist mit den Verletzungsdaten und dem vorgesehenen Abnahmedatum zu versehen.
6. Der Kranke ist über typische Gefahren (Schwellung – Einklemmen von Weichteilen – Stauung – Schmerz – Gefühlsstörung) aufzuklären.
7. Die Sensibilität, Motorik und Durchblutungssituation nach Anlage des Verbandes sind zu kontrollieren. Die Sicherheit wird erhöht, wenn jeder Kranke spätestens 24 Stunden nach Gipsverbandanlage zu einer Nachschau erscheint, die der den Verband anlegende *Arzt* durchzuführen hat.
8. Durch abnehmende Schwellung und Verminderung der Muskelmasse durch Inaktivität wird der Gipsverband zu weit und ist zur Sicherstellung optimaler Ruhebedingungen zu wechseln.

Neben den Vorteilen der konservativen Behandlung von Knochenbrüchen oder nicht operationsbedürftigen Verletzungszuständen mit Ruhigstellung durch aushärtenden Verband birgt das Behandlungsverfahren auch *Nachteile und Gefahren.* Druckeinwirkungen auf die Haut können die bereits genannten *Drucknekrosen* verursachen, die an geeigneten Stellen (z. B. Wadenbeinköpfchen und Wadenbeinnerv) auch *Nervenlähmungen* auslösen können. Hohe Kompression durch zu engen, schnürenden Verband kann zu einer Unterbrechung der Zirkulation führen, die, falls nicht frühzeitig behoben, zur Muskelnekrose und der nachfolgenden *ischämischen Muskelkontraktur* oder zum Totalverlust der Gließmaße führen kann. Die Überschreitung von Behandlungszeiten, aber auch Alter des Verletzten, Zusatzerkrankungen und Knochenbruchheilungsstörungen können zu einer mehr oder weniger starken Ausbildung von *Immobilisationsschäden* führen. Sie treten ein in Form von Verwachsungen der Gleitgewebe an Sehnen, Muskeln und Gelenken, Muskelschwächen durch regressive Vorgänge (Inaktivitätsatrophie), Entkalkung von Knochen (Inaktivitätsosteoporose) und Schrumpfungen elastischer Gewebsstrukturen an Gelenken (Kontrakturen).

Die bei der Knochenbruchbehandlung benötigten Ruhigstellungszeiten in fixierenden Verbänden sind abhängig von den Ergebnissen der Kontrolluntersuchungen zur Objektivierung der im Röntgenbild sichtbar werdenden Knochenneubildung (Kallus).

Zur Einschätzung der Dauer der Immobilisation ist jedoch die Kenntnis der Heilungszeit von Knochenbrüchen wichtig.

Die in Tab. 13.1 angegebenen Zeiten sind lediglich Richtwerte, die sowohl nach unten als auch nach oben überschritten werden können. Grundsätzlich gilt, daß bei Brüchen, die nicht innerhalb einer Zeit von

Tabelle 13.1 Immobilisationszeiten für Knochenbrüche

Bruchort	Kinder in Wochen	Erwachsene in Wochen
Finger	2–3	3–6
Mittelhand	2–4	4–6
Schiffbein (Hand)	–	10–16
Speiche (Handgelenk)	3–4	6–8
Speiche (Schaft)	4	4–6
Elle (Schaft)	3–5	4–6
Unterarm (Elle + Speiche)	4–6	8–10
Oberarmschaft	6	8–12
Oberarm (körperfern)	4–6	8–12
Oberschenkel (Schaft)	6–8	12–14
Oberschenkel (hüftnah)	8–12	12–16
Oberschenkel (knienah)	6–8	8–12
Schienbeinkopf	4–6	8–12
Schienbein (Schaft)	6–8	10–12
Schienbein (körperfern)	6–8	6–10
Sprunggelenk	4–6	6–10
Sprungbein	4–8*	4*
Fersenbein	8–10	12–16
Mittelfuß	4–6	6

* nachfolgende Entlastung mit Schienenhülsenapparat.

20 Wochen knöchern geheilt sind, von verzögerter Heilung gesprochen werden muß. Brüche, die nicht nach 8 Monaten verfestigt sind, werden als Falschgelenke (Pseudarthrosen) bezeichnet.

13.1. Gipstechnik und Zubehör

E. Most

13.1.1. Gipstechnik

Zum Gipsen legt man eine entsprechende Menge Gipsbinden bereit, ferner benötigt man bei größeren Gipsverbänden eine Wanne, sonst eine Schale mit Wasser, einige Gummitücher, um die Liege vor abtropfendem Gips zu schützen, und einen Abfalleimer für nicht mehr verwendbares Verpackungsmaterial.

13.1.1. 1. Tauchwassertemperatur

Für alle auf dem Markt befindlichen Gipsbinden ist die richtige Tauchwassertemperatur 20 °C. Da nach dem Tauchen (Aufnahme von Wasser) und dem darauffolgenden Abbindevorgang der Gipsbinde erhebliche Wärme frei wird, ist auf eine strikte Einhaltung der Tauchwassertemperatur zu achten. Zu *warmes* Tauchwasser kann die Temperaturspitze, die normalerweise bei ca. 50 °C liegt, für mehrere Minuten auf über 60 °C ansteigen lassen. Auf ungeschützter Haut können dabei Verbrennungen hervorgerufen werden.

13.1.1. 2. Tauchzeit

Bei Verwendung von fixierten Gipsbinden wird jeweils nur eine Binde schräg ins Wasser getaucht (Abb. 13.1). Jede Gipsbinde hat ihre eigenen Verarbeitungskriterien. Im allgemeinen gelten als Tauchzeiten:

2 m Binden =	2 Sekunden
3 m Binden =	3 Sekunden
4 m Binden =	4 Sekunden
Longuetten =	kurz, nur „rein – raus“.

Die Gipsbinden werden mittelstark ausgedrückt und dann zügig verarbeitet. – Sie dürfen *nicht* während der Tauchzeit gedrückt werden, sie würden dann nur unvollständig durchweicht werden.

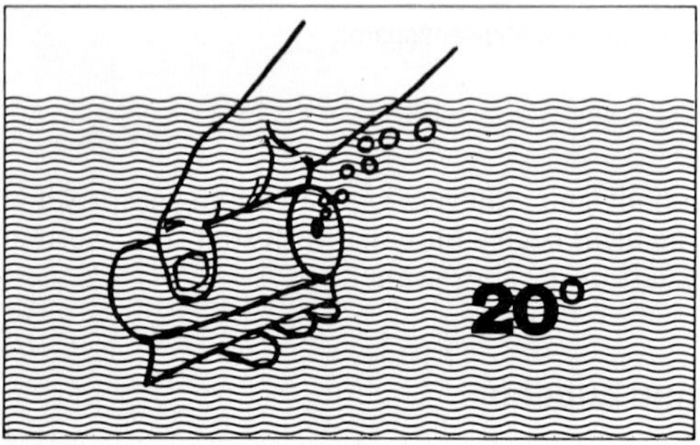

Abb. 13.1

Tauchen von Longuetten

Die für die Verarbeitung benötigten Longuetten (4fach gelegte Gipsbinden) werden zugeschnitten und ziehharmonikaähnlich zusammengelegt. Diese vorgefalteten Longuetten (Abb. 13.2) werden sehr kurz getaucht. Zieht man statt dessen eine Longuette durch das Wasser, so ist der Gipsverlust erheblich. Die Konsequenz: weniger stabile Gipsverbände, höherer Gipsbindenverbrauch.

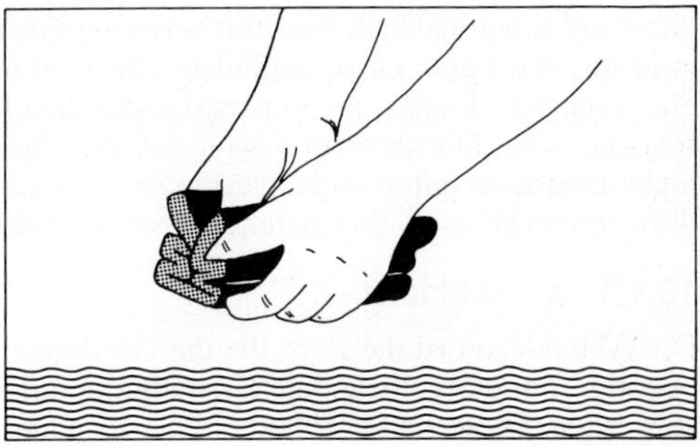

Abb. 13.2 Tauchen einer Gipslonguette

Nach dem Tauchen wird die Longuette kurz ausgedrückt, gestreckt und sofort gut durchmodelliert. Dabei kommen die einzelnen Lagen zu innigem Kontakt und bilden beim Abbinden einen homogenen Gipskörper. Schlecht durchmodellierte Longuetten zeigen auf dem Röntgenbild eine unerwünschte Gitterstruktur.

13.1.1. 3. Offene Zeit (Arbeitszeit)

Die offene Zeit einer Gipsbinde ist die Zeit, die für die Verarbeitung der Gipsbinde zur Verfügung steht. Es ist die Zeit, in der der Gips modelliert werden kann, die also für die Verarbeitung „offen" ist. Bei Verwendung von richtig temperiertem, klarem Tauchwasser beträgt sie bei:

Biplatrix	1 ½ Minuten
Cellona	2–3 Minuten
Plastrona	3 Minuten
Platrix	2 ½ Minuten

Die offene Zeit beginnt mit dem Eintauchen, sie endet mit dem „Pappigwerden" des Gipses. Eine gute Zusammenarbeit beim Gipsen ist deshalb Voraussetzung. Die Anzahl der Mitarbeiter, die bei der Anfertigung eines Gipsverbandes benötigt wird, richtet sich nach der Größe des herzustellenden Verbandes. Benötigt werden aber mindestens 2 Personen, und zwar ist eine zuständig für das Eintauchen und Zureichen der Binden und die andere legt den Verband an. Die nasse Binde wird so zugereicht, daß der Mitarbeiter den Bindenkopf in die rechte und das Bindenende in die linke Hand bekommt, d. h. man muß entweder vor dem Einlegen ins Wasser bereits das Bindenende festhalten oder es nach dem Herausnehmen sehr schnell fassen und die Binde mit beiden Händen zureichen. Während der „Gipser" mit der einen Hand die Binde herumrollt, streicht die andere Hand dauernd flach die Oberfläche, um die Schichten gut miteinander zu verbinden. Die Schlauchverbandenden werden über den oberen und unteren

Gipsrand umgeschlagen und mit weiteren Gipsbindentouren glattgestrichen. Wird eine Gipsbinde nicht zügig verarbeitet, so kann in den einzelnen Abschnitten des Gipsverbandes die offene Zeit bereits überschritten sein. Dies hat zur Folge, daß die einzelnen Lagen sich nicht mehr homogen miteinander verbinden und nicht mehr durchmodelliert werden können. Es entsteht der wenig stabile „Blätterteig".

13.1.1. 4. Abbindezeit

Die Abbindezeit ist die Zeit, die die Gipsbinde bzw. der Gipsverband benötigt, um das vollständige Kristallgitter aufzubauen und damit fest zu werden. Diese Zeit beträgt bei fixierten Gipsbinden im allgemeinen ca. 20–30 Minuten. Sie beginnt beim Eintauchen.

13.1.1. 5. Trockenzeit

Das nach der Abbindezeit im Gipsverband verbleibende Wasser verdunstet innerhalb von 24–48 Stunden. Der Gipsverband ist dann trocken. Diese Zeit bezeichnet man als Trockenzeit. – Die Voll- und Dauerbelastung ist danach erlaubt.

13.1.1. 6. Frühbelastbarkeit

Nach dem Abbindeprozeß von ca. 20–30 Minuten ist das komplette Kristallgitter des Gipsverbandes aufgebaut, danach ist eine Frühbelastbarkeit möglich. Frühbelastbarkeit bedeutet in diesem Zusammenhang eine Teilbelastung des Gipsverbandes, z. B. für den Gang zum Taxi.

13.1.2. Der Patient

Ein ordnungsgemäßer Gipsverband kann erst angelegt werden, wenn auch die Vorbereitungen am Patienten durchgeführt sind. Da die Haut unter dem Gips einige Zeit der Pflege entzogen wird, so wäre eine vorherige Hautpflege (Bad und Einfetten mit guter Hautcreme) am Tage vor dem Eingipsen sehr angebracht. Diese Maßnahme ist z. B. vor einem Gipskorsett, Thorax- oder Beckengips im Rahmen orthopädischer Behandlungen meistens, bei frischen Frakturen nie und zwischen dem Umgipsen bei älteren Frakturen selten möglich.

Bevor der Gips aufgebracht und anmodelliert wird, müssen die druckempfindlichen Körperstellen mit Polsterwatte oder Filz abgedeckt werden (Abb. 13.3). Diese Polsterung kann man mit Kreppapierbinden oder Schaumstoffbinden fixieren, dies muß faltenlos und nicht zu locker geschehen. Oft wird auch zunächst ein Schlauchverband (einschichtig) übergezogen und darüber das Polstermaterial gelegt. Die Polsterung kann zusätzlich noch mit Papierbinden abgedeckt werden. Ob ein Gipsverband vollständig gepolstert werden soll, oder nur die druckempfindlichen Punkte, entscheidet der Arzt. Werden nur die

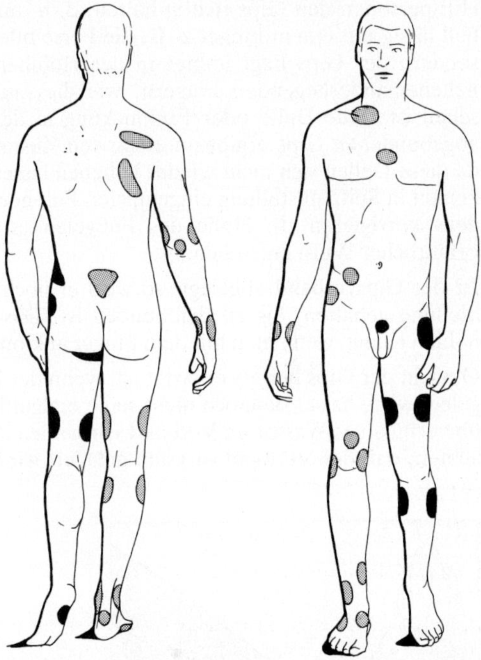

Abb. 13.3 ◉ Polsterpunkte, hier Druckstellengefahr bei Gipsverbänden ● Haltepunkte, die gut anmodelliert werden müssen (aus: Cellona-Almanach, 4. Aufl. Lohmann KG, Neuwied 1970)

druckempfindlichen Punkte gepolstert, so liegt der Gipsverband an den übrigen Stellen direkt auf der Haut, so daß die Haare mit dem Gips verkleben. Bleibt der Verband länger als drei Wochen liegen, dann haben die Haare sich inzwischen abgestoßen und verursachen bei der Gipsverbandabnahme keine Schmerzen mehr. Anders verhält es sich bei Gipsverbänden, die für eine kürzere Zeit angelegt werden. Hier könnte man einen einschichtigen Schlauchverbandüberzug anlegen. – Gelegentlich wird davon berichtet, daß vorher die Haut rasiert wird. Experten weisen aber darauf hin, daß es dann sehr leicht zu Hautreaktionen kommen kann, so daß der Gipsverband vorzeitig wieder entfernt werden muß. Es sollte deshalb nur rasiert werden, wenn dies vom behandelnden Arzt *ausdrücklich* angeordnet wird.

Während des Anlegens des Gipsverbandes darf der Patient sich nicht bewegen. Der Gips wird dem Körper anmodelliert und soll nach dem Erstarren an keiner Stelle Schmerzen oder Schwellungen hervorrufen. Deshalb ist es wichtig, daß der Patient richtig gelagert wird und die

Hilfspersonen den Gips richtig halten, d. h. man darf auf gar keinen Fall lässig mit einem Finger z. B. die Ferse oder die Fußsohle halten, sondern der Gips liegt immer in der Hohlhand oder auf den dicht nebeneinanderliegenden Fingern, wie dies auf Abb. 13.4a u. b zu sehen ist. Jede Delle oder Einknickung in den frischen, noch nicht abgebundenen Gips ergibt im erstarrten Zustand einen Druckpunkt, da diese Dellen sich nicht wieder beheben lassen. Man kann also auch keinen in Spitzfußstellung eingegipsten Fuß noch während des Abbindens korrigieren. In Höhe des Fußgelenkes würde dann ein sehr gefährlicher Wulst entstehen.

Ist der Gipsverband angelegt, so wird er noch so lange in derselben Stellung gehalten, bis er abgebunden ist. Das erkennt man an dem hohlen Klang, wenn man mit dem Finger anklopft.

Obwohl der Gips bereits erhärtet ist, wenn der Patient wieder ins Bett gelegt wird, hat er dennoch nicht seine endgültige Festigkeit, da noch überschüssiges Wasser im Verband vorhanden ist. Es ist also darauf zu achten, daß der Verband sorgsam gelagert wird, d. h. er muß *überall*

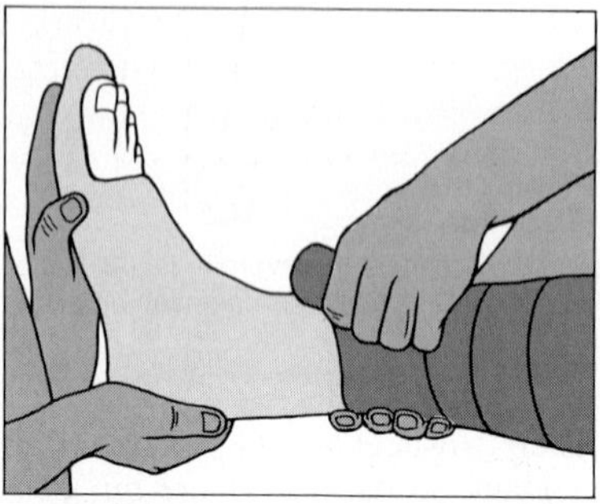

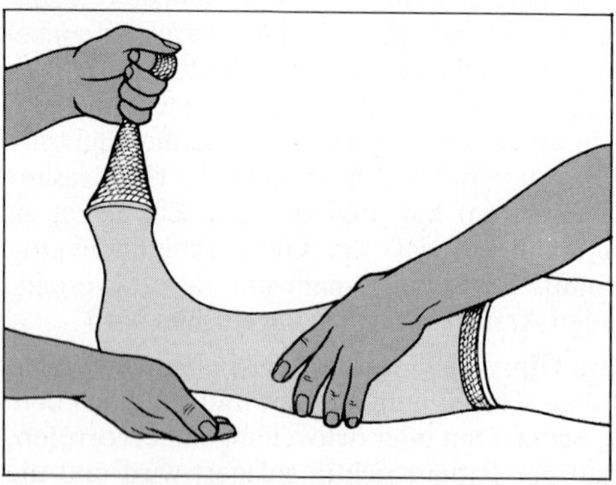

Abb. 13.4b

flächenhaft aufliegen und darf *nicht* freitragend schweben. Er benötigt etwa 24–48 Stunden zum Austrocknen, während dieser Zeit soll möglichst viel frische Luft an den Verband herankommen.

Eingegipste Patienten können nicht baden oder duschen, wenn der Verband aus normalen Gipsbinden besteht, da der harte Gips unter Einwirkung von Wasser aufblättert und brüchig wird. Ist der Verband aus Gipsbinden mit Kunstharz (z. B. Cellamin) hergestellt, dann ist ein kurzes Bad möglich. Der Verband ist nach etwa 15 Minuten zwar feucht, aber er verändert sich nicht. Allerdings benötigt er wieder 24 Stunden zum Trocknen. Die Polsterung muß bei „Badegipsen" wasserabweisend sein, deshalb muß man in diesen Fällen fetthaltige oder synthetische Watte verwenden.

13.1.3. Gipsinstrumente (Abb. 13.5a–c)

Zur Begradigung der Gipsränder benötigt man ein *scharfes* Gipsmesser, es ist stabiler als ein Skalpell und hat vor allem einen kompakten Griff. Ferner wird es zum Einschneiden von „Fenstern" (zur Kontrolle von Wunden evtl. erforderlich) benötigt. Zum Aufbiegen der Gipsverbandränder nimmt man den „Rabenschnabel" (nach Wolff), zum Auseinanderbiegen den Spreizer und zum Aufschneiden des zirkulären Gipsverbandes die Gipsschere (nach Stille), die eigentlich richtig „Gipsstanze" heißen müßte. Will man in den trockenen Gips eine Klappe einschneiden, so benötigt man den Gipsbohrer, um der Gips-

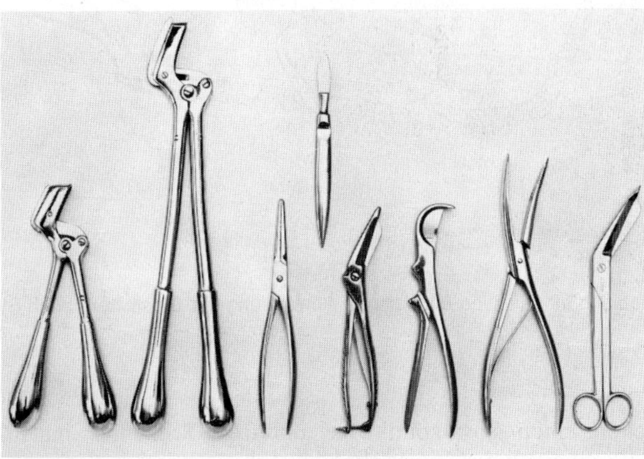

Abb. 13.5a Gipsinstrumente (von links nach rechts: kleine und große Gipsschere nach Stille, Knochenhaltezange, Gipsmesser nach Esmarch, Kleiderschere mit Drahtschneider, Rippenschere nach Gluck, Rabenschnabel nach Wolff, Verbandschere nach Esmarch) (Abb. 13.5a u. b aus: Plastrona-Fibel, Hartmann AG, Heidenheim 1972)

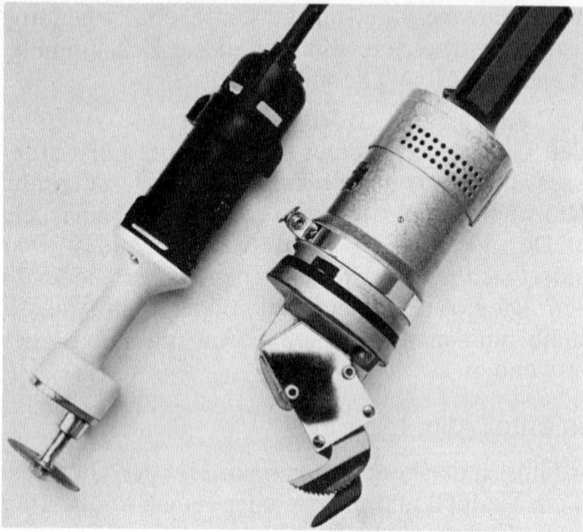

Abb. 13.5b Gipssägen: links oszillierende, rechts stanzende

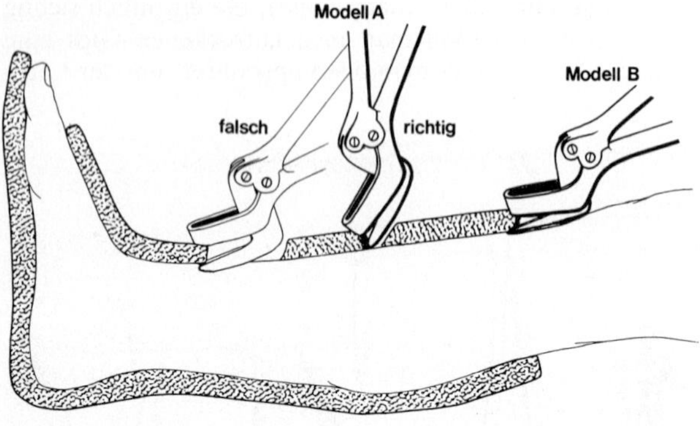

Abb. 13.5c Richtige und falsche Anwendung der Gipsschere nach Stille

schere einen Ansatzpunkt freizubohren. Schließlich hat man für das Aufschneiden der Gipsverbände noch elektrisch betriebene Sägen, die so konstruiert sind, daß sie die darunterliegenden Körperteile bei richtiger Anwendung nicht verletzen können. Im Notfall kann schließlich auch einmal eine „Fuchsschwanzsäge" zum Öffnen eines Gipsverbandes benutzt werden.

13.1.4. Gipsbrei

Während des Anfeuchtens der Gipsbinden ist es nicht zu vermeiden, daß etwas Gips im Wasser zurückbleibt. Sind sehr viele Gipsbinden verbraucht worden, so kann sich eine recht trübe Gipsbrühe ansammeln, so daß ein Auswechseln des Wassers eigentlich erforderlich wäre. Da das aber in diesem Augenblick nicht ratsam ist, stellt man vorsorglich zwei Wannen mit Wasser bereit. Man darf nämlich diese Gipsbrühe nicht sofort in den Ausguß schütten, weil sich dann der Gips in den Biegungen des Abflußrohres fängt und dort abbindet, so daß es verstopft. Der Gips muß in der Wanne erhärten, welches eine Weile dauert. Die Wanne bekommt eine Ruhepause, so daß der Gips sich am Boden ansetzt und abbindet. Erst wenn das darüberstehende Wasser wieder klar ist, kann es abgegossen werden. Man löst dann den Gipskuchen vom Wannenboden ab und befördert ihn in den Abfalleimer. – Eine andere Methode, den Gips unschädlich zu machen, ist die, daß man zum Gipswasser sehr heißes Wasser hinzu gibt und mit der Hand (oder einem Holzstab) den Brei so lange durchrührt, bis er abgebunden ist. Es entstehen dann feine Körner, die im Abfluß keinen Schaden mehr anrichten können. In großen Gipsräumen bedient man sich allerdings entsprechender Spezialeinrichtungen, in denen der Gipsbrei absinken kann. – Ist von dem Gipsbrei während des Anlegens etwas auf die Wäsche gekommen, so muß er nach dem Erhärten ausgebürstet werden, in der Wäscherei wird er beim Waschgang nicht entfernt.

13.2. Der zirkuläre und der aufgeschnittene zirkuläre Gipsverband

Der *zirkuläre Gipsverband* besteht aus gegeneinander verschobenen Kreis- und Spiralgängen, er kann durch Longuetten verstärkt werden. Die Longuetten werden entweder gebrauchsfertig von der Industrie bezogen, oder man stellt sie kurz vor dem Beginn des Gipsens selbst her. Hierfür benötigt man je nach Länge und Dicke der gewünschten Longuette 3–5 Gipsbinden, die auf einer glatten Fläche ausgerollt und übereinandergeschichtet werden. Die Binden werden maßgerecht ausgerollt, bis sie die gewünschte Länge, die man vorher mit einer Mullbinde ermittelt hat, erreicht haben. Man bekommt durch dieses Übereinanderschichten der Gipsbinden eine dicke Gipsschiene, die fachgerecht mit „Longuette“ bezeichnet wird.

Der *aufgeschnittene zirkuläre Gipsverband* wird häufig bei frischen Frakturen oder nach Operationen angelegt. Er wird deshalb aufgeschnitten, weil bei frischen Verletzungen oder nach Operationen Schwellungen des Gewebes zu erwarten sind. Tritt eine Schwellung unter einem geschlossenen Gipsverband auf, so würde es unheilvolle Komplikationen (Durchblutungsstörungen, Nervenschäden) geben.

Um den Gips nach dem Abbinden aufschneiden zu können, muß man als erstes eine ca. 2–3 cm breite Aluminiumschiene, ein wulstiges breites Plastikband oder eine kräftige Schnur auf die Haut legen und mit einer Kreppapierbinde anwickeln. Aluminiumschiene, Plastikband oder Schnur müssen an beiden Enden des geplanten Gipsverbandes heraussehen. Ist der Gips abgebunden, dann schneidet man mit dem Gipsmesser oder der oszillierenden Säge den Gips im Verlauf der Schiene oder auf dem Plastikband auf. Der Schnitt wird so tief geführt, daß auch wirklich alle Fäden der Gipsbinden und der Polsterung bis auf die Schiene oder das Plastikband durchtrennt werden. Es darf nicht ein einziger Faden stehen bleiben. Man kann, wenn nötig, die Schnittkanten noch mit dem Spreizer etwas auseinanderbiegen. Der entstehende Spalt wird gut mit Watte ausgefüllt, um zu verhindern, daß sich ödematöses Gewebe in den Spalt hineindrängt und einklemmt.

Um den geöffneten Gipsverband wickelt man in lockeren Spiralgängen eine Mull- oder elastische Binde, erst dann wird die Aufschneideschiene herausgezogen. Beim Herausnehmen der Aufschneideschiene achte man darauf, daß der noch weiche Gips nicht verformt wird. Hat man eine Schnur mit eingegipst, dann zieht man diese während des Aufschneidens langsam durch den Spalt heraus. Damit wird sichergestellt, daß tatsächlich kein Faden mehr die Extremität umschnürt.

13.3. Spezielle Fixationsverbände

D. Havemann

Die Anlage eines aushärtenden Fixationsverbandes ist eine differente Behandlungsmaßnahme und unterliegt damit einer strengen Anzeigestellung. Besonders unter Hinweis auf die zuvor genannten Risiken, die durch fehlerhafte Technik, Verwendung nicht geeigneter Materialien und vor allem auch durch nicht gesicherte kontinuierliche Kontrolle entstehen, müssen die Anordnung ebenso wie die Applikation oder deren Überwachung unter der Verantwortung des behandelnden Arztes stehen.

Grundsätzlich können Fixationsverbände unter Ausnutzung der spezifischen Materialeigenschaften auch mit Binden oder Longuetten, die mit aushärtenden Kunststoffen imprägniert sind, ausgeführt werden.

Die Technik der Anlage spezieller Fixationsverbände, die auch dem Zweck einer funktionellen Behandlung dienen können, ist an die besonderen Bedingungen angepaßt und erfordert durch praktische Arbeit erworbene Erfahrungen.

Spezielle Fixationsverbände werden als *Stützmieder* zur Behandlung von Verletzungen der Hals-, Brust- und Lendenwirbelsäule angewendet. An der Halswirbelsäule werden sie mit oder ohne zusätzliche Feststellung des Kopfes (Diademverband, Minerva-Verband) angelegt (Abb. 13.6). Der Aufsitz und die Anpassung an den Schultergürtel bzw. an den Brustkorb erfordert eine sorgfältige Modellierung und die gezielte Anbringung von Polsterungen.

Rumpfstützmieder finden Anwendung bei der Behandlung von Wirbelbrüchen an der unteren Brust- und an der Lendenwirbelsäule. Sie werden als direkte Behandlungsmaßnahmen unter bestimmten Repositionsstellungen (Bruchеinstellung im Durchhang nach vorn oder rückwärts nach L. Böhler) angelegt und sollen während der Heilungszeit die bei der Aufrichtung des Bruches erzielte Stellung halten (Abb. 13.7).

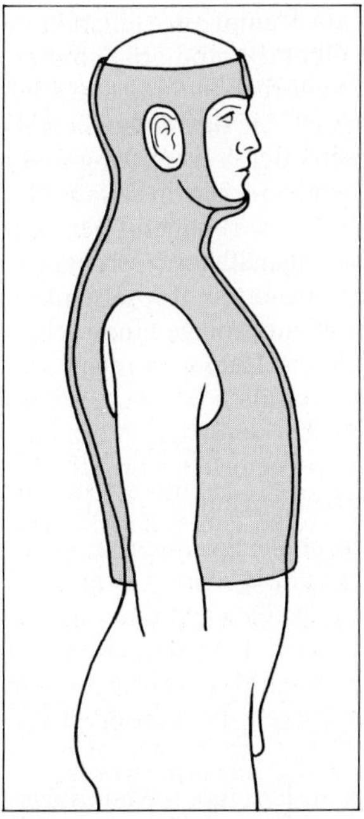

Abb. 13.6 Kopf-Hals-Brustkorb-Stützmieder (nach *Heberer, Köle, Tscherne*)

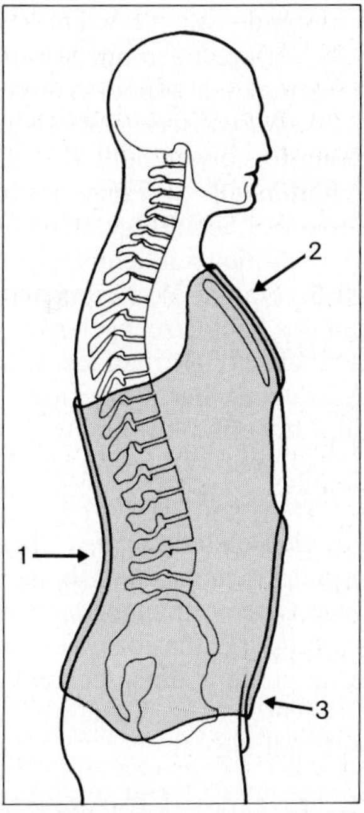

Abb. 13.7 Rumpfstützmieder mit Abstützung an der Lendenwirbelsäule (1), Brustbein (2) und Schambeinfuge (3) (nach *Heberer, Köle, Tscherne*)

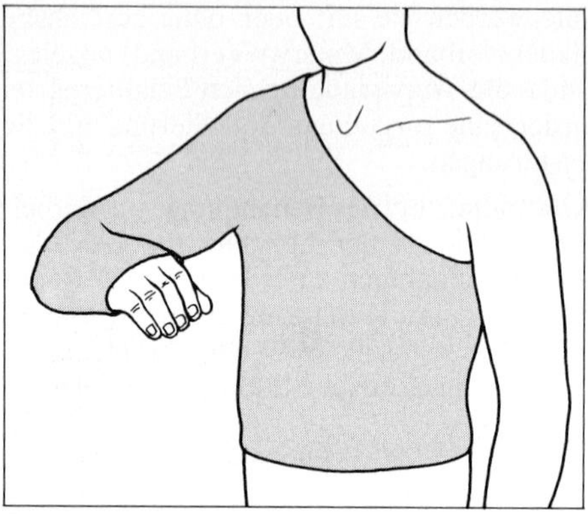

Abb. 13.8
Abduktionsverband

Fixierende Stützverbände mit Abstützung am Rumpf zur Behandlung von Verletzungen am Schultergelenk, am Oberarm und am Schultereckgelenk – besonders zur postoperativen Weiterbehandlung – werden als *Abduktionsverbände* (Abb. 13.8) bezeichnet. Sie dienen bei längerdauernd notwendiger Ruhigstellung einerseits der Vermeidung einer Schultersteife als Folge der Immobilisation und andererseits zur Entlastung des Schultergelenkes von muskulären Zugwirkungen (Beispiel: Operationen am Schultergelenk bei gewohnheitsmäßiger Verrenkung, postoperative Weiterbehandlung der rekonstruierten Kapselstrukturen des Schultereckgelenkes). Die Indikation zur Anlage eines Schulterabduktionsverbandes wird eingeengt durch Rückwirkungen der Abstützung des Verbandes am Brustkorb. Bei alten Menschen wird die Lungenfunktion eingeschränkt, das Gewicht derartiger Verbände ist beträchtlich, besonders wenn sie aus Gips gefertigt werden. Die Gelenkstellung muß den Entlastungsanforderungen entsprechen.

Für die Behandlung des Oberarmbruches unter gleichzeitiger krankengymnastischer Übungsbehandlung wird der von Caldwell angegebene Oberarmhängegips benutzt, der durch das Gewicht eine Streckwirkung (Extension) hervorruft. Sie kann den Erfordernissen der Bruchstellung entsprechend erhöht werden durch das Anbringen von Gewichten. Das Verfahren stellt *eine* Möglichkeit der konservativen Behandlung dar.

Unter- oder Oberarmschienenverbände aus aushärtenden Materialien dienen der temporären Ruhigstellung. Ihr Anwendungsbereich umfaßt auch die postoperative Weiterbehandlung nach stabilisierenden Operationen am Oberarm, Ellenbogengelenk, am Unterarm und an der Hand, wenn durch die Knochenbruchbehandlung auf operativem Wege keine für eine freie Funktion notwendige Belastbarkeit erzielt werden konnte (z. B. nach Operationen des kindlichen gelenknahen

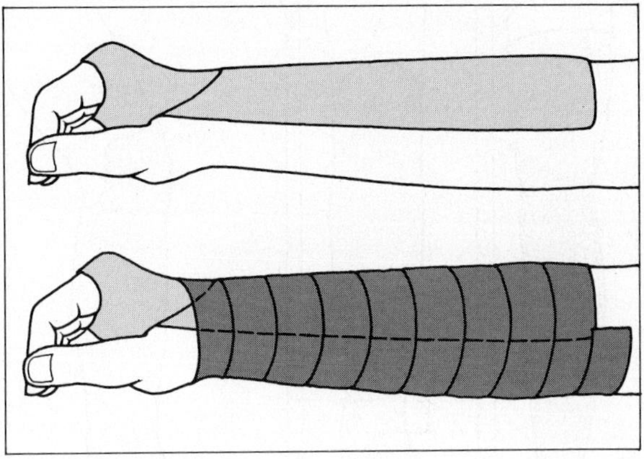

Abb. 13.9 Dorsale Unterarmgipsschiene

Oberarmbruches, nach Operationen am Unterarm mit Knochenbruchplatten oder -schrauben u. ä.). In diesen Fällen liegt der Effekt der Fixation in einer Schutzwirkung (Abb. 13.9).

Fixierende Verbände an Hand und Fingern werden unter einzuhaltenden Entlastungs- oder Kompressionsstellungen unter Einschluß des Unterarmes benutzt bei der konservativen Behandlung von Handwurzelknochenbrüchen: *Navikularegips* zur Ruhigstellung und Kompression des gebrochenen Kahnbeines, *Faustgips* als Therapie des Mittelhandknochenbruches, *Daumen-Handgelenk-Unterarm-Stützverband* als Behandlungsmaßnahme nach operativer Rekonstruktion des Kapselbandsystems am Daumengrundgelenk.

An der unteren Extremität werden als spezielle Fixationsverbände zur Immobilisation des Hüftgelenkes *Becken-Bein-Verbände* angelegt. Sie kommen zur Anwendung bei angeborenen Entwicklungsstörungen des Hüftgelenkes als *Hüftspreizverbände* bei der kongenitalen Hüftluxation (angeborene Hüftverrenkung oder Fehlbildung des Gelenkes), aber auch bei Ernährungsstörungen des Hüftkopfes (aseptische Nekrose des Hüftkopfes – Perthes-Krankheit) und nach Operationen am Hüftgelenk. Der Einschluß der Beingelenke ist erforderlich, um eine möglichst sichere Ruhigstellung zu ermöglichen, die für die Ausheilung erforderlich ist.

Ruhigstellungen des Kniegelenkes können erreicht werden mit der Anlage eines *Beinhülsenverbandes* (sogenannter Tutor Abb. 13.10), der den gesamten Ober- und Unterschenkel, nicht jedoch das Sprunggelenk umfaßt. Ein derartiger Verband findet Verwendung z. B. bei der Therapie von Dehnungsverletzungen der Kapselbandstrukturen

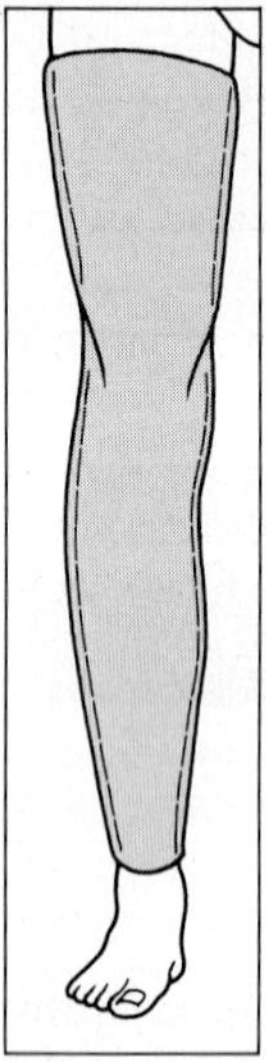
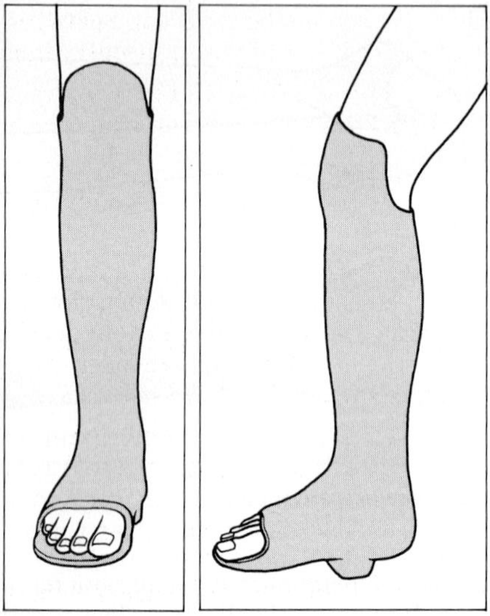
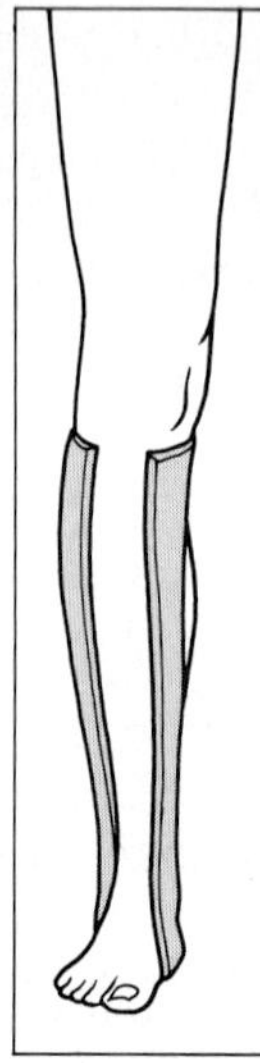

Abb. 13.10 Abb. 13.11 Abb. 13.12

Abb. 13.10 Beinhülsenverband (Tutor)
Abb. 13.11 Sarmiento-Gips
Abb. 13.12 Unterschenkel-U-Schiene

des Kniegelenkes, nach Prellungsverletzungen des Kniegelenkes und bei kindlichen Kniescheibenverletzungen, wenn keine Kontinuitätsunterbrechung des Kniescheibenbandes eingetreten ist.

Der *Unterschenkelgipsverband* oder *Stützverband aus Kunststoff* dieser Region hat seine Indikation zur Erzielung einer Schutzwirkung nach operativer Knochenbruchbehandlung, nach rekonstruktiven Maßnahmen am Sprunggelenk-Kapselbandapparat und bei der konservativen Behandlung des sprunggelenknahen Unterschenkelbruches. Er kann unter Einbeziehung eines belastungsfähigen Absatzteiles aus Gummi als *Unterschenkelgehverband* zur Frühmobilisation angelegt werden.

Zur funktionellen konservativen Behandlung eines Unterschenkelbruches ist von Sarmiento (Abb. 13.11) eine Verbandanordnung angegeben worden, die als wesentliche Änderung gegenüber einem Unterschenkelverband die Anmodellierung des aushärtenden Materials am Schienbeinkopf, an den Oberschenkelknorren und über dem Kniescheibenband verlangt, um durch Abfangen des Druckes eine Belastbarkeit des Beines herzustellen und eine frühfunktionelle Behandlung möglich zu machen. Es werden die typischen Spätschäden längerdauernder Immobilisation (venöse Abflußstörungen!) vermieden.

Die *Unterschenkel-U-Schiene* (Abb. 13.12) ist ein gutes Mittel, um Transportfähigkeit bei Sprunggelenkverrenkungsbruch oder körperferner Unterschenkelfraktur herzustellen.

Gipsschuh oder *Gipsgalosche* werden zur Behandlung von Zehenknochenbrüchen verwendet.

Die an dieser Stelle gegebene Zusammenstellung erhebt nicht den Anspruch auf Vollständigkeit. Modifikationen der genannten Fixationsformen werden in vielfältiger Weise sowohl der Art als auch der Form nach benutzt und sind dem behandelnden Arzt je nach dem einzuschlagenden Behandlungsweg überlassen.

Liegeschalen, die vorzugsweise aus Gips- oder Breitlonguetten hergestellt werden, dienen der Behandlung von Wirbelbrüchen und gleichzeitigen funktionellen Wiederherstellungsübungen, *Nachtliegeschalen* für Fuß und Unterschenkel der Nachbehandlung von Korrekturoperationen (z. B. Klumpfuß) und der überbrückenden Behandlung bei Nervenlähmungen (z. B. Lähmung des Wadenbeinnerven, des Speichennerven u. a.) und können von dem Kranken selbst angelegt und abgenommen werden, um die Körperpflege zu ermöglichen und funktionelle Behandlungsmaßnahmen zuzulassen. Schließlich gehört in die Reihe der Spezialverbände noch der *Verband des Nasenbeines* bei Nasenbeinbruch, der sich an der Oberfläche des Stirnbeines nach Reposition des Bruches abstützt.

Merke:
Alle fixierenden Verbände aus Gips oder Kunststoff sind Teil eines Behandlungskonzeptes, das vom Arzt direkt überwacht werden muß. Bei der Applikation müssen spezifische, dem Krankheitszustand angepaßte Formen beachtet werden!

14. Schienenverbände

E. Most

Für Schienenverbände gelten folgende allgemeine Regeln:

1. Die benachbarten Gelenke müssen mit ruhiggestellt werden.
2. Das Anwickeln der Schiene beginnt am unverletzten Teil, nicht im Verletzungsbereich.
3. Die Schiene muß gepolstert sein.
4. Die angelegte Schiene darf keine Schmerzen verursachen, sondern muß durch Ruhigstellung schmerzlindernd wirken.

14.1. Vorbereitung der Schienen

Schienen können dem Körper nicht so formgerecht anmodelliert werden, wie dieses beim Gipsverband möglich ist. Die Ruhigstellung auf einer Schiene ist daher nicht optimal zu erreichen.

Die Schienenbreite muß dem Durchmesser der Gliedmaßen entsprechen. Bei zu breiten Schienen entstehen Hohlräume, die Bewegungsfreiheit geben; zu schmale geben nicht genügend Halt.

Die Schienen sind in der Regel aus Metall, sie müssen deshalb gepolstert werden. Diese Polsterung soll überall gleichmäßig stark aufliegen. Das Polster darf nicht so dünn sein, daß bei Belastung die Drahtschiene durchgedrückt wird. Vorzugsweise verwendet man hier synthetische Polsterwatte oder Schaumstoff. Für Cramer-Schienen empfiehlt sich z. B. ein Schaumstoffpolster von 1,5 cm Dicke.

Wird Watte als Polstermaterial verwendet, so soll hierfür die „Polsterwatte“ genommen werden. Sie ist nicht entfettet und saugt daher sehr wenig Feuchtigkeit auf, so daß die Polsterwirkung nicht beeinträchtigt wird. Die Verbandwatte sieht vielleicht besser aus, ist aber als Polstermaterial denkbar ungeeignet. Sie ist entfettet, saugt sehr leicht Feuchtigkeit auf und hält diese auch noch längere Zeit im Material fest. Ist die Feuchtigkeit endlich aufgetrocknet, so ist auch die Watte zusammengeklebt und zeigt kaum noch Polsterwirkung. Die Patienten klagen dann gegebenenfalls über eine drückende Schiene, der Fehler kann aber durchaus in der falschen Polsterung liegen. Zellstoff ist überhaupt kein Polstermaterial für Schienen. Er zeigt nur geringe Polsterwirkung, dafür um so bessere Saugfähigkeit, so daß Feuchtigkeit sehr schnell aufgesogen wird, die nur langsam wieder abgegeben werden kann. Aber dabei verliert der Zellstoff dann noch die minimale Polstereigenschaft, denn aufgetrockneter Zellstoff wird hart.

Sehr sorgfältig müssen die Schienenenden abgepolstert werden, da eine hier ungenügende Polsterung besonders im körpernahen Bereich zu erheblichen Druckschmerzen führen kann. Verwendet man Schaumstoff als Polster, so wird dieses stets so zugeschnitten, daß es am oberen und unteren Schienenende umgeschlagen werden kann (Abb. 14.1). An beiden Längsseiten soll es gut überstehen, d. h. das Polster muß auch noch bei Belastung die Seitenkanten gut überdekken. Schaum*stoff*polster können lediglich mit Verbandpflasterstreifen auf den Schienen befestigt werden, da das Material physiologisch einwandfrei ist. Bei Schaum*gummi*polsterung muß die Schiene entweder einen doppelten Schlauchverbandüberzug erhalten, oder sie wird mit Binden umwickelt. Schaumgummi (Latex) soll nicht direkt mit der Haut in Kontakt kommen.

Verwendet man Polsterwatte, so muß sie auf jeden Fall zunächst auf der Schiene sicher angewickelt werden. Am einfachsten ist dies auch wieder mit einem doppelten Schlauchverbandüberzug möglich (Abb. 14.2). Der doppelte Überzug ist der einfachere Arbeitsgang, da man an einem Schienenende durch eine Drehung des Schlauchverbandes das Ende sauber verschließt und am anderen Ende entweder den Schlauchverband umschlagen und mit Pflaster befestigen kann oder durch Einschneiden zwei Zipfel erhält, einen Knoten schlägt und die Enden zur Öse verknotet, so daß man die fertigen Schienen aufhängen kann.

Die Polsterung der Beinschienen kann mit den Einmalpolstern maßgerecht vorgenommen werden. Die Einmalpolster wurden auf S. 73ff. besprochen. Die Volkmann-Schiene kann auch mit Polsterwatte belegt und dann mit Binden umwickelt werden. Hierbei ist aber zu beachten, daß die Binden so gleichmäßig und locker liegen müssen, daß die Mulde dieser Schiene erhalten bleibt. Auch mit Schlauchverband kann die Schiene überzogen werden. Man schließt den Schlauchverbandanfang mit einem Bändchen und bezieht dann unter Spannung die Schiene; zwei Schichten genügen. Zu beachten ist, daß man das T-Stück am Fußende vorher abziehen muß. Ist der Überzug fertig, trennt man vorsichtig den Schlauchverband an der Einschubstelle für das T-Stück auf und befestigt dieses wieder mit der Schraube.

Stehen für die Braunsche Schiene keine Einmalpolster zur Verfügung, so wird die Schiene gleichmäßig mit Cambric- oder Mullbinden umwickelt, die so locker angelegt werden müssen, daß das Bein in einer flachen Mulde liegen kann. Es ist darauf zu achten, daß die Binden wirklich gleichmäßig angewickelt werden, es dürfen sich auf keinen Fall irgendwo Stränge bilden, auch nicht bei längerer Belastung.

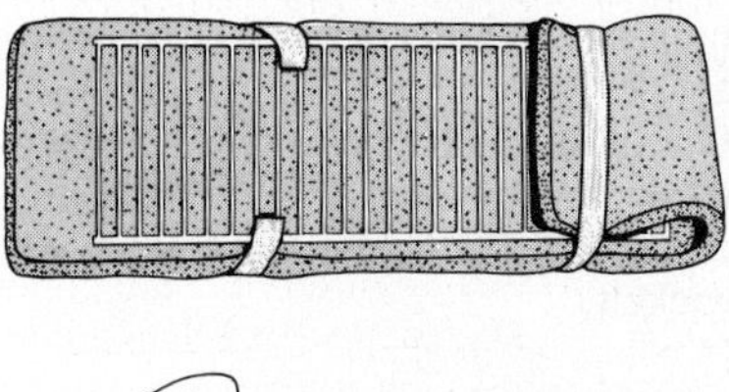

Abb. 14.1

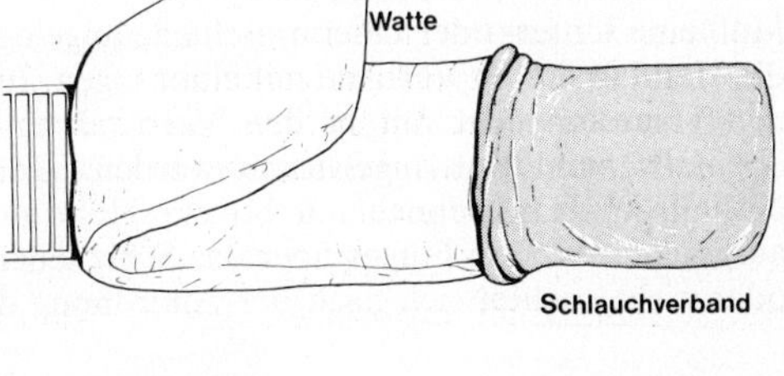

Abb. 14.2

Die Volkmann- und die Braunschen Schienen sind erst fachgerecht gepolstert bzw. vorbereitet, wenn auch drei lose Zusatzpolster je Schiene bereitliegen. Diese Polster werden im Fersenbereich, unter der Kniekehle und am proximalen Schienenende benötigt. Man kann sie aus Polsterwatte oder Schaumstoff selbst herstellen, sie werden, wenn irgend möglich, mit Schlauchverband überzogen. Die Zusatzpolster müssen in unterschiedlichen Formaten vorrätig sein, da die Größe der Patienten zu berücksichtigen und ein Einheitsmaß nicht verwendbar ist.

Sobald die Anordnung erfolgt, daß die Schienenlagerung nicht mehr erforderlich ist, wird das ganze Polster von der Schiene entfernt, auch dann, wenn es makroskopisch „sauber" aussieht. Eine benutzte Schiene ist immer als infiziert zu betrachten. Die Schiene wird deshalb fachgerecht desinfiziert oder sterilisiert und erst dann mit neuem Polstermaterial versehen.

14.2. Fingerschienenverband

Für den Fingerschienenverband kann man entweder das gepolsterte Aluminiumband, fertige Fingerschienen (z. B. nach Böhler oder Kienle) oder schmale Cramer-Schienen verwenden. In der Regel wird die Schiene so lang sein, daß das Handgelenk mit ruhiggestellt werden kann. Wird das Handgelenk von der Schiene umfaßt (wie z. B. von der Böhler-Schiene), so muß auch die Polsterung im Bereich des Handgelenkes sorgfältig ausgeführt werden.

Die Finger sollen normalerweise nicht in Streckstellung geschient werden, da hierdurch eventuell später die Funktionsfähigkeit beeinträchtigt wird. Die Schiene wird deshalb so zurechtgebogen, daß die Hand in Mittelstellung aller Gelenke liegen kann. Um dem Patienten unnötige Schmerzen zu ersparen, wird die richtige Figur der Schiene an der gesunden Hand anprobiert. Liegt eine offene Wunde oder Operationsnaht vor, so wird das Wundgebiet zunächst mit einer sterilen Kompresse abgedeckt, die fachgerecht befestigt werden muß. Erst dann wird die Schiene mit Mull- oder elastischen Fixierbinden angewickelt.

14.3. Armschienenverbände

Muß eine Unter- oder Oberarmschiene angelegt werden, so wird stets die Hand in diesen Verband mit einbezogen. In der Regel nimmt man den Daumen nicht mit in den Verband hinein, die Finger sollen ebenfalls nicht fest angewickelt werden. Der Bindenverband wird deshalb im Handbereich nur bis zur Höhe der Fingergrundgelenke ausgeführt. Ob die Finger über das Schienenende hinausragen sollen oder nicht, richtet sich nach der Anordnung des Arztes. Dürfen die

Finger frei bleiben, wird die Schiene bis zur Mittelhand angewickelt. Das Schienenende muß sehr gut gepolstert werden; die Finger sollen leichte Greifübungen um das Schienenende ausführen können.

Die Länge der Schiene wird am gesunden Arm abgemessen. Für die Handlagerung muß die Schiene in diesem Bereich so angebogen werden, daß die Hand in leichter Mittelstellung aller Gelenke (leichte Dorsalflexion im Handgelenk, mittlere Beugestellung aller Fingergelenke) angewickelt werden kann. Die Länge einer Unterarmschiene muß grundsätzlich bis zum Ellenbogenhöcker bemessen werden.

Eine Oberarmschiene soll bis zur Achselhöhle reichen. Im Bereich des Ellenbogens wird sie im rechten Winkel umgebogen (Abb. 14.3a). Die Schiene kann mit Mull-, elastischen Fixier- oder elastischen Binden angewickelt werden.

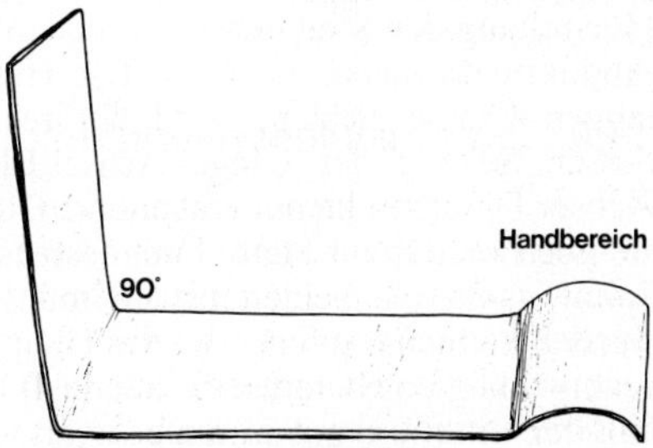

Abb. 14.3a Oberarmschiene

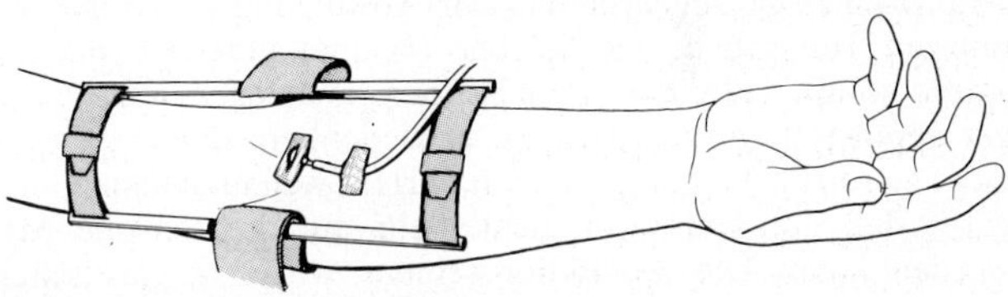

Abb. 14.3b Infusionsschutzschiene

14.3.1. Infusionsschutzschiene

Liegt in der Ellenbogenvene eine Injektionsnadel oder Plastikkanüle zur Infusion, muß durch eine Schiene die Beugemöglichkeit im Ellenbogengelenk aufgehoben werden. In einem bestimmten Abstand laufen zwei Metallschienen parallel zueinander, die an ihren Enden durch ein Plastikband oder einen Gurt quer verbunden sind. Die Schiene wird bei gestrecktem Ellenbogengelenk derart am Arm angelegt, daß die beiden Gurte auf der Innenfläche des Armes und die beiden Schienen an der inneren und äußeren Seite des Ellenbogengelenkes liegen. Ein Klettenband wird in Höhe der Ellenbogenspitze hinten herum von einer zur anderen Schiene geführt (Abb. 14.3b). Die Beugung wird dadurch unmöglich gemacht, die Kanüle kann nicht mehr durch Bewegungen im Ellenbogengelenk aus der Vene herausrutschen. Hersteller: Dr. P. Koch, Neuffen; Sterimed, Saarbrücken.

14.3.2. Abduktionsschiene

Liegen Verletzungen im Bereich des Oberarmkopfes vor, so wird evtl. eine Abduktionsschiene benötigt, mit der man auch eine Ruhigstellung des Schultergelenkes erreicht. Diese Schienen kann man notfalls aus breiten Cramer-Schienen selbst herstellen. Außer dem benötigten Schienenmaterial und stabilem (aber biegsamen) Draht sollte man ein paar gute Zangen zum Anbiegen der Drahtschlingen besitzen. Bei der Herstellung der Schienen ist zu bedenken, daß man linke und rechte Abduktionsschienen benötigt. Die Herstellung ist einfach: Aus einer langen Cramer-Schiene wird ein rechtwinkliges Dreieck gebogen, dessen Seite a der Länge Achsel-Ellenbogen, Seite b der Länge Achsel-Darmbeinkamm entspricht. Die Seite c muß so lang sein, daß sie noch wieder zur Seite b mindestens handbreit umgebogen werden kann, damit die beiden Enden mit stabilem Draht fest verbunden werden können (Abb. 14.4). Am Übergang der Seite a zur Seite c wird rechtwinklig eine Cramer-Schiene (d) befestigt, die so lang sein muß, daß der Unterarm gut darauf gelagert werden kann. Zur Stabilisierung dieser freitragenden Schiene wird eine Schiene (e) als Strebe, wie die Abb. 14.5 zeigt, angearbeitet. Zur Abstützung am Brustkorb wird am unteren Teil von b eine Schiene (f) quer befestigt, die so gebogen werden muß, daß sie sich dem Körper gut anlegen läßt. Da die Schiene gut gepolstert werden muß, ist zu bedenken, daß die Drahtschienen nicht zu reichliche Längen haben dürfen, weil man dann Gefahr laufen wird, daß der Unterarm nicht mehr auf der Schiene (d) gelagert werden kann. Die Abduktionsschiene wird mit elastischen Binden

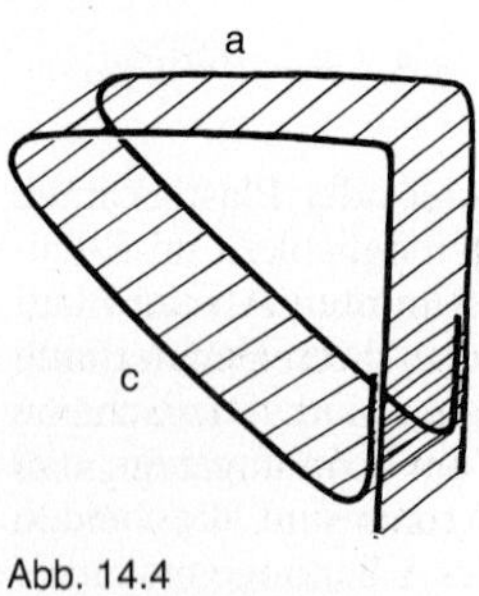

Abb. 14.4

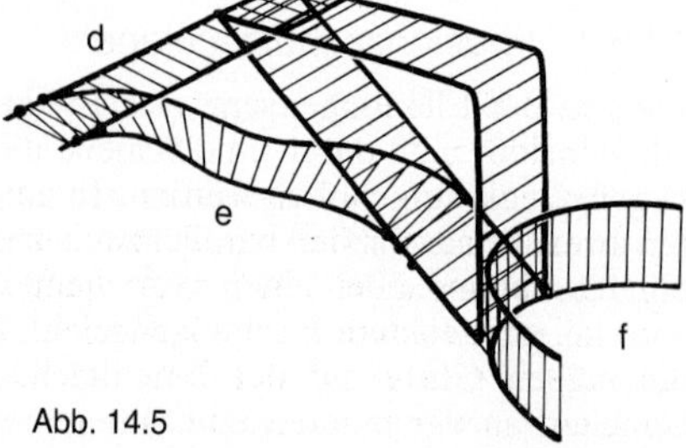

Abb. 14.5

angewickelt. Der Arm soll nicht streng rechtwinklig liegen, sondern möglichst nur einen Abspreizwinkel von 70 Grad aufweisen; die richtige Stellung wird vom Arzt bestimmt.

14.4 Schienenverbände am Bein

Nur in Notfällen lagert man ein verletztes Bein auf einer Cramer-Schiene, in allen anderen Fällen verwendet man die typischen Beinschienen, z. B. nach Volkmann, Braun, Böhler, Schultze u. a. Im Abschnitt „Vorbereitungen der Schienen" ist bereits darauf hingewiesen worden, daß ein Bein auf den Metallschienen erst richtig gelagert ist, wenn drei Zusatzpolster mit verwendet sind. Ein Polster soll so im Fersenbereich liegen, daß der Achillessehnenansatz am hinteren Höker des Kalkaneus mit vom Zusatzpolster gestützt wird (Abb. 14.6). Das zweite Polster liegt unter der Kniekehle, es muß so viel Masse haben, daß das Kniegelenk flach angewinkelt werden kann. Ein durchgestrecktes Kniegelenk schmerzt nach kurzer Zeit. Das dritte Polster soll, wie bereits an anderer Stelle erwähnt wurde, am proximalen Schienenende liegen, um den Übergang von der Schiene zur Matratze zu ebnen.

Befindet sich am Bein eine offene Wunde, so wird diese wie üblich mit sterilen Kompressen abgedeckt, die zunächst mit einer Mullbinde oder mit Verbandpflaster befestigt werden. Das Bein wird dann auf die Schiene gelegt und mit elastischen Binden angewickelt.

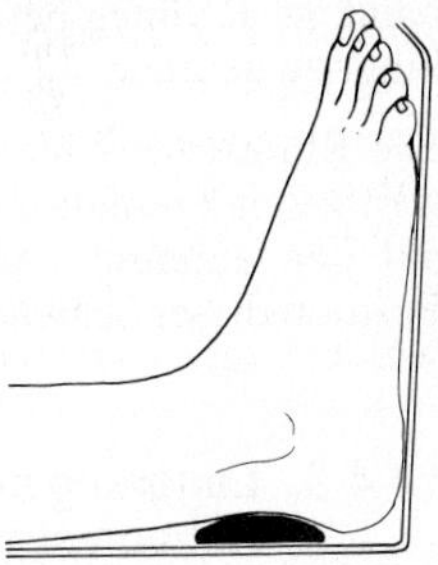

Abb. 14.6

14.4.1. Lagerung auf Volkmann-Schienen

Das Bein liegt in Streckstellung auf der Schiene, nur das Knie wird durch ein Zusatzpolster angehoben. Die Schiene darf nicht zu lang sein, denn der Fuß soll Halt an der Fußplatte finden. Die Ferse liegt in der Aussparung und das 2. Zusatzpolster wird – wie bereits beschrieben – in der Höhe des Achillessehnenansatzes auf der Schiene deponiert.

Durch seitlich der Schiene angelegte Sandsäcke kann man die Lage der Schiene stabilisieren.

14.4.2. Lagerung auf Braunschen Schienen

Das Bein liegt in halbgebeugter Stellung auf der Schiene, da der Schienenteil für den Oberschenkel im Winkel von 45 Grad ansteigt. Für die Kniekehle ist ein Zusatzpolster erforderlich, es liegt auf dem geraden Teil der Schiene, und zwar am Übergang von der schrägen zur geraden Achse (s. auch Abb. 3.18, S. 80). Das 2. Zusatzpolster liegt, wie oben beschrieben wurde, in der Höhe des Achillessehnenansatzes. Der Fußrahmen kann mit Mull- oder elastischen Binden (mit kurzem Zug) bespannt werden und dadurch dem Fuß eine Anlegefläche geben. – Ursprünglich war der Rahmen allerdings für die Befestigung des Vorfußes vorgesehen, dem man zu diesem Zweck einen Trikotschlauch aufklebte und diesen dann am Quereisen befestigte. – Heute könnte man gegebenenfalls einen Schlauchfußverband anlegen und mit einer Verlängerung des Verbandes den Fuß am Gestänge befestigen.

Die Größe der Schiene richtet sich nach der Länge des Beines. Die Kniekehle soll im allgemeinen (es gibt nur wenige Ausnahmen) in Höhe des Überganges von der schrägen zur geraden Ebene liegen. Die Auflagefläche für den Unterschenkel soll so lang sein, daß der Fuß am bespannten Rahmengestell Halt findet, bzw. mit einem Schlauchverband am Rahmen befestigt werden kann, ohne dabei in „Spitzfußstellung“ zu geraten.

Die Braunsche Schiene muß im Bett immer auf einem Brett stehen, weil sie anderenfalls umkippen würde. Durch Auflage von Sandsäcken auf den unteren, nicht bespannten Eisenrahmenteil kann man die Position dieser Schiene zusätzlich stabilisieren.

14.4.3. Lagerung auf Schaumgummi- oder Schaumstoffschienen

Aus diesem Material gibt es Beinlagerungsschienen vom Typ der Braunschen- wie auch vom Typ der Volkmann-Schienen. Die Schienen werden mit Schlauchverbandmaterial oder maßgerechten Überzügen bezogen. Die Zusatzpolster werden angebracht wie oben beschrieben. Da die Schienen etwas hochgezogene Seitenteile haben, liegt das Bein in einer tiefen Mulde und findet dadurch Halt. – Möglicherweise muß eine Schaumgummi- bzw. Schaumstoffschiene auf einen Stabilisierungsrahmen gelegt werden, damit sie die gewünschte Stellung beibehält; eine weiche Matratze ist nur ein instabiles Widerlager.

14.5. Notschienung mit Plastikschnellbandagen

In der Ersten Hilfe ist es oft nicht möglich, einen fachgerechten Schienenverband anzulegen, denn in den seltensten Fällen sind die erforderlichen Schienen greifbar. Gut bewährt haben sich bei Notschienungen die aufblasbaren Schnellbandagen. Hier handelt es sich um Plastikhüllen, die in verschiedenen Größen (Hand, Arm, angewinkelter Arm, Unterschenkel, ganzes Bein) geliefert werden können. Je nach Fabrikat sind die Verschlüsse dieser Schnellbandagen und die Bandagen selbst unterschiedlich. Z. Z. gibt es Bandagen, die geknöpft werden müssen, ferner solche, die mit einem Reißverschluß zu schließen sind und solche mit ganz schnellen Velcroverschlüssen, die sich auch dann noch schließen lassen, wenn die Klettenstreifen nicht ganz exakt aufeinanderliegen. Alle Verschlüsse sind für Röntgenstrahlen durchlässig.

Die Schnellbandagen werden erst um die verletzten Extremitäten gelegt, verschlossen und dann aufgeblasen. Dazu wird jede Bandage mit einem Ventil ausgestattet, das entweder durch Drehung nach rechts oder links, oder durch eine Verformung des Verschlusses mittels Fingerdruckes geöffnet wird. Durch einen kleinen Schlauch oder durch ein herausragendes Ventil kann man dann die Bandage gleichmäßig aufblasen. Ist die Bandage in Längsrichtung nicht durch Stege unterbrochen, so ist beim Aufblasen darauf zu achten, daß die Plastikhülle nicht zu prall gefüllt wird, da man möglicherweise dann eine Blutleere heraufbeschwört. Andererseits kann man jedoch auch mit diesen Plastikbandagen bei stärkeren Blutungen einen Druckverband

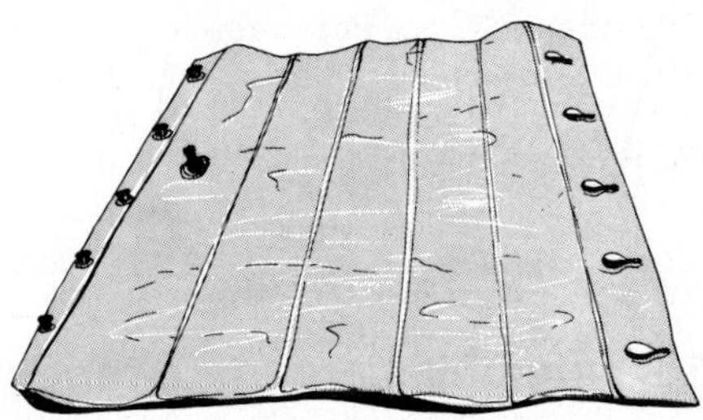

Abb. 14.7 Plastik-Schnellbandage vor dem Anlegen

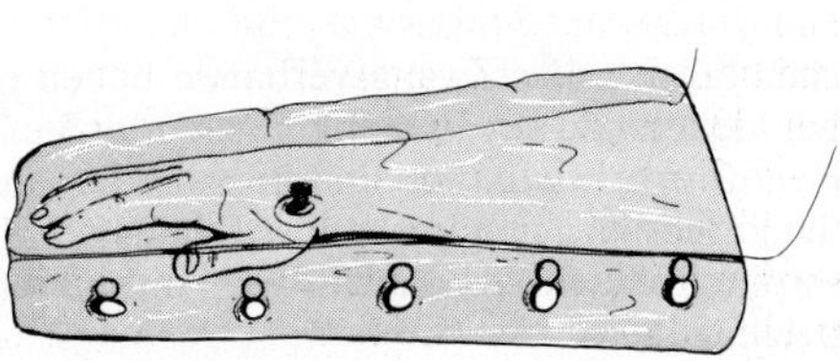

Abb. 14.8 Plastik-Schnellbandage geschlossen und gefüllt

herstellen. Die Ventile dieser Bandagen sind stets so konstruiert, daß die Luft während des Transportes nicht entweichen kann. Es empfiehlt sich aber, die genaue Bedienungsanweisung rechtzeitig und nicht erst im Notfall durchzulesen, da die Typen nicht genormt und deshalb unterschiedlich in der Handhabung sind (Abb. 14.7 u. 14.8); Warenname: *First Aid-Schnellbandage* (Dr. P. Koch).

14.6. Luftgefüllte Plastikbandagen als Schutzkissen

Kurze, gekammerte Plastikbandagen lassen sich vielfältig als Schutzpolster verwenden, so z. B. am Fußgelenk, wenn die Gefahr besteht, daß sich an der Ferse ein Dekubitus bildet oder eine Verletzung im Bereich der Wade druckfrei gelagert werden soll (Abb. 14.9).

Die Schutzkissen bestehen aus drei miteinander verbundenen Kammern, nur *ein* Ventil ist zum Aufblasen erforderlich. Das Plastikmaterial ist hautfreundlich und für Röntgenstrahlen durchlässig. Geschlossen werden die Bandagen entweder durch Kletten- (Velcro-) oder Reißverschlüsse. Besteht bei sehr dünnen Extremitäten die Gefahr, daß das Schutzkissen verrutscht, so kann man dies durch Einlegen von Mull oder Schaumstoff verhindern. Das Schutzkissen ist unter dem Namen *Fersenkissen* (Dr. P. Koch) erhältlich.

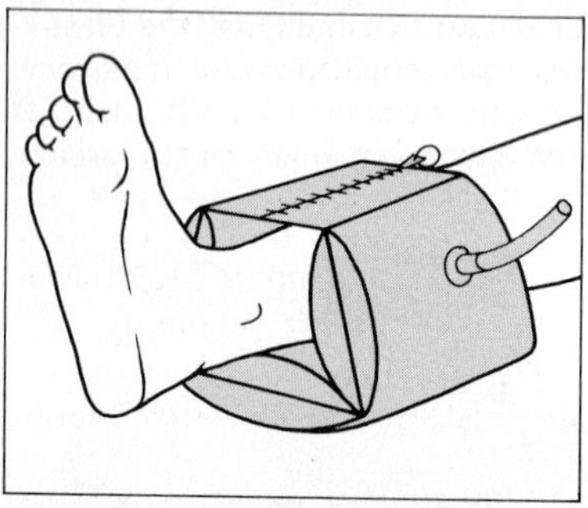

Abb. 14.9

15. Immobilisierende Zwangsverbände

E. Most

Immobilisierende Zwangsverbände haben nur indirekten Einfluß auf den Heilverlauf bei Erkrankungen oder Verletzungen. Sie werden nur angeordnet, wenn bei unruhigen oder somnolenten Patienten die Gefahr besteht, daß Verbände, Drainagen, Infusionen usw. abgerissen werden können. Der Patient wird mit diesem Verband vor sich selbst geschützt.

Zum Festlegen der Handgelenke verwendet man häufig sogenannte Klettenmanschetten. Hier handelt es sich um breitere Kunststoffbänder, die anstelle von Riemchen und Schnallen einen Klettenverschluß besitzen. Der Klettenverschluß ermöglicht ein genaueres Anlegen der Manschette. An der Außenseite befindet sich ein stabiler Halbring, an dem man eine kräftige Leine aus Mull- oder Idealbinden befestigen kann. Der Zügel wird dann am Matratzenrahmen verknotet, und zwar so, daß die Arme noch eine geringe Bewegungsfreiheit behalten, aber nicht mehr zum Körper hinkommen können (Abb. 15.1).

Hersteller:
Medic-Eschmann, Hamburg
Dr. P. Koch, Neuffen.

Werden bei Kindern Klettenmanschetten (oder Ledermanschetten) angelegt, so ist darauf zu achten, daß die Befestigung der Leine am Matratzenrahmen vorgenommen wird. Es wäre ein unverantwortlicher Leichtsinn, wollte man die Leinen an den Streben der seitlichen Bettgitter befestigen; die Kinder können sich dann hochziehen und bei Ausreißversuchen stürzen, die Unfallgefahr ist in dieser Situation beträchtlich! Die gleiche Gefahr besteht übrigens bei den Kindergurten, wenn diese an den seitlichen Streben befestigt werden.

Die Kunststoffmanschetten sollte man nicht bei Patienten mit Blutungsneigungen (z. B. Hämophilie, Thrombopathien, Marcumar-Behandlung u. ä.) anlegen, da es bei Ausreißversuchen zu Hämatombildungen oberhalb der Manschetten kommen kann. Hier sind auf jeden Fall weiche oder gepolsterte Zwangsverbände angezeigt. Gepolsterte Hand- und Fußgelenkfesseln mit Klettverschluß werden mit kochfestem Prosanafell (aus 100% Polyester) geliefert. Das Fell überdeckt breit die Kanten der Bandage. Prosanafell kann im Autoklaven bis 140 °C sterilisiert werden. (Hersteller: Dr. P. Koch, Neuffen)

Mit Schlauchverband lassen sich weiche Zwangsverbände anlegen. Man zieht über jeden Arm entsprechend breiten Schlauchverband,

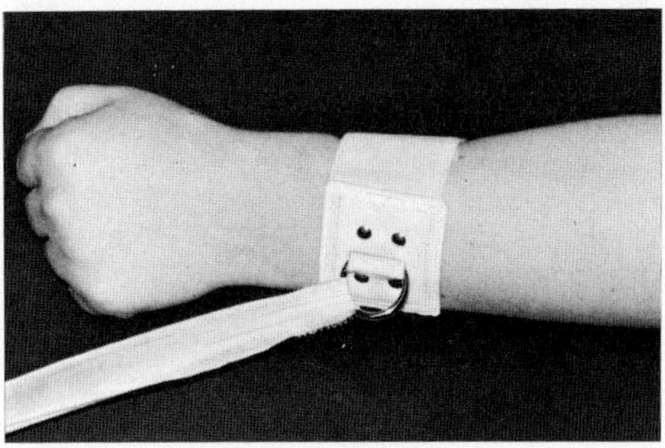

Abb. 15.1 Festlegen eines Handgelenkes mit einer Klettenmanschette (aus: *Lawin, P.*: Praxis der Intensivbehandlung, 4. Aufl. Thieme, Stuttgart 1981)

schneidet ihn in der Achselhöhle etwas ein und zieht die Zipfel zum Nacken, wo sie miteinander verknotet werden. Über die Hand hinaus wird der Schlauchverband bis zum Matratzenrahmen gezogen und dort befestigt.

Bei ganz unruhigen Patienten passiert es, daß sie sich aus Kletten- oder Ledermanschetten befreien, weil sich irgendwie der Verschluß öffnen ließ. Soll dies verhindert werden, so kann man Spezialbandagen verwenden, die sich nur mit einem Magnetschlüssel öffnen lassen, so daß der Patient sich nicht selbst befreien kann. Dieser magnetische Verschluß besteht aus drei Teilen: dem Sockel (Abb. 15.2c), der in die Bandage eingesetzt wird und durch Aufstecken des Patentknopfes (b) verschlossen wird. Dieser Verschluß kann nur durch den Magnetschlüssel (a) wieder geöffnet werden. Der Magnetschlüssel ist nicht fest mit dem Knopf verbunden, er soll auch nicht in Reichweite des Patienten deponiert werden, allerdings so stationiert sein, daß das Pflegepersonal ihn jederzeit schnell erreichen kann. Die Magnetschloßbandagen sind unter dem Namen *Segufix-Bandagen* (Franz Müller, Engelskirchen) erhältlich und unter der Bezeichnung *Schließknopf* (Dr. P. Koch, Neuffen) gibt es einen ähnlichen Verschluß.

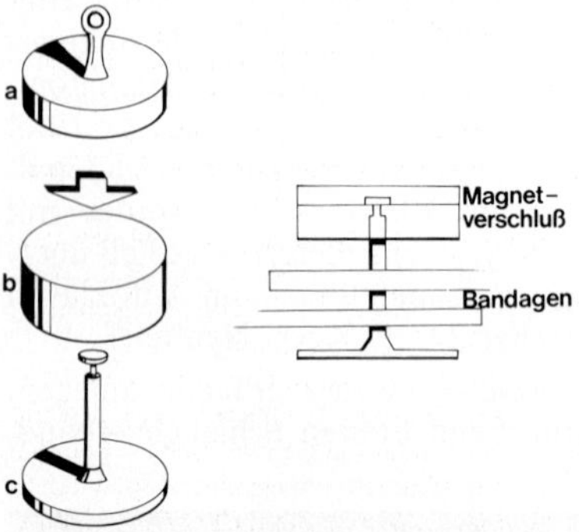

Abb. 15.2 Segufix-Patentknopf

Literatur

Allgöwer, M.: In: Lehrbuch der Chirurgie, 4. Aufl., hrsg. von M. Allgöwer. Springer, Berlin 1982

Asmussen, P. D.: Compendium Medical. Bd. 1: Einführung und Grundlagen. Rohstoffe. Die Haut. Klebetechnologie. Perimed, Erlangen 1986

Beumer, D., H. G. Götze: Redressierende Rumpfgipsverbände zur Behandlung der Skoliose. Beiträge zur Gipsverbandtechnik, Heft 1. Lohmann, Wissenschaftlicher Dienst, Postfach 120110, D 5450 Neuwied 12

Böhler, L.: Verbandlehre für Schwestern, Helfer, Studenten und Ärzte, 2. Aufl. Maudrich, Wien 1971

DIN-Normblätter, Beuth, Berlin

DIN-Taschenbuch 101, Medizin 2: Normen über Erste Hilfe, Verbandstoffe, Krankenhauswesen, Infusion, Injektion, Laboratoriumsmedizin, Hämatologie, hrsg. von DIN Deutsches Institut für Normung e. V. Beuth, Berlin 1976

Dragojevic, B., G. Bueß, U. Ueckermann: Polyurethan-Stützverband Baycast. Münch. Med. Wschr. 123 (1981) 665–666

von Esmarch, F.: Die erste Hülfe bei plötzlichen Unglücksfällen. Ein Leitfaden für Samariter-Schulen in sechs Vorträgen. Vogel, Leipzig 1893

Eufinger, H.: Die Chirurgie, ihre Kliniken und Lehrer an der Christian-Albrechts-Universität zu Kiel. Hirt, Kiel 1954

Härter, R., K. Fawer: Praxis der Gipstechnik, hrsg. von O. Wicki. Thieme, Stuttgart 1977

Hellner, H., R. Nissen, K. Voßschulte: Lehrbuch der Chirurgie, 6. Aufl. Thieme, Stuttgart 1970; 7. Aufl. von Voßschulte, K., F. Kümmerle, H.-J. Peiper, S. Weller. Thieme, Stuttgart 1982

von Hofmeister, F.: Verbandtechnik, 5. Aufl. Urban & Schwarzenberg, München 1940

Jaeger, F.: Verbandlehre, 12. Aufl. VEB Barth, Leipzig 1960

Jancke, E., H. Stowasser: Leitfaden der Verbandstoffkunde. Hundt, Hattingen 1962

Jung, H. H., H. Krebs, T. Mischkowski: Baycast, eine neue Möglichkeit zur Ruhigstellung in der Chirurgie und Orthopädie. In: 42. Jahrestagung der Deutschen Gesellschaft für Unfallchirurgie, Berlin 1978. Hefte Unfallheilkunde, H. 138) Berlin, Heidelberg, New York, Springer 1979

Killian, H., G. Krämer: Meister der Chirurgie und die Chirurgenschulen im Deutschen Raum. Thieme, Stuttgart 1951

Knapp, U.: Die Wunde. Pathophysiologie – Behandlung – Komplikationen. Thieme, Stuttgart 1981

Knoche, V., D. Beumer: Rumpf- und Rumpf-Extremitäten-Gipsverbände unter Berücksichtigung der Longuettentechnik. Beiträge zur Gipsverbandtechnik, Heft 4. Lohmann, Wissenschaftlicher Dienst, Postfach 120110, D 5450 Neuwied 12

Lawin, P.: Praxis der Intensivbehandlung, 4. Aufl. Thieme, Stuttgart 1981

Montag, H. J., P. D. Asmussen: Funktionelle Verbände am Bewegungsapparat. Beiersdorf Medical Bibliothek; Vertrieb: Industrie-Contact-Verlag, Hamburg 1981

Most, E.: Verbandlehre. In: Das gesunde und das kranke Kind, 11. Aufl., hrsg. von W. Catel, F. H. Dost, W. Kübler, J. Oehme. Thieme, Stuttgart 1977

Nöhe, E., K. Moos: Gipsverbände bei Erkrankungen und Operationen der Hüfte bei Kindern und Erwachsenen. Beiträge zur Gipsverbandtechnik, Heft 2. Lohmann, Wissenschaftlicher Dienst, Postfach 120110, D 5450 Neuwied 12

Pförringer, W., B. Rosemeyer, H.-W. Bär: Beiträge zur Sportmedizin, Bd. 15: Sporttraumatologie. Sportartentypische Schäden und Verletzungen. Diagnostik, Therapie, Prävention, Perimed, Erlangen 1981

Plšek, J.: Elastoplast in der Sportchirurgie. Beiersdorf, Hamburg 1970

Riedel, E.: Verbandstoff-Fibel. Deutscher Apotheker-Verlag, Stuttgart 1965

Rütten, L., M. Rütten: Der elastische Klebeverband. Enke, Stuttgart 1981

Schink, W.: In: Arbeitsbuch Chirurgie, Bd. I, hrsg. von R. Berchtold, H. Hamelmann, H.-J. Peiper. Urban & Schwarzenberg, München 1982

Schoberth, H.: Funktionelle Verbände, 2. Aufl. Beiersdorf, Hamburg 1976

Spier, W., G. Kern: Ruhigstellung im Gipsverband an der oberen Extremität. Beiträge zur Gipsverbandtechnik, Heft 3. Lohmann, Wissenschaftlicher Dienst, Postfach 120110, D 5450 Neuwied 12

Stenger, E.: Verbandlehre, 4. Aufl. Urban & Schwarzenberg, München 1985

Steudel, J.: Der Verbandstoff in der Geschichte der Medizin. Jubiläumsschrift der Firma Dr. Degen & Kuth, Düren.

Technische Lieferbedingungen. Bundesamt für Wehrtechnik und Beschaffung, Koblenz.

Tscherne, H.: In: Chirurgie für Studierende der Medizin und Ärzte, hrsg. von G. Heberer, W. Köle, H. Tscherne, Springer, Berlin 1980

Vossschulte, K., F. Kümmerle, H.-J. Peiper, S. Weller: Lehrbuch der Chirurgie, 17. Aufl. Thieme, Stuttgart 1982

ZDv 49/23: Verbandlehre (Lehrschrift), hrsg. vom Bundesministerium für Verteidigung. Mittler, Frankfurt/M.

Cellona-Almanach, 4. Aufl. (Nachdruck). Lohmann KG, Fahr am Rhein 1970

Elastofix Netzverbände. Beiersdorf AG, Hamburg 1975

Pflaster. Herstellung, Eigenschaften, Indikationen. Beiersdorf AG, Hamburg 1970

Pflaster, Verbandmittel, Einmalartikel. Herstellung, Eigenschaften, Indikationen. Beiersdorf AG, Hamburg 1974

Plastrona-Fibel, Hartmann AG, Heidenheim/Brenz 1972

Stülpa-Fibel. Hartmann AG, Heidenheim/Brenz 1972

Stütz- und Entlastungsverbände, 2. Aufl. Lohmann KG, Fahr am Rhein 1964

tg, ein fortschrittlicher Spezialverbandstoff, eine moderne Verbandtechnik, 3. Aufl. Lohmann KG, Fahr am Rhein

Sachverzeichnis

T